承德市志·科学技术志

（1989—2015）

承德市科学技术局　编

方志出版社
Publishing House of Local Records

图书在版编目（CIP）数据

承德市志. 科学技术志 ： 1989-2015 / 承德市科学技术局编. —北京 ： 方志出版社，2021.9
ISBN 978-7-5144-4823-8

Ⅰ. ①承… Ⅱ. ①承… Ⅲ. ①承德－地方志②科学研究事业－概况－承德－1989-2015 Ⅳ. ①K292.23 ②G322.722.3

中国版本图书馆CIP数据核字(2022)第168374号

责任编辑：齐笑
责任校对：刘玉霞
责任印制：梅中英
出 版 者：方志出版社
地　　址：北京市朝阳区潘家园东里9号（国家方志馆4层）
邮　　编：100021
网　　址：http://www.zgfzcb.cn
发　　行：方志出版社图书营销中心（010-67110500）
印　　刷：承德金鼎源彩色印刷有限公司
开　　本：889毫米×1194毫米　1/16
印　　张：12.5
字　　数：367千字
版　　次：2021年9月第1版
印　　次：2021年9月第1次印刷
定　　价：180.00元

2004年9月11日，举办承德市农业产业技术升级京承项目对接洽谈会。中共承德市委副书记、市纪委书记姜德果（左四），中共承德市委常委、农工委书记刘学军（右四）等领导出席会议

2006年春季，承德市科技局组织启动“承德市农业实用技术培训周”活动，河北省山区经济技术开发办公室主任李海瑞（右三）、承德市政府秘书长刘学军（左五）、市科技局局长郑立志（右四）、市科技局副局长李威（右二）参加启动仪式

2006年春季，承德市科技局邀请河北农业大学教授李保国（现场示范者）等专家到承德农村进行果树剪枝技术培训

2008年10月9日，河北省中药新辅料工程技术研究中心论证会现场

2008年11月1日，承德市"森源杯"农民科技知识竞赛决赛现场

2008年11月7日，河北省科技厅领导出席中药项目验收会议

2009 年 3 月 20 日，全市科技工作会议召开，副市长张建国（右三）、市科技局局长郑立志（右二）讲话

2009 年 3 月 20 日，全市科技工作会议现场

2009年4月26日，市科技局在承德市中心广场举行“4·26”宣传活动，宣传有关专利、版权、商标等知识产权政策，来自知识产权局、工商局、版权局等单位的30名工作人员参加现场咨询

2009年5月6日，省科技厅厅长贾红星（右一）参加承德钒钛制品基地发展规划座谈会，市科技局局长郑立志（右二）陪同参观车间

2009年5月6日，河北省科技厅厅长贾红星（左三）到承德调研科技工作，副市长张建国（左二）陪同

2009年5月6日，河钢集团法律事务部领导、承钢公司领导及中层干部100人参加河北钢铁集团承钢公司第一次知识产权工作会

2009年5月18日至21日，承德市政协主席郑晓东（正面右一）带领考察团，赴四川攀钢集团公司、攀钢研究院、攀枝花钒钛产业园区，出席钒钛产业发展暨科技创新座谈会，了解钒钛产业发展和技术创新等情况

2009年6月5日，河北省科技厅副厅长连小勇（右二）到承德万利通集团公司考察全钒液流储能蓄电池项目，承德市科技局局长郑立志（右四）陪同考察

2009年8月12日，承德市科技局局长郑立志（右三）在北京21世纪饭店与参加2009生物质成型燃料设备与应用技术国际研讨会的波兰克拉科夫理工大学教授亚当·古拉（Adam Gula）（左三）座谈。承德五岳公司、承德本特生态能源公司、承德华威机电设备有限公司和市科技局有关人员参加座谈

2010年，承德市科技局召开创先争优活动动员会，全体干部职工参加会议

2010 年，承德市科技局组织召开“加强科技宣传媒体座谈会”

2010 年夏，国内外核电专家考察承德市核电选址情况

2010 年 9 月 10 日，河北省副省长龙庄伟（居中）在“首届中国（承德）钒钛产业创新与发展”高端会议上讲话

2010 年 9 月 10 日，“首届中国（承德）钒钛产业创新与发展”高端会议现场（图 1）

2010 年 9 月 10 日，“首届中国（承德）钒钛产业创新与发展”高端会议现场（图 2）

2011 年 5 月 15 日，承德市科技局副局长王亚洲（左二）、钱绍福（右二）参加“携手建设创新型承德”开幕式

2011 年夏，北戴河科技成果巡展会召开，承德市科技局党组书记、局长郑立志（右二）带队，副局长李威（右一）和相关科室人员参加

2011 年 6 月，承德市科技局组织举办“河北省知识产权试点企业 PCT 培训班”

2011年冬，承德市科技局党组书记、局长郑立志（右一），副书记、副局长徐佩文（右二），纪检书记刘英杰（右三），到宽城满族自治县扶贫村慰问驻村干部和贫困户

2012年7月，承德市科技局副局长王亚洲（居中）带队参加奥林匹克长跑运动，取得优异成绩

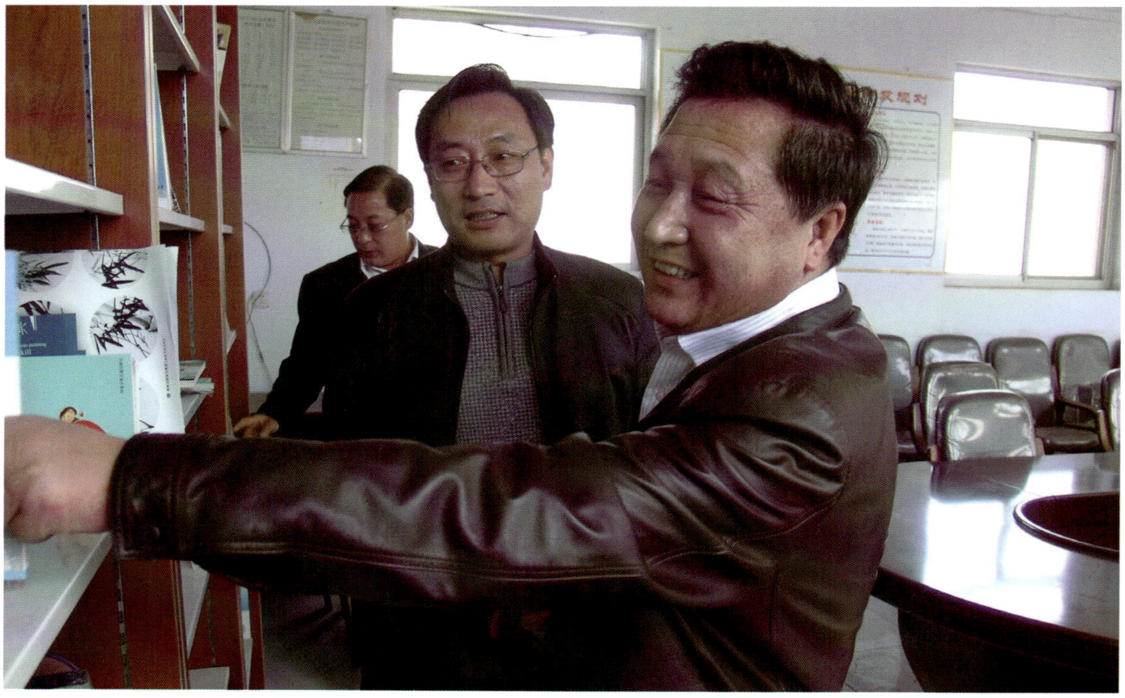

2012年秋，承德市科技局局长徐佩文（右一）、副局长刘承军（右二）到宽城满族自治县调研，县科技局局长谢方（左一）陪同调研

2012年12月，承德市科技局组织全局干部职工学习中共十八大精神

2013 年 3 月，科技部机关党委常务副书记王俊明（右三）到承德调研，市科技局副局长李威（右四）陪同调研

2013 年 7 月，科技部副部长曹健林（左）和河北省人民政府副省长许宁（右）共同为承德国家高新技术产业开发区揭牌

2013 年 12 月，承德市科技局副局长刘承军（左一）代表科技局，为滦平县王营子村捐赠科普培训经费 3000 元

2015 年 3 月，承德市科技局在平泉县组织召开河北省食用菌产业工程技术研究中心建设项目可行性论证会，平泉市市长曹佐金（左前排左四）参加会议

2015 年 3 月 28 日，承德市科技局组织河北省杂交玉米工程技术研究中心建设论证会

2015 年 4 月 15 日，承德市科技局驻村扶贫工作组，组织农林科技工作者到宽城九虎岭村开展果树、谷子培训活动

2015年10月15日，河北省科技厅会同省发展改革委、省国土资源厅、省环保厅、省住房城乡建设厅，邀请有关专家组成联合考察组，对承德县六沟、滦平县张百湾创建省级高新技术产业开发区进行现场考察

2015年10月19日，北京市科委副主任伍建民（居中）一行，围绕解决京津冀生态环保领域难点问题及利用科技元素提高传统产业升级改造等，到承德市调研指导

2015 年 11 月 18 日，承德市科技局举办“承德市创新方法推广与应用培训班”，各县区科技主管部门的领导和工作人员，驻市高等院校、科研院所和部分企业负责科技工作的领导和技术人员 140 多人参加培训

2015 年 12 月，滦平被科技部认定为“河北·滦平国家农业科技园区”，图为“河北·滦平国家农业科技园区管理委员会”揭牌仪式

2015 年 12 月，丰宁被科技部认定为“河北·丰宁国家农业科技园区”，图为县长杨宪军（左）参加揭牌仪式

2015 年 12 月，承德市科技局召开县区科技局长工作会议

2015 年 12 月，承德市科技局召开党组专题民主生活会

2019 年 10 月 9 日，承德市科技局召开《承德市志 · 科学技术志》评稿会（图 1）

2019 年 10 月 9 日，承德市科技局召开《承德市志·科学技术志》评稿会（2）

2019 年 10 月 9 日，承德市科技局召开《承德市志·科学技术志》评稿会（3）

序　言

盛世修志是中华民族的优良文化传统。一部资料翔实的史志可以集前人事业经验之大成，以为后人借鉴参考。《承德市志·科学技术志（1989—2015）》作为部门志书，努力做到真实、全面、准确地记述承德市科学技术局27年来在机构与队伍建设、科学研究、科技交流与推广、防震减灾、党建工作、综合管理等方面的发展变化过程和重大事件。

历史上的承德，是农耕文明与游牧文明交会之地，有着包括科学技术在内的诸多文化传承，工业科学、农业科学、医疗卫生科学等各项科学技术的研究应用有着久远的传统。1989年之后，在全市改革开放的大潮中，随着科学知识的普及和科学技术的应用，涌现出许多创新型科技人才，取得许多科技成果，为全市的文明、进步做出重大贡献。

进入21世纪以来，在“科技兴市、人才强市”的发展战略中，科技事业得到进一步发展，科技创新成为科技事业发展的新常态。尊重知识、尊重人才，尊重创造、重视科技人才的培养和引进，为承德市科技事业的发展进步营造良好的社会氛围，各级干部群众学科学、用科学，依靠实用技术发展种养业、林果业、工业、卫生业等，取得显著的成果。

科技是国之利器，而创新则是一个民族进步的灵魂，是一个国家兴旺发达的不竭动力。多年来，承德市坚持创新驱动，推动产、学、研结合的技术成果转化，加强对创新的激励和创新成果的应用，加大对新动力的扶持，培育良好的创新环境。在科学研究、技术创新成为社会主旋律的今天，有必要对承德市27年科技事业发展的脉络、科研项目的实施、科学研究成果的创造和应用等情况予以汇总编辑成册，以达到存史资政、启迪教化的目的。

为全面记录承德市科学技术局1989年至2015年科技管理工作改革和发展历程，使全局各项工作及重大事项有一个系统的记录和完整的考据资料，按照市地方志编委会的统一部署和要求，2016年承德市科学技术局正式启动编志工作，7月21日以承市科字〔2016〕46号文件的形式，下发《承德市科学技术局关于编纂〈承德市志·科学技术志〉工作的通知》，责成专人负责《承德市志·科学技术志（1989—2015）》资料收集和编写工作，完成初稿后，经各科室审阅，编纂委员会复审，通过地方志办公室组织专家评审委员会评审，该志书最终定稿。志书的时间跨度，上限起于1989年，综述和历史沿革适当上溯，下限止于2015年。编著体例遵循国家规定的志书行文规范。

全书共6章24节，以承德市科技改革与业务发展为线索，分别对机构与队伍建设、科学研究、科技交流与推广、防震减灾、综合管理等各项工作进行较为详实的记述。

修志是一项系统工程，在编修《承德市志·科学技术志（1989—2015）》的过程中，得到各级领导、各个部门的大力支持与帮助，使得本志得以顺利完成，在此表示诚挚的感谢。

是为序。

李成

2020年11月19日

凡　例

一、编辑原则：以马克思列宁主义、毛泽东思想、邓小平理论、“三个代表”重要思想、科学发展观、习近平新时代中国特色社会主义思想为指导，坚持辩证唯物主义和历史唯物主义的立场、观点和方法，坚持实事求是地记述承德市科技局的科学技术活动，选材全面，详略得当。

二、志书范围：上限一般从1989年开始，行政区划沿革、改革开放史实、科学事业综述做适当追溯，下限止于2015年年底。

三、志书内容：凡在承德市境内发生的重大科学技术活动均予以记述，内容包括全市各行各业及学科领域科学技术发展的进程和成果。

四、体裁形式：采用述、志、记、传、图、表、录等，以志为主。

五、志书结构：本志书为中小篇体式，采用章节体结构，除概述、大事记、附录外，共设6章24节。依章、节、目序列编排，横排竖写，述而不论。

六、行文规范：除引文、附录、传记文章外，一般使用现代语体文记述，执行国家出版物的有关标准规定和中国地方志指导小组制定的《地方志书质量规定》。引文一般随文注出。学术名词原则上以基础学科所定为准。未来科技术语均以新华通讯社和专业工具书通用译名为准。

七、名称用法：各种名称第一次出现时用全称，再次出现用文献规定或约定俗成的简称。外国名称采用汉文通用译名，必要时在译文后括原文。涉及人物均直呼其名，必要时前缀职务称谓。

八、数字用法：行文中的数字概况以中华人民共和国国家标准GB/T15835—2011《出版物上数字用法》的规定为准。

九、计量单位：历史上旧计量单位特殊情况按照当时史实记载，一般按1994年7月1日起实施的《量和单位》执行。历史上使用的计量单位名称则照实记载。有换算值者，用括号注明其换算值。

十、图片来源：由承德市科技局办公室和各科室提供。

十一、大事记：采用编年体，以年度为纲，依年、月、日顺序排列，日期不详者列于月末，月份不明者列于年末。

十二、人物传录：遵循“生不立传”的原则。入“传记”或“简介”的人物包括：①对承德市科技事业做出突出贡献者；②经省级及以上主管部门批准为烈士和授予荣誉称号者；③市级以上劳动模范和先进工作者。在世名录：①市级以上先进个人；②具有高级职称的专业技术人员；③历届领导班子成员名录，局长附录简历。

承德市地方志编纂委员会

名誉主任：柴宝良　市委书记
主　　任：王亚军　市委副书记、市政府市长
副 主 任：卢　健　市委常委、市政府常务副市长
　　　　　傅海旺　市委常委、市委秘书长
　　　　　董正国　市人大常委会副主任
　　　　　王利华　市政协副主席
委　　员：杨玉甫　市政府秘书长
　　　　　李　勇　市委副秘书长、市委办公室主任
　　　　　薛莲蒂　市政府副秘书长、地方金融监管局局长
　　　　　房宝占　市委组织部常务副部长
　　　　　王亚君　市委宣传部常务副部长
　　　　　孙　立　市委保密机要局局长
　　　　　林国华　市财政局局长
　　　　　杨海涛　市委党史研究室主任
　　　　　何元武　市发改委主任
　　　　　王成军　市教育局局长
　　　　　苏艳华　市科技局局长
　　　　　刘树华　市民政局局长
　　　　　王泽辉　市人社局局长
　　　　　唐秋华　市旅游和文化广电局局长
　　　　　王东利　市国资委主任
　　　　　马广春　市市场监管局局长
　　　　　遇建军　市统计局局长
　　　　　任溧馨　市档案馆馆长
　　　　　杨　振　承德军分区政治工作处主任
　　　　　奚晓红　市地方志办公室主任

承德市志部门志专业志编辑部

总　　编：奚晓红

副 总 编：迟卫国

编　　审：兰　岚

责任编辑：蔡国栋　路海红　李连山　焦廷勤

郝洪喜　袁　芳

摄　　影：曹　静

《承德市志·科学技术志（1989—2015）》编纂委员会

主　　任：崔海涛　苏艳华　李　威

副主任：刘承军　李长杉　王占文　王亚洲　钱绍福　董凤义
　　　　范　东　孙亚利

委　　员：杨洪清　孙守武　孟繁阳　张立强　郝梓辰　李　娜
　　　　孙洪亮　岳丽泓　殷　响　马　余　蔡景海　张晓磊
　　　　饶培华　袁国杰　韩　菡　李　平　张翼颖

《承德市志·科学技术志（1989—2015）》编辑部

主　　编：韩　菡

副主编：付　佳　蔡淑娟　陈立权　李淑红

编　　辑：黄　敬　张　哲　侯向伟　侯云福　丛晓颖　李　平
　　　　刘东敏　李芳晨　吴祯至　张　政　张立璇　陈　杰

统　　稿：韩　菡

图片编辑：蔡淑娟　韩　菡

编　　审：焦廷勤

校　　对：陈立权　李俊良

目　录

第一章　机构与队伍

第二章　科技计划及科技成果

第三章　科技交流合作与普及服务

第四章　防震减灾工作

第五章　党风廉政及精神文明建设

第六章 先进集体和先进个人

附 录

概　述

中国是世人瞩目的“四大发明”的故乡，中华民族是科学昌明的民族，从上古的《神农本草经》到周代的《考工记》，从北魏的《齐民要术》到明代的《天工开物》，中国的科技之光烛照世界并造福人类。当历史巨人的脚步走到21世纪的当下，中国的发明、创造再度吸引世人的目光：从量子通信到移动支付，从北斗导航到超级计算机，从人造太阳到可燃冰开采，从沙漠治理到超级水稻培育，发明创造迭出，大国重器频现。中国，再度呈现科学技术爆发式增长的新态势。

中国对科学技术的重视，首先体现在顶层设计上。中华人民共和国成立之初，党和国家就注重科学技术的发展，于1956年成立科学规划委员会和国家技术委员会。1958年，两个委员会合并为国家科学技术委员会。1970年，国家科委与中国科学院合并。1977年9月，再度成立国家科学技术委员会，到1998年，改名为科学技术部。为加强对科技、教育工作的宏观指导和对科技重大事项的协调，实施科教兴国战略，推进科技、教育体制改革，提高我国科技、教育水平，促进经济与社会事业的发展，国务院办公厅1998年6月25日成立国家科技教育领导小组，组长朱镕基。国家科技教育领导小组的主要职责是：研究、审议国家科技和教育发展战略及重大政策；讨论、审议科技和教育重要任务及项目；协调国务院各部门及部门与地方之间涉及科技或教育的重大事项。国家科技教育领导小组下设办公室，负责办理领导小组日常的事务性工作。办公室设在国务院办公厅，具体工作由秘书三局承办，办公室主任由徐荣凯兼任。另设一位专职副主任（副部长级）。

随着国家机构改革的深入，国务院办公厅2018年8月8日公开发布《关于成立国家科技领导小组的通知》（国办发〔2018〕73号）文件：按照深化党和国家机构改革统一部署，根据议事协调机构调整有关安排和工作需要，国务院决定将国家科技教育领导小组调整为国家科技领导小组，其职责：研究、审议国家科技发展战略、规划及重大政策；讨论、审议国家重大科技任务和重大项目；协调国务院各部门之间及部门与地方之间涉及科技的重大事项。国务院总理李克强任组长，国务院副总理刘鹤任副组长，成员由各大部委主任或部长兼任，国家科技领导小组办公室设在科技部，承担领导小组日常工作，办公室主任由科技部部长王志刚兼任。有强大的制度架构，地方的科技事业发展便有坚固的依托和畅通的渠道。承德市科学技术局，是贯彻实施国家科技方针、政策、法规、规划，研究提出全市科技促进经济与社会发展的宏观战略和政策措施，组织拟订全市民用科技发展的中长期规划和年度计划，研究提出全市科技发展的重大布局和优先发展领域的政府职能部门，也是当地科普、应用的主导部门。

承德市科学技术的发展随着社会的变迁在逐步加强，1978年3月全国科学大会在北京召开后，承德地区和承德市的科学技术工作开始进入有组织有计划的发展阶段。20 世纪 80 年代中期，国家制定“星火计划”，宗旨是利用科学技术振兴乡镇企业促进农村经济发展。星火计划核心内容十个：新型饲养业及其产品的运输保鲜与产地加工配套技术开发；农林土特产的综合利用，产地加工及储运保鲜技术；村镇建设和建材开发促进农房建设规范化、工厂化、商品化；小矿产的采选及初加工，有条件地发展矿产品；新技术新材料的推广应用；大工业配套产品的开发；区域综合开发；推动建立商品基地，促进商品经济发展；生产装备的开发；培训计划。80 年代末 90 年代初农业上主要推广 26 项农业先进适用技术，同时培育支柱产业，设置生态开发区和试验区。培育的支柱产业主要有山楂、肉牛、板栗、山杏、马铃薯，实现种养一条龙、贸工农一体化。工业上要求企业建立技术开发机构和配备从事技术开发工作的专职人员，开展工业科技成果的推广和转化工作，加强与省内外科研单位和大专院校联合，寻求技术依托。

1993 年 7 月 1 日，是承德科技发展史上的一个时间节点。承德地区、承德市合并，原地、市的直属部门合并后，产生新的承德市科学技术委员会。2009 年 7 月 8 日，科技局办公地点迁入新建的承德市行政中心办公，办公环境、条件有较大改善和提升。

1994 年，承德市委、市政府制定科技进步实施方案，决定在全市范围内实施“科技兴市”战略，使科技成为经济发展的支柱，实现科技、经济和社会的协调发展，上水平、上规模、出效益，搞好技术储备，不断创新。全市在科技进步上有了制度性安排，成立市、县区两级科学技术进步奖评审委员会，负责承德市科技进步奖的评审工作，以保证科技成果评审工作的严肃性、科学性和公正性。

1995 年起，承德市科技事业开启了一个学习国外先进技术，开展国际科技交流的局面，出现了一波出国考察、引进技术与设备、开展项目合作的热潮。由承德市科委主导，政府部门和企业领导组团参与，分别赴墨西哥、泰国、德国、乌克兰、波兰、以色列、埃及、美国、保加利亚、法国、挪威、俄罗斯等国，在工业、农业、环保等领域，全面学习先进技术、引进优良品种，学习生产、经营、创新理念。

国家、省科委加大对承德的支持，1995 年承德市列为《国家科技成果重点推广计划》农业科技成果推广试点市，马铃薯支柱产业建设列入省、国家科委星火计划。围场马铃薯田间作业机械化机具被定为河北省省级新产品，居国内先进水平。承德长城种业被认定为河北省高新技术企业。

2000 年，“北京博士后承德科技开发基地”成立，此后几年，相继有 20 名博士后向承德企业发布近 100 项最新科技成果，由博士后研发的 21 个高科技项目与承德企业签订合作协议。近 200 名博士后与承德 80 余家企业签订 12 项科技合作意向协议。

进入 21 世纪，科技工作主要实施“科技创新先导工程”，重点抓自主创新、高新技术开发及产业化、高新技术促进传统产业升级、科技创新与服务平台建设、节能减排和农业科技进步等科技专项工程。

2001 年，承德成为国家外国专家局水稻旱育稀植技术引智成果推广示范基地。《中俄玉米育种与产业化合作研究项目》列入科技部中俄政府间长期科技合作项目。马铃薯精制淀粉研制与产业化开发项目，被科技部列入星火计划八大科技燎原行动。2002 年，承德“无基础断轨轨道衡”“高氧纤维及其制品”列入河北省科技厅公布 2002 年第一批科技型中小企业技术创新基金项目。2006 年，“围场马铃薯标准化高效栽培技术开发”“热河黄芩仿野生栽培技术开发”“利用食用菌菌糠和畜禽粪便生产有机肥技术开发”“牛血浆提取白蛋白技术开发”“油松花粉有效成分提取技术及系列产品开发”，被科技部列入国家星火计划项目。2007 年，承德新新钒钛股份有限公司自主开发研制的“Φ50 毫米 HRB400 钢筋”通过省科技厅鉴定。2008 年，承德的“活性炭为载体的磺化酞氰钴催化剂”“钢丝带束环形胎面”被列为国家重点新产品计划项目。2009 年，承德市国审玉米新品种“三北 6 号”被认定为国家自主创新产品，成为河北省唯一一个农业类自主创新产品。

2010 年以后，针对承德市重点产业钒钛钢铁、仪器仪表、装备制造、中药、特色农业、清洁能源等重点领域，调整产业结构、合理配置资源、集中优势资源开展技术自主创新和持续创新，引进高新技术再创新，培育新的经济增长点，提高企业特别是科技型中小企业竞争力，加强高新技术企业的认定工作，为承德市经济发展提供重要科技支撑。

2014 年之后，国家从战略的高度提出京、津、冀一体化，将非首都功能疏解到河北，以缓解首都交通、人口、环境等各方面的压力。承德市委、市政府为培育新的经济增长点，引进大数据等产业，市科技局围绕市委、市政府确立的十大重点产业：旅游文化、钒钛制品、装备制造、食品医药、新兴能源、现代物流、高新技术、民生事业、城镇建设、基础设施建设，开展全方位的与北京、天津及河北省省会对接。

在科技管理部门主导下，1989 年以来承德市的科技事业取得全市人民瞩目的成绩，全社会重视科学技术的研究和科学技术知识的普及，鼓励各种发明创造，全市的专利申请数量逐渐增加。1989 年至 2015 年，全市共受理申请专利 6526 项，其中发明专利 1506 项，实用新型 3766 项，外观设计 1254 项。在专利申请中，非职务发明 4213 项，职务发明 2317 项，其中大专院校 150 项，科研单位 44 项，工矿企业 2075 项，机关团体 48 项。专利授权 4021 项，其中发明专利 381 项，实用新型 2719 项，外观设计 921 项。授权专利中，非职务发明 2366 项，职务发明 1655 项，其中大专院校 58 项，科研单位 23 项，工矿企业 1535 项，机关团体 39 项。

国家、省、地（市）科技投入呈逐渐增长趋势。1989 年至 2015 年，全市列入和实施各类科技项目 5865 项，投入资金 28391.35 万元。其中指令计划（财政资助经费项目）1899 项，指导计划 3966 项。指令计划中国家级 105 项，省级 596 项，地（市）级 1198 项。指导自筹经费项目计划中国家级 5 项，省级 716 项，地（市）级 3245 项。1989 年至 2015 年取得市级科技奖励成果 1135 项，其中有 286 项获得承德市科技进步一等奖。

大 事 记

1989年

2月27日，承德地区行署召开全区科技“双放”（放活科研活动、放活科技人员）工作电话会议，行署副专员孙先明对1989年的科技“双放”工作做进一步的动员和部署。承德地区科学技术委员会（以下简称：地区科委）专门成立科技管理科，具体负责全区科技体制改革工作，修订完善《承德地委、行署关于放活科研活动、放活科技人员的若干规定》，下发《关于深化农村科技体制改革的安排意见》《关于做好技术承包合同兑现工作的通知》等指导性文件。

7月22日，承德市科学技术委员会（以下简称：市科委）向全市科技部门转发河北省委书记邢崇智对农业技术承包问题的批示，批示阐述承包规模进一步扩大，集团性承包成为农村技术承包的主要形式，承包集团向实体化方向、技物结合方向发展，提取承包的报酬向多渠道方向发展。

7月26—29日，在丰宁满族自治县召开河北省山区技术开发工作研讨会，会上刘瑞生讲话，概括河北省山区技术开发工作现状，提出山区开发工作发展思路，并落实省下达的28个项目，54个课题。

9月，承德地委做出《以推广26项农业常规技术为突破口，加快科技兴农步伐的决定》，明确指出“26推”（推广26项农业常规技术，以下简称：“26推”）作为科技兴农的战略措施，要强化针对性措施，加大政策力度，努力扩大推广规模，因地制宜，科学指导，让群众收到实效。这一历史性抉择，标志着承德农业走上依靠科技进步的轨道。

1990年

7月上旬，北京市第一机床厂14名有技术、懂管理的专家到承德地区丰宁满族自治县燃气设备厂和木材厂进行技术诊断，取得很好效果。

11月，在国家科委举办的全国“七五”期间“星火计划”成果博览会上，承德地区送展的6个产品全部获奖，其中金奖4个、银奖2个。

年内，承德地区相继制定《关于推广农业常规适用技术意见》《“26推”检查验收办法》《“26推”评比奖励办法》等保障“26推”实施质量的文件。

1991年

4月10日，市科委向承德市人民政府（以下简称：市政府）请示报告《关于1990年农业科技集团承包的意见》，意见中提出成立市、县、区农业科技承包集团领导小组，规定科技承包集团具体实施步骤，这是农业发展最终依靠科技的有效途径。

6月25日，市科委向各县（区）科委转发5月27日河北省科学技术委员会刘希伯（副主任）在全省农村技术经济服务合作组织研讨会上的讲话。讲话中阐述三个问题：农村技术经济服务合作组织是适应农村经济发展需要的新生事物，建立发展农村技术经济服务合作组织的主要经验、发展思路，要求各级科技部门要学习、探索其管理部门的农村技术经济服务合作组织的形式及发展。

12 月 3 日，市科委为贯彻国务院、省委、省政府科技兴农的决定，向承德市人民政府请示成立承德市科技兴农领导小组，职能：领导组织全市科技兴农工作；制定科技兴农有关政策、措施；审查、监督科技兴农计划实施、政策落实；协调各部门为科技兴农出力。科技兴农领导小组组长：王绍奎。

1992年

3 月 4 日，市科委向各县（区）及各乡镇发出“成立农业科技成果推广协作网”通知。协作网由市科委山区办牵头，县（区）乡镇科技部门负责，每个行政村挑选 2 ～ 4 个农户入网，入网不收费，坚持自愿原则。协作网不定期开展技术培训、咨询、传递最新农业技术经济信息，订购农业科技资料，选择适宜区安排农业科技成果试验、示范，现场参观经验交流。

年内，地区科委组织 6 个单位 9 项技术及产品到乌鲁木齐参加“七五”期间优秀星火技术及产品交易会；组织开展创建科技先导型企业和创办星火示范企业活动，承德商业机械公司达到科技先导型企业标准，宽城满族自治县龙须门镇陶瓦厂、兴隆县皇苑食品厂 2 个企业达到星火示范企业标准。

1993年

5 月 25—29 日，承德地区组织 11 个参展项目参加华北第二届暨河北省第七届技术人才交流交易会，达成意向协议 5 项，交易额 35 万元，展出项目获金牌奖 3 项、银牌奖 2 项。

7 月 1 日，原承德地区、原承德市合并，合并后名称为：承德市。承德市科委向市政府请示“重新成立承德市山区经济技术开发领导小组”，为继续加强同省山区技术开发领导小组的对口联系，争取上级部门的支持，代表市政府负责全市山区经济技术开发的组织、指挥、协调工作。组长：原志山。

1994年

1 月 10 日，承德市委、市政府制定科技进步实施方案：决定自 1994 年开始在全市范围内实施“科技兴市”战略，计划经过 7 年的努力，即到 2000 年建立科技与经济紧密结合的机制，使科技成为经济发展的支柱，实现科技经济和社会的协调发展。

8 月 15—19 日，第三届避暑山庄文化艺术节期间，承德市邀请 22 家大专院校和科研单位的科技人员举行三场信息发布会，共发布项目信息 2240 条，签订合作项目 82 项，协议引进资金 16474.5 万元，合同引进资金 6928 万元。

年内，市科委向各县（区）发出《关于成立承德市第一届科技进步奖评审委员会》的通知，为保证科技成果评审工作的严肃性、科学性和公正性，根据承德市科技进步奖励条例规定，成立市科学技术进步奖评审委员会，负责承德市科技进步奖的评审工作，评审委员由各主管局推荐，市科委审定。

年内，国家科学技术委员会、河北省科学技术委员会为充分发挥科技在救灾工作中的作用，帮助灾区人民尽快恢复生产，重建家园，拨付承德市洪涝灾款各 20 万元，科技周转金 5 万元。

1995年

7 月 3—6 日，国家科委副主任韩得乾、国家科委成果司司长唐新民，到承德市考察农业“26推”工作，为承德市列为国家科委农业科技成果推广基地做先期工作。

7—8月，承德市普降大到暴雨，宽城、平泉、承德县、兴隆4个县遭受特大洪灾，受灾面积68.6万亩，成灾52.1万亩，其中绝收面积11.5万亩，全市因灾造成直接经济损失5.56亿元，承德市承担的各级科研和推广项目直接损失8657.1万元。

8月1日，市科委召开全市农业科研计划项目调度会，各县区汇报“八五”期间列入省、市农业科研计划项目进展情况，确定鉴定验收时间，汇报研讨“九五”期间省、市重大农业科研计划项目选题、内容和申报方法，研讨“九五”期间农业、农村科技发展总体思路，交流农业科技管理经验。

8月4日，市科委代起草“承德市人民政府关于推进农业和农村科技进步的意见”，意见中提出农业与农村科技发展的主要目标、主要任务及采取的有力措施等。

8月5—8日，河北省科委组织各地市科委主任或主管科技成果推广的副主任和成果处（科）长，在承德市召开全省推广“26推”经验座谈会。新华社河北分社、河北日报社、河北电视台和承德日报社、承德电视台的记者参加会议。会议期间参观了隆化县张三营镇水稻旱育稀植、肉牛育肥、地膜玉米等技术推广现场；围场满族蒙古族自治县马铃薯种子公司原种场脱毒微型种暑工厂化生产车间及推广现场。承德市委副书记张国斌作《加强政府为促进农业科技成果转化》的报告，承德市科委副主任兼“26推”办公室主任张国强介绍开展“26推”工作情况，承德市农、林、牧、水部门的有关负责人以及隆化、平泉、兴隆县的领导和科委主任，介绍具体实施“26推”的做法和效果，并与各地市与会代表进行讨论交流。

8月18日，市科委在围场满族蒙古族自治县召开马铃薯种植机械现场会，介绍2BTM-1A型深松大垅马铃薯播种机的研制过程，推广应用情况，获得的经济效益，进行机具现场作业表演，参观对比田作物的生长情况。

8月下旬，承德县种子公司张广学等一行4人赴乌克兰考察，考察目的是如何加快种子公司技术开发步伐，提高科学管理水平，发展外向型经济。

8月，市科委副主任邵文等4人赴墨西哥考察，重点了解墨西哥马铃薯的培育及加工技术，探讨引进优良品种的可能性。

9月11日，市科委下发《关于抓好星火科技培训的通知》，要求围绕省市科技计划项目、农业“26推”、小康村建设和农业综合开发试验区、支柱产业建设等重点，搞好农民技术骨干、管理骨干和星火科技带头人的培训。

10月2日，国务委员、国家科委主任宋健到承德视察科技工作，对农业“26推”工作给予肯定，提出：承德市要利用资源、区位、旅游优势，将大农业以及与农业相关的工业乡镇企业搞上去。

10月上旬，承德华宁乳业公司总经理马中岳等4人赴波兰考察，了解奶牛饲养管理自动化技术及设备、配合饲料技术、饲料加工技术和设备以及冷冻怀胎移植技术，参观奶粉、干酪、酸奶、冷饮等先进奶制品生产加工技术设备，洽谈有关科技合作事宜。

10月，国家科委批复，将承德市列为《国家科技成果重点推广计划》农业科技成果推广试点市。

10月，承德市人大视察承德市实施《中华人民共和国科学技术进步法》和《河北省科学技术进步条例》情况。

11月，承德市科委主任马宗祥等一行6人赴泰国考察，参观“95环球工农科技展”，了解国外生产技术水平发展情况。

12月1—22日，市科委副主任郑立志赴德国，学习德国工农科技项目及资金使用管理经验。

12月，全市万亩“绿风95”植物生长调节剂新闻发布会召开。

1996年

4月16—27日，承德市副市长高金生带领市县区科委主任一行15人，赴山东参观寿光市昌邑鹅肥肝综合开发公司和莱州市农业科学院等8个单位，学习山东抓经营专业化、规模化、产供销一体化及建设国家级星火密集区的经验。

5月11—23日，市科委张国强等5人赴以色列，参加以色列农业部贸促会和集体农场工业协会联合举办的1996农业科技博览会，学习旱作农业灌溉、水管理播种、组织培养、水产养殖、温室等方面的技术并与以色列有关农业公司洽谈利用以政府贷款建立示范农场、引进农业专家、派出研修生等事宜。

6月，省科委要求市、县科委组织开展科技下乡活动，将先进适用技术、时效技术信息直接送到农民手里，每个市与县合作组织5～10场（次），促建致富产业，培养科技人才。

8月1日—9月15日，市科委农业科组织农民参加科技兴农知识竞赛。

9月21—30日，市科委组织承德市辖区内各相关单位参加在北京举办的星火计划实施十周年暨“八五”农业科技公关成果博览会。承德代表张国强、李海瑞、高建成被评为参会优秀工作人员。

11月下旬，承德市科委主任马宗祥等人赴波兰考察，学习鹅业综合开发利用技术及管理技术，探讨引进交流鹅养殖技术及鹅产品加工技术。

年内，围场满族蒙古族自治县马铃薯种子有限公司被认定为1996年河北省第一批高新技术企业，其生产的脱毒微型马铃薯种薯为高新技术产品。马铃薯支柱产业建设列入省、国家科委星火计划。

年内，平泉县“春玉米亩产850千克，10万亩联片高产高效优质示范”项目列为省重大科技成果推广示范基地。

1997年

年内，围场满族蒙古族自治县北方马铃薯蔬菜批发中心、宽城满族自治县农业开发办公室、宽城满族自治县种子公司、鑫鑫源科技有限公司、围场鹿苑酒厂被评为1997年承德市技术市场金桥奖先进集体。

年内，平泉县食用菌总公司、宽城满族自治县啤酒厂、丰宁满族自治县森林蔬菜食品加工厂、隆化县利国养牛有限公司被评为1997年承德市民营科技企业先进集体。

年内，兴隆县北营房镇、平泉县食用菌总公司被评选为河北省青年星火培训基地。

年内，市科技局印发《河北省山区创业奖励办法实施细则》。

年内，市科技局转发贯彻落实中共中央、国务院《关于进一步加强土地管理切实保护耕地》的文件。

1998年

1—2月，承德市原微生物技术应用研究所副所长王素芳、技术员李建东赴美国，考察肉牛饲料微生物添加技术，探讨技术合作。

年内，从保加利亚引进苹果、梨、桃、杏等优良果树品种，引进组织培养、脱毒快繁技术。

年内，引进适宜承德市栽培的墨西哥早熟、高产、抗病、优质玉米新品种。

年内，学习法国朗德鹅孵化、饲养技术，引进种蛋、孵化、试养、改良本地品种和肥肝试验。

4月6日，市科委、市新能源办公室、市畜牧水产局、市妇女联合委员会、共青团承德市委员会联合通知：落实“三位一体”沼气技术推广工作，作为市政府“26推”计划中的重中之重项目推广。

年内，承德市上报河北省科委招标项目：脱毒马铃薯高产优质高效示范和牛皮蝇防治示范县。

5月27日，河北省沼气综合利用现场会在承德召开，给承德下达发展新型沼气池任务15300个。

年内，承德县化肥厂、围场满族蒙古族自治县马铃薯种子有限公司、承德麦芽有限公司被认定为河北省高新技术企业。

年内，“承德市环境管理”被确定为1998年与挪威水研所国际合作项目。

1999年

年内，由围场满族蒙古族自治县农机化技术推广服务站承担的马铃薯田间作业机械化机具，被鉴定为河北省省级新产品，居于国内先进水平。

年内，隆化县被评为科技部1997—1998年度全国科技工作先进县。

年内，中种集团承德长城种子有限公司，被认定为河北省高新技术企业，该企业“豫玉22号”“承8353”“承单15”被认定为高新技术产品。

4月23日，市科委组织召开全市“水稻覆膜直播技术”现场会，该项目是由承德县科技局、农业局承担的科技部重点攻关计划项目，通过两年的实施，成为完整的栽培技术体系，示范面积2万余亩。该技术的应用可有效解决贫水区水稻生产与水资源匮乏的矛盾，具有节水、稳产、成本低等优点，解决季节河流域春季枯水期水稻插秧难的问题，对改造“二洼地”等低产田，扩大水稻生产面积，提高生产效益具有重要意义。

6月2日，市科委向主管科技的副市长常幸报告全市科技、农业等部门参加9月5—9日在以色列海法市举办的第十四届国际农业技术博览会情况，内容包括：考察耐特费姆公司试验基地；洽谈扩大承德市农产品出口的市场及引进农副产品深加工技术与设备；探讨适应承德市缺水现状发展旱作农业的措施。

8月上旬，河北省围场满族蒙古族自治县马铃薯研究所所长丁明亚，承德市山区办副主任杨洪清，赴俄罗斯考察马铃薯育种和栽培技术。

2000年

1月18日，承德市技术创新大会召开，市五大班子主要领导及各县（区）委书记、主管科技县（区）长、科技局长，市直部门、部分大中型企业和民营科技企业的代表近300人出席会议，市委书记傅贵武、市长赵文鹤、主管科技副市长于树茂分别在会上讲话。会议印发了市委、市政府《关于加强技术创新，发展高科技，实现产业化的实施意见》，提出全市技术创新的发展方向、指导原则、主要任务目标、具体措施和有关扶持政策。

2月25日，市科委成立“三讲”教育领导小组，组长由市科委党组书记、主任郑立志担任。科委机关开展为期三个月的“三讲”教育活动。

3月6日，省科技厅厅长杨庆新带队到承德，对承德“九五”科研项目执行情况和2000年至2001年重点项目进行考察调研，承德市市长赵文鹤、副书记张国斌、副市长于树茂先后参加座谈。副市长于树茂、市科委主任郑立志分别陪同杨厅长考察承德市输送机总厂等9家企业和园区。

4月20日，承德晶体技术研究所承担的“氟化镁—高纯原料及光学晶体镀膜材料”和承德电子仪器厂承担的“石英谐振式传感器及全数字化石英电子秤”两个项目获得科技部科技型中小企业技术创新基金共120万元。

5月19日，经市科技进步奖评审委员会评审，市政府核准，评出2000年度市级科技进步奖一等奖12项，二等奖21项，三等奖22项。达到国内领先水平以上的科技成果32项，其中12个工业项目的年均新增产值达到36415.9万元，年均新增利税5952.4万元。

6月30日，“北京博士后承德科技开发基地”成立大会举行，承德市委、市政府领导，北京博士后代表、承德市县区及市直部门负责人、有关企业代表近300人出席。承德市副市长于树茂、北京博士后联谊会理事长王建华博士分别致辞并代表双方在基地合作协议书上签字。会议期间，应邀到承德的中国科学院院士、工程院院士、原中国农大校长石元春就中国农业科技进步及加入世贸组织的对策问题等进行专题讲座。

7月6日，为适应战略重点转移，加大支持民营企业发展力度，市科委下发通知〔承市科(2000)034号〕，并组织精干力量对全市民营企业发展的基本情况进行广泛调查，着手制定鼓励和扶持发展民营科技型企业的政策。

8月23日，泰国水稻种植技术交流项目专家一行8人到承德考察，重点考察承德水稻主栽区隆化县，双方就两地水稻种植技术进行交流。

9月5日，承德8项科技成果获省科技进步三等奖，分别是：承钢集团的承钢中宽热带生产线引进消化创新工程；承德华一集团的小型循环机械停车设备；承德医学院附属医院的固定性药疹和发疹型药疹免疫检测研究、bc*l*-2基因蛋白在膀胱移行细胞肿瘤中的表达及意义；承德医学院、承德肾病研究所的参葛仙丹颗粒治疗非胰岛素依赖型糖尿病胰岛素抵抗及并发冠心病的临床研究；承德输送机集团的电动自行小车式输送机；承德市植保植检站的玉米弯孢菌叶斑病发生规律及防治技术；承德医学院附属医院的股四头肌及髌骨关节临床解剖学研究。

2001年

1月12日，市科技局配合科技部在滦平县陈栅子乡举办送科技下乡活动，邀请有关院士及国家级院所的专家10人、市有关专家50人参加科技咨询，组织重点技术60项，发放技术资料6000份，并在陈栅子乡建科普图书馆，捐赠科技图书15000余册。

2月3日，省科技厅通报表彰2000年度目标管理先进单位和个人，承德市科委为目标任务专利实施单项工作完成先进市科委，兴隆县、隆化县科技局为目标完成先进县科技局，获目标管理先进个人的有：安国群、董凤义、王亚洲、杨希宾、杨凤林、李贵、吴桂凤、鹿平、高明群、张耀基、董克良。

3月10日，市科委、市委宣传部联合召开会议，确定集中开展科技发展“123工程”宣传活动，重点宣传报道工业“寻求增长”和农业“绿色增收”两大计划，承德日报社、承德电视台、电台有关负责人出席会议共同研究制定宣传报道方案。

4月11日，全市科技大会召开，市领导及八县三区主管科技工作的书记、县长、科技局长、科协主席，市属大中型企业、高新技术企业、市属研究所的代表250多人参加会议。市委书记傅贵武、市长赵文鹤、副市长于树茂分别讲话。会上授予市农业技术推广站刘景珍、围场满族蒙古族自治县马铃薯研究所丁明亚、承德乾隆醉酒厂迟彦刚首届市长特别奖，各奖励人民币2万元。

5月16日，国家外国专家局水稻旱育稀植技术引智成果推广示范基地挂牌仪式在承举行。国家外国专家局副局长陈阳进，农业部、科技部、省政府领导及各省、自治区、直辖市代表70多人出席挂牌仪式，日本水稻专家原正市专程赶来参加。

6月26日，日本水稻专家原正市率领日本岩见泽市农业技术考察团一行17人，到承德隆化县及市区进行参观考察。原正市和市科委主任郑立志分别代表日中农业技术交流协会和承德国际人才交流协会，签订农业技术交流协议书，计划在承建立农业综合示范园区。

7月3—5日，河北省科技厅副厅长王征国率领省科技厅计划处、农村处、山区开发办公室、科技投资公司一行9人到承德考察科技项目。王征国一行考察长城种子公司、华富有限责任公司、华一集团、帝贤集团、晶体研究所等项目承担单位，并到隆化县、围场满族蒙古族自治县视察工作。

8月15日，“中俄玉米育种与产业化合作研究项目”列入科技部中俄政府间长期科技合作项目，中方为承德长城种子公司，该项目是承德有史以来第一个列入政府间长期合作的项目。

9月11—21日，在“中国—白俄罗斯马铃薯育种及种质资源交流”项目进行中，围场满族蒙古族自治县马铃薯研究所所长丁明亚一行，赴白俄罗斯考察马铃薯的生产、育种情况，签订五年育种合作协议，带回10余个马铃薯新品种。

9月12日，市科委主任郑立志率领各县区科技局长，先后考察北京顺义三高科技农业试验示范区、兴绿农牧发展有限责任公司、小汤山现代农业科技示范园，并与北京市科委就利用北京技术、品种优势在承建立花卉、果品等生产基地等事项达成合作意向。

10月12日，依据对“绿色增收”计划实施情况前期考察调研的结果，由市科委起草并以市政府名义出台了《绿色增收计划实施奖励办法》和《科技型龙头企业认定办法》，提出推动农业科技发展的具体政策措施。

11月15日，承德围场双九马铃薯淀粉有限责任公司的马铃薯精制淀粉研制与产业化开发项目，被科技部列入星火计划八大科技燎原行动，争取到国家科研资金50万元。

12月9日，科技部科技型中小企业技术创新基金项目“石英谐振式传感器及全数字化石英电子秤”通过科技部验收，为项目融资提供技术和信誉保证，为承德光机电一体化领域、高新技术产业化发展提供借鉴和示范。

2002年

1月28日，承德市科技工作会议在承德露露集团召开，副市长于树茂、人大常委会副主任朱德灵等出席，各县区主管科技工作的副县长、科技局长及市直部门、企业的代表120多人到会。副市长于树茂就应对入世后抓好科技创新发表讲话。市科技局局长郑立志对2002年工作进行部署。会议印发《承德市人民政府关于进一步促进科技发展“123工程”的若干规定》。

2月5日，由中科院4位专家组成的科普报告团，到承德丰宁、围场、隆化等县及市区中学和高等学校，进行为期10天的科普报告和科普座谈活动。

3月29—31日，市科技局局长郑立志、副局长张克范，市工商局食品协会会长李平，陪同中国农大食品学院院长、教授胡小松，到河北怡达集团考察。胡小松代表中国农大食品学院与怡达集团签订合作协议，怡达集团聘请胡教授担任集团技术战略顾问。

4月17日，由省科技厅国际合作处处长董玉惠带队，承德市科技局组织承德企业携项目赴沈阳，参加2002年俄罗斯高新技术展览会。承德“无病毒型马铃薯快速繁殖法”等8个项目与有关方面达成合作意向。

5月18—20日，市科技局组织有关县区及相关企业，参加河北省科技厅主办的博士后联谊活动，活动分项目发布、科技成果展示、校企合作洽谈、科技合作项目签订四个步骤。承德市高新技术产业开发区和北京市恒通新材料研究所，就热塑弹性体材料的合作开发签订合资合作意向；承德荣视电子公司和清华大学就人像合成系统项目签订协议；承德本特思达仪表有限公司与清华大学就光纤温度测量系统项目签订协议。

6月2日，市科技局为执行列入“中泰科技联合会”会议议定书的“生态灭鼠”项目组团赴泰国考察，双方就地方病防治等议题交换意见。

7月1日，中共承德市科技局机关第三届委员会，被市直工委评为“2001年度先进基层党组织”，刘仲发被评为“2001年市级优秀党务工作者”，孙绍清、楚风歧被评为“2001年市级优秀共产党员”。

9月3日，中共承德市科技局机关第三届委员会进行换届选举。中共承德市科技局机关第四届委员会由7名党员组成，机关党委书记由李季梅担任。机关党委下设3个支部，由机关党支部、事业党支部和老干部党支部组成。健全了组织机构，配备了各支部委员。

10月27日，承德市科技局组织建立承德市科技专家库，邀请省科技厅科技成果与技术市场处副处长张国庆、河北医科大学科技处处长张祥君、省农科院研究员马万福到承德对承德首批入库的专业技术人员进行培训，确定320人为承德市科学技术专家库第一批入库专家。

2003年

2月10日，承德市科技局被省科技厅评为知识产权管理先进单位。

3月21日，全市科技工作会议召开，副市长于树茂及市科技局负责人出席会议。各县(区)主管科技工作的副县（区）长、科技局长，市直各部门、市内高校、科研院所、高新技术企业及民营科技企业的代表120多人参加会议。副市长于树茂讲话，市科技局局长郑立志全面总结回顾承德几年来实施科技发展“123工程”的成效和经验，部署2003年全市科技工作任务。

4月27日，河北省科技厅公布2002年省第一批科技型中小企业技术创新基金项目，承德“无基础断轨轨道衡”“高硅氧纤维及其制品”两个项目列入计划，获得无偿资助款40万元。

5月12日，承德市委宣传部、市科技局、市科协联合开展“依靠科学，战胜‘非典’”科普宣传周活动。副市长于素伟在《承德日报》发表抗击“非典”署名文章，市科技局局长郑立志、市科协主席张克范就抗击“非典”科技活动周答媒体记者问，并请医学专家针对承德疫情防治情况作访谈，市科技局与科协代表承德科技界，向“抗非”一线工作者发出慰问信。

6月30日，承德市生产力促进中心正式成立，性质为全额拨款的事业单位，编制为10人。

7月28日，承德市科技局协助省科技厅，承办“华北五省区技术市场工作研讨会”。科技部、中国技术市场管理促进中心，山西、河北、北京、天津、内蒙古、太原市、呼和浩特市、石家庄市，分别派代表参加大会，省科技厅副厅长穆铁学讲话。

8月7日，市科技局组织的“清华大学博士后—承德基地技术项目对接洽谈会”举行。会议由副市长于素伟主持，市委、市人大、市政府、市政协领导参加会议。承德市领导与北京博士后联谊会理事长曹献坤分别致辞，清华大学20名博士后向承德到会企业发布近百项最新科技成果，其中21个高科技项目与承德有关企业签订意向性技术合作协议。

9月23日，市科技局受市委组织部委托，举办全市科技乡镇长培训班，74个乡镇的科技乡镇长参加培训，学员们听取国内外科技动态、省市科技发展情况，同时学习农村种养科技知识及加入世贸组织后农业发展的应对措施等内容。

10月12—17日，承德市组成以于素伟副市长为团长，市科技局李威副局长为秘书长，外经贸局、宽城满族自治县、隆化县、平泉县及部分民营企业组成的代表团，赴深圳参加“第五届国际高新技术成果交易会”，承德共有6个企业的6个项目参展，共签订利用外资技术合作项目9项，总成交额3.5亿元人民币，其中技术合作项目6项，项目投资9000万元人民币。

11月10日，承德市召开技术市场工作会议，市科技局局长郑立志传达华北五省市、区技术市场工作研讨会以及河北省科技工作会议精神，县区及市直部门汇报开展技术市场工作情况，对2003年技术市场工作进行部署，表彰本年度技术市场先进集体、个人。

11月25日，市科技局根据省委、市委“两讲一建”活动指示精神，在全省率先发起以“发展绿色农业”为主题的冬季送科技下乡第一战役，活动在八县三区全面铺开，此次活动为历年来承德规模最大的一次。活动集中组织协调农业、林业、畜牧水产、水务、环保、卫生等各行业专家组成的科技服务团，利用农民赶大集时间，介绍新技术、新品种，引导农民科学生产，全市送科技下乡的科技人员达150余人，有10万多群众参与，发放培训教材5000余册，发放专项技术操作规程明白纸8万余张，现场咨询授课3500人次。

2004年

1月15日，市科技局出台《关于支持鼓励企业申报完成科技部各类计划项目的奖励办法》，重点奖励承德企业在争取国家科技部科技攻关计划、中小企业创新基金计划、国家级新产品计划并得到国家经费支持的项目，市科技局将从自身奖励经费中给予企业重点支持。

2月3日，承德市申报2003年度省科技进步奖项目17项，有7项获得2003年度省科技进步奖，其中获省科技进步二等奖1项、省科技进步三等奖6项。二等奖是承德华富玻璃技术工程有限公司的系列玻璃电熔炉；三等奖是承德中药集团有限责任公司的颈复康颗粒生产新工艺，承德医学院的周围神经局部缺血所致相关神经元胞体变性的系列实验研究，承德医学院附属医院的NGF在db/db自发性糖尿病小鼠颌下腺表达的研究，用免疫组化技术对银屑病患者皮损中NGF、SP、hTERT表达的研究，人胚胎睾丸发育过程中NGF、EGF、TGFß1及其受体表达的研究，TLL联合IL-2、IL-4局部过继免疫治疗膀胱癌的实验研究。

3月11日，全市科技工作会议召开，市委书记赵文鹤、常务副市长袁福、副市长于素伟和市人大、市政协领导到会。会议对获2003年度市长特别奖集体承德颈复康药业集团和尤文武、李世、白瑞国3人进行表彰，同时表彰农业绿色增收工作先进集体和个人，确定融入“环京津创业带”，打造承德科技创业的“黄金地带”等四项重点工作。赵文鹤就加强全市科技工作作重要讲话。

4月12日，科技部副部长程津培到丰宁满族自治县调研，省科技厅厅长贾红星、副厅长王征国、承德市副市长于素伟、市科技局局长郑立志和丰宁满族自治县主要领导陪同调研。

5月28日，2004年清华大学博士后承德科技对接活动开始，清华大学近200名博士后及承德80余家企业参加活动，活动历时两天，活动中进行博士后成果项目发布、企业发布难题及项目洽谈等，承德企业与博士后共签订科技合作意向协议12项。

6月21—25日，省科技厅副厅长穆铁学来承德检查中药现代化专项课题研究进展情况，先后检查国家创新药物与中药现代化专项围场金莲花规范化种植技术研究基地，隆化黄芩规范化种植技术研究基地以及省创新药物与中药现代化专项承德县黄芩、柴胡、丹参、防风、赤芍、桔梗综合示范基地，开发区大地农业科技服务公司柴胡规范化种植基地，并对河北省中药材GAP承德研究中心的建设情况进行考察。

7月20日，市科技局驻村“推进农村小康社会建设宣讲组”，在“河北省推进农村小康社会建设宣讲团总结表彰广播电视大会”和“全市推进农村小康社会建设宣讲工作总结表彰大会”上，受到中共河北省委和承德市委的表彰，分别被授予宣讲工作先进集体荣誉称号，王亚洲被授予优秀个人称号。

8月13—16日，省科技厅在承德市召开全省农村科技工作调度会，各市科技局主管农村科技工作的局长和农村处（科）长参加会议。各市总结交流2004年上半年农村科技工作，并对以后的工作提出许多建议。副厅长王征国做题为《解放思想，认清形势，创造性地开展农村科技工作》的总结讲话。

8月18日，市科技局组团赴保加利亚执行国际科技合作项目，对该国农业科学院农业生物技术研究所、内格瓦试验站、玫瑰及药用植物研究所、维托沙植物园、花卉生产及进出口公司等进行访问考察。考察交流的内容有：油用及观赏玫瑰种质资源创新、新品种选育，栽培生理与栽培技术。百合、鸢尾、万寿菊、翠菊等花卉的品种资源研究和利用。葡萄、草莓、番茄等作物的种质资源交流与杂交育种、组织培养与快繁、脱毒。双方在互通科研信息，互派学者访问，共同召开技术研讨会，培训技术人员方面达成共识。

9月11日，承德市科技局组织召开承德市农业产业技术升级京承项目对接洽谈会，中国农业大学、中国农科院、北京林业大学、北京市农林科学院4家科研院校的19位专家到会。承德各级科技部门、农业部门和有关企业共200余人参加会议。市委副书记姜德国、副市长于素伟以及市人大、市政协领导到会。副市长于素伟代表市委、市政府致词。专家们共发布50多项新技术、新成果。兴隆县政府就聘请科技顾问，与中国农业大学签约。4所科研院校就“食用菌深加工技术”“板栗产品深加工技术”“食用仙人掌深加工技术”“落叶松综合利用”“食用菌新品种引进”等28个项目，分别与承德33家农业企业、农技部门签订合作意向，有6名专家当场被到会企业请到实地考察，双方就以后合作进行更深入的洽谈。

10月12—17日，承德市组团参加第六届中国国际高交会，其间，市科技局领导先后走访深圳清华大学研究院的中药及天然药物研究中心和精密仪器及智能监控实验室，双方分别就中草药资源及相关技术开发及智能化仪表技术转化等课题洽谈，达成合作意向。科技局领导还与香港黄河投资集团，就“油用向日葵产业化开发”进行交流，双方同意就该课题进行深入合作。

11月2日，承德市申报“2004年度省科技进步奖”项目22项，其中有8项获省科技进步三等奖。分别是：承德市植保植检站的A级、AA级生态水稻高产稳产节水综合配套栽培技术，承德市畜牧研究所的波尔山羊引种繁育及试验示范技术研究，承德医学院的益肾降浊法对大鼠脑缺血再灌致智能障碍的作用研究，菩人丹胶囊对糖尿病及其并发症的干预作用研究，VEGF、bFGF在db/db自发性糖尿病小鼠视网膜病变机制中的作用研究，单宁酸—氯化铁媒染法显示大脑血管构筑和内皮细胞应力纤维的研究，承德医学院附属医院的皮肤血管炎血小板活化和内皮细胞损伤研究，承德市中心医院的年轻心肌梗死患者纤维蛋白原基因βG-455-A多态性研究。

12月15日，承德市政府副市长于素伟到市科技局考察调研，局长郑立志做工作汇报，于素伟副市长充分肯定市科技局近几年的工作，要求承德科技工作要抓住重点、突出抓带动性和示范性，强化服务，找好切入点，为基层企业搭建科技服务平台。

2005年

1月10—18日，市科技局局长郑立志率“中药加工及有效成分提取”项目考察团赴泰国考察，与泰国玛希隆大学（Mahidol University）药学院签订共同进行中草药和泰草药研究开发的科技合作协议，与泰国东南亚泰中医药研究所达成金莲花研究的合作意向。

3月15日，市科技局启动实施“送农业科技进10万农户专项行动”。

4月6日，全市经济工作会议举行，会上表彰“2004年农业绿色增收计划先进集体和先进个人”。

5月12日，出台《承德市农业科技传播站暂行管理办法》。

6月24—7月6日，市政府组成市科技进步考核专家组对承德县、隆化县、滦平县、宽城满族自治县、平泉县、丰宁满族自治县、兴隆县7个县进行考核验收。

7月7日，市科技局召开全市科技工作会议。

8月26日，全省科技工作座谈会在承德召开，省科技厅厅长贾红星出席会议。

9月21日，承德露露集团首家通过由省科技厅高新处康健副处长及省内制造业信息化专家组成的小组对制造业信息化A类示范企业验收。

10月11—17日，市科技局副局长李威参加第七届中国国际高新技术成果交易会。

11月，市委书记赵文鹤、副书记张古江、农工委书记刘学军、副市长于素伟、副市长于明听取市科技局关于《加快承德中药产业现代化发展的意见》的汇报，赵文鹤对科技局组织编制的规划给予肯定。

12月17日，市科技局组织市科研院所10名专家，在滦平县张百湾镇开展文化科技卫生“三下乡”活动。

2006年

1月5—30日，市科技局围绕“十一五”期间科技发展目标和任务，开展大讨论，提出在“十一五”期间实施“123科技发展战略”。

3月30日，副省长龙庄伟在承德市副市长于素伟和科技等相关部门负责人陪同下，参观考察承德市部分仪器仪表生产企业。

4月24—27日，全国部分省区市决策咨询机构网络2006年度主任单位工作会议在承德召开，来自四川、北京、上海等22个省份的38名代表参加会议。

5月23日，市科技局组织部分高新技术企业赴中科院自动化所进行项目对接洽谈活动。

6月29日，河北省科技型中小企业技术创新资金项目评审会在承德召开，省科技厅副厅长连小勇、省科技型中小企业创新基金管理中心主任苏景军参加会议。

7月18—19日，省科技厅计划及统计工作会议在承德召开，省科技厅副厅长穆铁学参加会议。

8月7—9日，省科技厅副厅长廖波、社发处处长杨瑞月到承德，就中药产业现代化和矿山生态修复与建设项目关键技术进行调研。

9月7—14日，市科技局组织部分企业参加“2006年中国——俄罗斯年第一届中国·哈尔滨国际科技成果展交会”。

10月11—17日，市科技局组织有关企业参加深圳第八届“国际高新技术成果交易会”，签订利用外资、技术合作项目6项，总成交额6500万元人民币。

11月13日，市科技局组织推荐的“围场马铃薯标准化高效栽培技术开发”“热河黄芩仿野生栽培技术开发”“利用食用菌菌糠和畜禽粪便生产有机肥技术开发”“牛血浆提取白蛋白技术开发”“油松花粉有效成份提取技术及系列产品开发”5个项目，被科技部列入2006年国家星火计划项目。

12月15日，河北省科技型中小企业技术创新资金管理中心主任苏景军带领专家组，对承德市承担的4个国家、省创新基金项目进行验收。

2007年

1月15日，省科技厅邀请专家对河北宽城种业有限公司承担的国家农业科技成果转化资金项目“硬粒高淀粉玉米新品种宽诚1号中试与示范”进行验收。

3月14日，市委副书记张古江主持召开承德中药种植基地建设协调会议，研究集成发改委、财政局、科技局、农业局、林业局、水务局、扶贫办、农开办等部门和丰宁、围场等6个县的项目资源，合力支持中国药材集团承德分公司、承德颈复康药业集团两大中药产业龙头企业的黄芩、金莲花、蓁艽、桃仁、北豆根、土鳖虫6个中药种养植基地建设，形成市委会议纪要。

4月5日，科技部农村中心处处长白启云等一行4人到承德，就“科技特派员”工作进行考察和指导。

5月15日，省科技厅邀请专家组成鉴定委员会，对承德新新钒钛股份有限公司自主开发研制的“Φ50毫米HRB400钢筋”新产品进行鉴定。

6月25—7月3日，应市科技局邀请，以泰国玛希敦（Mahidol）大学药学院院长安波尔（Ampol）为团长、由泰国公共卫生部、玛希敦（Mahidol）大学药学院组成的5人代表团到承德执行列入第18届中泰科技联委会议定书的联合研发项目“金莲花系列保健食品和中药的合作开发研究”。

7月4日，市科技局召开全体干部职工大会。会上郑立志局长全文传达郭庚茂省长到承德调研时的讲话精神，会议还对下半年主要工作进行重点安排部署。

8月31日，市科技局举办清华大学博士后联谊会——承德博士后基地项目对接洽谈及成果发布会。来自清华大学10名博士后和承德市24家智能化仪器仪表特色企业参加会议。

9月24—27日，市政府成立于素伟副市长为组长、科技局局长郑立志为副组长的领导小组，率队参加第十七届全国发明展览会，签订技术转让项目1项，7个项目达成合作意向。参展项目获金奖2项、银奖5项、铜奖8项，承德市科技局获河北省优秀组团奖。

10月31—11月1日，市科技局组织10家仪器仪表企业参展团，参加在天津滨海国际会展中心举行的第二届中—西（西班牙）科技合作论坛暨新技术、新产品展示洽谈会。参展团签约技术转让项目1项，3个项目达成合作意向。

11月1日，市科技局在围绕承德的重大科技问题及中心工作的科技调研活动中形成调研报告，以科技局专刊的形式在市委市政府主办《承德建设》第11期上发表。

12月7日，市科技局举行解放思想大讨论活动动员大会，党组书记、局长郑立志，全局党员干部，局属事业单位的全体人员参加会议。

2008年

1月9日，市科技局在市地震局会议室召开科长述职大会，并对科长工作进行考评投票。

2月28日，市科技局机关党委组织以“读书·责任·创新”为主题的干部职工读书体会交流活动，干部职工就读书学习谈自身感受。

2月28日，科技部公布通过2005—2006年度全国科技进步考核县区名单，承德市所辖8个县全部通过考核，其中宽城满族自治县、隆化县、兴隆县被科技部认定为全国科技进步先进县。

3月31日，省科技厅监察室主任赵庆学等一行3人，对市科技局2007年民主评议行风工作进行检查指导。

4月27—29日，省科技厅副厅长廖波带领省科技厅社发处一行对承德市承担的省重大技术创新项目“河北道地药材产业体系建设示范研究”进行中期检查。

6月3日，市科技局副局长李威带领帮扶工作人员进入平泉县党坝镇二泉地村，考察生产经营情况，为进一步开展帮扶活动做准备。

7月31—8月5日，部分省市科技厅（委、局）落实《建立健全惩治和预防腐败体系2008—2012年工作规划》研讨会在河北承德市召开，参加会议的有中纪委驻科技部纪检组组长吴忠泽、监察局局长黄玉增、监察专员陈虹、监察专员兼综合室主任邓小明，以及16个省市纪委驻省市科技厅纪检组组长、监察室主任等。河北省副省长龙庄伟、河北省科技厅厅长贾红星到会。

8 月 19 日，市科技局组织市级蔬菜、食用菌 3 名专家，到滦平县解决硬果西红柿空果、彩椒畸形和食用菌腐烂等问题。

9 月 18 日，承德新新钒钛股份有限公司承担的“钒生产工艺优化及技术集成创新”项目通过河北省重大创新项目专家论证委员会论证，列为河北省重大创新项目，获得无偿资助资金 260 万元。

10 月 9 日，河北省科技厅下达《关于批准承德市平泉县为河北省可持续发展实验区的通知》（冀科社〔2008〕2 号）文件，批准平泉县为省级可持续发展实验区，标志着全省第一家全部采用国家新颁布的《可持续发展实验区管理办法》与《可持续发展实验区建区评审指标体系》审定的省级可持续发展实验区进入全面建设实施阶段。

11 月 10 日，由市科技局代拟的市政府《关于加强重点产业技术创新能力建设促进经济发展方式意见》（试行），经过讨论完善，承德市政府第十二届第八次常务会议正式通过并印发执行。

12 月 20 日，承德绿世界活性炭有限公司的“活性炭为载体的磺化酞氰钴催化剂”项目和承德橡院轮胎有限公司的“钢丝带束环形胎面”项目被列为国家重点新产品计划项目，共获得无偿资金支持 70 万元。

2009年

1 月 12 日，市科技局在市地震局会议室召开科长述职大会。

2 月 10 日，承德市科技局邀请市农业局、林业局、畜牧水产局和水务局科技管理和技术专家组成评比考核小组，对各县区和有关市直单位 2008 年度“农业科技绿色增收工程”暨“农业科技进步年”工作完成情况进行评比考核。

3 月 15 日，市科技局在承德市主要新闻媒体，公示 2009 年重点产业技术创新项目。

3 月 18 日，市科技局党组书记、局长郑立志，副局长董艳玲带领相关人员，会同承德医学院院长张树峰、副院长宋鸿儒、科研处处长高维娟赴承德御室金丹药业有限公司，对省重大技术创新项目——河北道地药材产业体系建设示范研究项目“中药提取和生产体系建设”子课题实施工作进行检查督导，对建设校企合作长效机制的建立与有效运行深入调研。

3 月 20 日，承德市召开 2009 年全市科技工作会议，贯彻全国和全省科技工作会议精神，总结工作，分析形势，部署任务。

3 月 23 日，市科技局组织召开由高新技术产业开发区、市教育局、承德石油高等专科学校、承德开发区部分企业参加的“大力推进官产学研结合，建立驻承院校与承德开发区和相关企业战略合作联盟”座谈会。

3 月 25 日，承德市科技局对 3 月 20 日承德市人民政府第十二届第十九次常务会议审定通过的 2009 年承德市重点产业技术创新项目进行社会公示。8 个项目均属于钒钛、仪器仪表及装备制造、食品和中药 3 个重点产业，计划安排专项资金 510 万元。

3 月 25 日，市科技局副局长董艳玲带领科技局社发科、专利局一行 6 人针对宽城中药产业现代化及制药企业发展战略与经济收益情况，科技支撑节能减排及宽城种业专利申报等相关情况赴宽城进行调研。

3 月 26 日，市科技局副局长董艳玲带领相关工作人员赴平泉，对省级可持续发展实验区实施工作和避暑山庄实业有限公司利用生物技术建设循环经济示范园区项目及企业专利工作进行调研。

3 月 27 日，承德市科技局邀请国内知名畜牧专家、河北奶牛养殖协会副理事长、河北农大博士生导师桑润滋教授，参加在丰宁举办的 2009 年送科技服务活动启动仪式暨“奶牛标准化饲养管理技术现场会”。市科技局借此次现场培训会，正式启动“2009年送科技服务活动”，以保障承德市“农业科技进步年”创建活动的顺利实施。

3月31日，承德市科技局组成由副局长李威带队的调研组到隆化县八达营乡东沟村开展“找路子、帮发展”调研活动，带去《承德市农业科技知识1000问手册》《无公害蔬菜栽培技术规范》等科技图书100册。

4月1日，市科技局、滦平县钒产品生产力促进中心和承德市本特思达仪表有限公司组团，随省科技厅代表团参加在香港展览中心举行的“河北省（香港）高新技术产业专题招商会”。

4月2日，承德市科技局荣获由共青团河北省委、省科技厅、省农业厅和省中小企业局联合组织的2008年度河北省服务农村青年增收成才奖先进集体称号。

4月7—30日，承德市科技局开展“科技调研月”活动，由分管局长带队，走访围场、宽城、兴隆、平泉、隆化、滦平、双桥区7个县区，涉及仪器仪表、钒钛、中药、农业科技型龙头企业等60多家企业，向有关企业和单位发放调查问卷200份。

4月8日，河北省仪器仪表学会在承德市举行成立大会。中国科协常委、中国仪器仪表学会名誉副理事长张开逊教授，河北省科协副主席许顺斗，河北省工业和信息化厅副厅长王福强，承德市政府副市长张建国以及省内10所高校、2家研究单位和16家企事业单位的75名代表出席会议。

4月8—10日，承德市科技局组织邀请国内仪器仪表专家，到承德市仪器仪表企业开展专题调研，其中有机械工业仪器仪表综合经济技术研究所副总工程师石镇山，中国仪器仪表学会高级工程师孟力等4位仪器仪表行业专家。

4月13日，河北省科技厅组织相关专家对“河北省仪器仪表工程技术研究中心”（主管部门：承德市科技局。依托单位：承德热河克罗尼仪表有限公司，承德石油高等专科学校）2006—2008年运行状况进行业绩评估，作出合格的评估意见，给予仪器设备更新改造补助经费30万元。

4月22日，承德市科技局副局长董艳玲带领5位科室负责人，到承德天原药业有限公司、承德天工建材有限公司、马铃薯研究所、承德魁仙食品有限公司等县内重点企业调研，并与企业负责人研究解决企业发展中存在的困难和问题。

4月26日，由承德市科技局和知识产权局牵头，在承德市中心广场举行为期一周的知识产权保护宣传活动。组织制作并展出有关专利、版权、商标等知识产权展板10块，散发法律法规宣传资料15000份。来自知识产权局、工商局、版权局等单位的30名工作人员接受现场咨询，咨询群众2000人次。

5月6日，承德市科技局局长郑立志陪同省科技厅厅长贾红星就承德钒钛产业发展进行工作调研。

5月7日，市科技局局长郑立志及县科技局负责人，陪同河北省科技厅厅长贾红星到兴隆县兴隆镇北区果品加工小区调研指导。

5月11日，市科技局争取财政专项资金43万元，对符合条件的2个高新技术企业和3个专利项目予以奖励（属承德市人民政府科技创新奖励）。

5月18—21日，由市政协郑晓东主席带队、市科技局局长郑立志参加的考察团赴四川，考察攀钢集团公司、攀钢研究院、攀枝花钒钛产业园区，调研攀枝花市钒钛产业发展和技术创新情况。

5月19—24日，市科技局组织20个高新技术项目，2家企业，参加第十二届中国北京国际科技产业博览会，承德新新机电设备制造有限公司与6家单位达成合作意向。

5月20日，科技部公布首批农业类15项国家自主创新产品，承德市三北种业研发的国审玉米新品种“三北6号”列入其中成为承德市首个取得国家自主创新产品认定的企业，也是河北省唯一一个农业类自主创新产品。该项目先后获得国家农业科技成果转化资金和承德市科研项目种子研发中心建设、制种产业技术传播站等项目资金支持。

5月22日，河北科技师范学院副院长王同坤教授一行13人到承德进行燕山产业发展情况调研，调研组赴平泉、兴隆、围场等5个县就食用菌、山楂、马铃薯、蔬菜、肉鸡等产业生产基地建设、加工企业发展进行实地走访。

5月25日，由承德绿源绿色食品有限公司承担的河北省科学技术研究与发展计划项目“油浸菇调味罐头系列产品开发及基地标准化建设”通过专家组鉴定，专家们一致认为，该项目涉及的生产技术和产品质量达到国内领先水平。

5月27日，市科技局、林业局、农广校专家，到河北农业大学，洽谈科技项目联合攻关、人才培养等事宜，签订市校发展战略合作协议。

5月27日，市科技局组织企业参加第九届中国（承德）国际旅游文化投资贸易洽谈会，承德国润立德农牧有限公司与中国农业大学签订《灭抗畜禽相关产品的技术》开发协议。

6月1—9日，承德市科技局联合市委组织部、政府督察室、财政局、人事局、统计局等6个部门组成科技进步考核督导评审组，代表市政府对全市各县区2007—2008年科技进步工作进行集中督导评审。市科技局局长郑立志、市委组织部副部长尹志宏全程参与督导评审。

6月5日，隆化县“河北省钛产品特色产业基地”通过省科技厅认定。

6月5日，承德市科技局局长郑立志陪同省科技厅副厅长连小勇，到承德万利通集团公司，考察全钒液流储能蓄电池项目。

6月17日，在第二届河北·曹妃甸临港产业国际合作会议冀东经济区高新技术成果暨科技合作洽谈会上，承德市科技局与燕山大学电气工程学院签订推进承德地方仪器仪表产业发展合作协议。

6月30日，市科技局局长郑立志带领相关科室人员到双滦区，就钒钛产业工作调研，双滦区委书记刘新宇、副区长刘玉铁、副区长高立国参加座谈。

7月8日，承德市科技局正式迁入市政府行政中心。

7月16—17日，承德市科技局局长郑立志、副局长李威参加在兴隆县召开的2009年河北省山区经济技术开发工作调度会。有关设区市科技局主管局长、山区经济技术开发办公室主任，有关扩权县（市）和基地、园区所在县科技局局长，有关高等院校、科研单位的专家、教授，新闻单位的有关人员和省山办全体人员50人参加会议，省科技厅副巡视员李从民出席会议并讲话。

7月28日，承德市申报“国家钒钛新材料高新技术产业化基地”。

8月6日，全国科技特派员巡讲报告会在承德市举行，科技部农村中心科技扶贫与科普处处长白启云参加报告会，河北省科技厅农村处处长高振峰、承德市科技局局长郑立志、副局长李威及各县区科技局、市农业局、畜牧水产局、林业局、水务局的科技工作者共100人出席报告会。

8月12日，科技局局长郑立志在北京21世纪饭店，与前来参加2009生物质成型燃料设备与应用技术国际研讨会的波兰克拉科夫理工大学亚当·古拉（Adam Gula）教授座谈。承德五岳公司、承德本特生态能源公司、承德华威机电设备有限公司和市科技局有关人员参加。

8月18—20日，科技局局长郑立志参加在张家口怀来县召开的全省科技工作座谈会，会议主题是“发挥科技支撑引领作用，推动全省科技工作较快发展”，郑立志在会上做题为《培育区域战略支撑产业，科技助推承德钒钛新材料产业创新发展》的专题发言。

8月19日，由承德市科技局、承德市科学技术协会、承德市高新技术产业开发区承办的仪器仪表产业发展研讨会召开。国家科技奖励工作办公室领导，中国工程院院士陈清泉、姚骏恩，国内知名仪器仪表专家朱明凯等与承德仪器仪表企业代表汇聚承德，为仪器仪表产业发展共商良策。

8月25日，市科技局党组书记、局长郑立志及合作科、计划科、成果科等科长，参加由河北工业大学工程学院副院长关玉明带队的河工大合作交流团，双方就中药产业、仪器仪表产业的合作达成共识。

8月27日，“河北省中药新辅料工程技术研究中心”通过验收。

9月4日，由市科技局起草的《承德市人民政府与河北农业大学市校发展战略合作协议》举行签约仪式。承德市市长张古江，承德市委宣传部部长刘学军出席签约仪式。

9月4日，第三届京承农业战略合作论坛在滦平县举行。

9月22—23日，承德市仪器仪表产业发展规划研讨会在承德召开，来自国内仪器仪表行业的20名专家学者对市科技局委托机械工业仪器仪表综合经济技术研究所编制的《承德市仪器仪表产业发展规划》进行研讨和评审。中国科学技术发展战略研究院研究室主任张缨、科技部火炬中心产业化处处长李楠林、河北省科技厅高新处处长陈雷、河北省科技型中小企业技术创新基金管理办公室主任李志国等应邀参加会议，承德市人大副主任吴岳、副市长李维和科技局主要领导出席会议。

9月27日，平泉县生产力促进中心被认定为国家级示范中心。

10月11日上午，承德市政府与中国农业大学科技合作协议签约仪式在承德市举行。中国农业大学校长柯炳生，副校长孙其信、张建华、王涛及承德市市长张古江，市委常委、宣传部部长、农工委书记刘学军，市政府秘书长王学出席签约仪式，双方签署科技合作协议。

10月15日，市科技局副局长董艳玲带领社发科、财务室5人，按照省对重大项目验收要求及安排，针对御室金丹药业有限公司承担的“河北道地药材产业体系建设示范研究——中药材规范化种植体系建设和中药提取和生产体系建设”项目进展和验收材料准备情况进行检查，检查专项经费的管理与使用情况，对企业在验收材料准备方面存在的问题等与企业负责人进行交流与讨论。

11月4—5日，承德市副市长张建国带队，各县区、高新技术产业开发区以及24家高新技术企业组成代表团，参加河北省人民政府主办的首届“中国河北·国防民用科技成果展示洽谈会”。

11月20日，科技部正式批复，承德市科技局组织围场满族蒙古族自治县申报的国家科技富民强县试点县获得成功，科技部给予资金支持140万元。

11月22日，颈复康集团被列为河北省第二批创新型试点企业。

12月1日，承德市科技局制定出台《关于加强市级科技计划项目管理工作的意见》《承德市科技计划项目验收管理办法》《关于公开征集承德市科技计划项目评审与验收专家的通知》3个政策性文件。

2010年

1月26—27日，承德市科技局组织企业参加在石家庄市举办的“河北省科技型中小企业技术创新资金十周年成果展示会”和“河北省科技型中小企业与投融资机构交流对接会”。

2月4日，第二批河北省山区特色产业科技园区公布，承德兴隆县山楂特色产业科技园区、承德县蔬菜产业产加销一体化科技示范基地位列其中。

3月13日，承德市人民政府市长张古江率

领由科技局、发改局主要负责人及部分企业负责人组成的政企代表团，会访中国科学院院士李静海、中国工程院院士郑诗礼及过程工程研究所朱青山等专家。双方就承德钒钛材料、新能源产业发展等问题进行会谈，意在现有基础上深化合作，推动承德钒钛新材料产业发展。河北省副省长龙庄伟、省政协副主席王刚、省科技厅副厅长廖波会谈时在座。

4月13日，市长张古江率科技、发改、钒钛办以及承德钒钛产业骨干企业负责人赴科技部，向部长万钢和科技部的有关领导汇报承德市钒钛产业发展与创新工作，省科技厅厅长贾红星参加汇报。

5月19—20日，由中共中央候补委员、中国科学院副院长詹文龙院士带队，中科院高能物理所、中科院基础科学局和中科院北京分院科技合作处一行8人，就建设依托大科学装置的大型综合研究中心候选建址的合适地块，对承德隆化县中甸子和宽城满族自治县新甸子进行考察。承德市政府市长张古江陪同，对有关情况作详细的介绍，市领导邝马华、市科技局局长郑立志和国资委、发改委负责人陪同考察。

6月1日，河北省科技厅厅长贾红星，率省科技厅副巡视员陈卫滨、省自然科学基金委员会办公室主任苏景军，在承德市科技局局长郑立志、双滦区人民政府区长杨猛等相关部门负责人的陪同下，到承德万利通实业集团有限公司、承德新新机电设备制造有限公司调研企业科技项目实施情况。

7月8日，河北省工业企业科技创新对标行动调度会在保定召开，承德市科技局局长郑立志做典型发言，承德颈复康集团等4个企业的代表参会。

8月4日，“全省科技创新资金工作座谈会”在承德召开，省科技厅副厅长连小勇、省科技创新资金管理中心主任李志国、副主任高广瑞、杜在林、各设区市科技局主管创新资金工作的副局长、高新处处长及负责科技创新资金工作的相关人员参加会议。

9月10—11日，由科技部、中国科学院、中国工程院、河北省政府主办，河北省科技厅、承德市政府、河北钢铁集团有限公司承办的“首届中国（承德）钒钛产业创新与发展高端会议”在承德市召开。全国政协副主席郑万通，民革中央副主席、全国人大常委齐续春，省政协主席刘德旺，原国务院三峡工程建设办公室主任郭树言出席会议。科技部副部长杜占元、中国科学院副院长李静海、中国工程院副院长干勇、河北省副省长龙庄伟出席开幕式并讲话，一同为“承德国家钒钛新材料高新技术产业化基地”揭牌。李静海、干勇、曹春晓、张懿、王国栋、张国成、杨裕生7位院士被聘为“承德国家钒钛新材料高新技术产业化基地顾问”。国家发改委、中国科学院过程所、中国工程院院士张懿，中国航空工业集团621所研究员、中国科学院院士曹春晓等国际、国内知名专家做专题报告。会议通过《首届中国（承德）钒钛产业创新与发展高端会议共同宣言》，形成向国务院报送的《首届中国（承德）钒钛产业创新与发展高端会议专家建议书》。

10月12日，承德市科技工作座谈会在宽城满族自治县召开，会议总结全市科技工作的开展情况，特别是县区科技机构改革情况，研究部署年度科技工作目标考核、科技宣传和行风建设等工作。

11月16—17日，省厅调研组一行8人到承德调研，内容包括生物医药、生物农业、生物能源、生物制造、生物环保以及本地区具有培育、发展优势的其他生物产业技术。

12月15日，第二届河北省科技型中小企业与投融资机构对洽会在石家庄市召开，承德市科技局组织承德市五岳环保科技有限公司等4个企业参加会议，平泉希翼绿色能源制造有限公司在会上做典型发言。

2011年

1月20日，承德市聘请中国科学院副院长李静海，中国工程院副院长干勇，中国航空工业集团621所研究员曹春晓，中国工程院院士张懿、王国栋、张国成、杨裕生7人，为“承德国家钒钛新材料高新技术产业化基地顾问”。

3月23日，《承德市工程技术研究中心建设与管理办法（试行）》印发执行。

4月8日，全市科技工作会议在承德召开。

5月10日，科技部“十二五”华北地区黄芩规范化种植基地优化升级及系列产品综合开发研究项目调度会在承德召开。省科技厅处长李玉林、承德市科技局局长郑立志等相关领导出席会议。

6月16日，承德市科技局在承德市护理职业学院举办科技项目申报与科技成果鉴定工作培训班，市科技局有关科室人员分别就卫生项目的科研立项、科技成果鉴定等有关知识进行培训，承德市护理职业学院100多名一线教师参加培训。

7月21日，市科技局制定出台承德市《加快农业科技进步工作方案》。

8月19日，科技部加强科技宣传媒体座谈会在承德召开，会议邀请人民日报社相关记者约20人，就加强科技宣传工作、加强科技系统与新闻媒体的沟通合作进行深入交流。科技部办公厅副主任李桂华讲话，承德市科技局领导及科室负责人旁听会议。

9月2—3日，科技部火炬中心高新区管理处处长王春阳，率专家组到承德市高新技术产业开发区考察调研，承德市副市长贾玉英、省科技厅副厅长连小勇、承德市科技局局长郑立志、省科技厅高新处处长蒋栋等陪同调研。

10月，承德市科技局启动“百日下基层”调研活动，以“察民情、解难题、促发展、保稳定”为主题，制定《承德市科技局2011年百日下基层调研活动实施方案》。

11月10—13日，中国科技发展战略研究院培训会议在承德市召开，河北省科技厅副厅长郭玉明做报告，科技部人事司司长李平、国家统计局统计科学研究所研究员何平、南开大学教授刘秉镰等做相关领域工作报告，承德市科技局协办此会议，局长郑立志、调研员李威出席。

12月8日，河北省科技厅厅长贾红星率省委宣讲团，到承德宣讲河北省第八次党代会精神，会后到高新技术产业开发区考察调研，承德市委常委、宣传部部长赵险峰，市政府副市长张建国，市科技局局长郑立志，河北省科技厅办公室主任徐成和市科技局相关负责人陪同调研。

2012年

2月15日，承德市与中国电子科技大学合作培养的首期软件工程硕士毕业典礼在承德市农广校举行，31名学员经过4年攻读，被授予软件工程硕士学位。

3月27—28日，河北省副省长龙庄伟在省政府副秘书长李靖、省科技厅副巡视员李从民陪同下，到承德市高新技术产业开发区，就科技创新发展进行调研，考察承德颈复康药业集团有限公司、高新技术产业开发区规划馆和国家级科技企业孵化器、承德华富玻璃器皿有限公司。

4月6日，承德市召开全市科技工作会议，承德市人大副主任竹广文，市政府副市长张建国和市政协副主席孔庆龙出席会议。平泉县、滦平县、金科科技开发有限责任公司、颈复康药业集团有限公司代表分别做典型发言。各县区政府分管科技工作的副县区长，开发区管委会主管科技工作的副主任，各县区、开发区科技部门主要负责同志，市直部门、有关院校、科研单位、企业及授表彰单位负责人共130人参加会议。

5月23—27日，由科技部、商务部、教育部、工业和信息化部、国资委、中国贸促会、知识产权局和北京市人民政府主办的第十五届中国北京国际科技产业博览会召开。河北省科技厅牵头，组织全省各设区市科技局及省直部门人员参加此次科博会。

6月18日，河北省人民政府主办的“百家院所校走进河北合作恳谈会”在石家庄市召开，承德市科技局由局长郑立志、副局长徐佩文带队，组织承德本特思达、金奥生物、长城化工、联创计控4家企业参加。中科院北京分院副院长王敬泽、科技合作处副处长滕启治，装甲兵工程学院副院长刘德刚、科技开发处主任安洪伟应承德市科技局邀请出席会议。

7月19日，国家级星火计划重点项目检查验收会议在承德市举行，科技部农村中心副处长胡曼华、河北省科技厅农村科技处副处长逯国英等出席会议。

8月28—29日，河北省科技厅农村处处长高振峰一行3人，到丰宁满族自治县考察调研菊苣产业发展建设情况。

9月17日，国务院批准承德高新技术产业园区升级为国家级高新技术产业开发区，承德高新区成为继石家庄、保定、唐山和燕郊之后，全省第5个国家级高新技术产业开发区。

10月16日，承德市科技局组织召开全市科技系统工业科技培训会议，来自八县三区、高新区科技部门的主要负责人，主管副局长、负责具体业务的工作人员及有关企业的人员参加培训。省科技型中小企业创新资金管理中心副主任杜在林出席。

11月20日，承德市科技局召开党组（扩大）会议组织机关全体党员学习中共十八大精神和市委第十三届36次常委（扩大）会议精神，科技局党组书记、局长徐佩文向全体党员传达市委第十三届36次常委（扩大）会议及市委书记在会上的讲话精神。

11月29日，市科技局举办全市科学技术奖推荐申报和技术合同认定登记培训班，聘请省科技厅有关处室的领导授课，分别就河北省科学技术奖推荐申报的程序、有关要求以及国家有关技术合同认定登记的优惠政策等进行培训，来自全市八县三区、高新区科技管理部门以及大专院校、科研院所、工矿企业等单位的60多名有关领导和工作人员参加培训。

2013年

1月15日，承德市科技局组织企业参加第四届河北省科技型中小企业与投融资机构对洽会。

2月25日，承德市科技局召开全体干部职工会议，学习落实市纪委十三届三次全会及全市维护社会稳定工作电视电话会议精神，就一段时期的工作进行部署。

3月22—24日，由科技部机关党委常务副书记王俊明带队，社发司副司长田保国、社发司副巡视员闫金等一行13人，到承德市开展以“强化科技惠民，实现科学发展”为主题的联学活动。

4月18日，由河北省科技厅高新处处长刘德副带队的高新技术企业认定管理工作检查组到承德市，就高新技术企业认定管理相关工作进行检查指导。

5月29日，承德市科技局主管副局长带队的承德市代表团，参加由科技部、商务部、教育部、工信部、国资委、中国贸促会、国家知识产权局和北京市人民政府主办的第十六届中国北京国际科技产业博览会。

6月19—20日，在践行“解放思想、改革开放、创新驱动、科学发展”大讨论活动中，省科技厅副巡视员李从民一行三人，到平泉县考察调研食用菌产业发展建设情况。

7月24—26日，河北省科技厅巡视员陈卫滨带队，到承德考察产业技术平台建设。

8月5日，经中共河北省委组织部、河北省科学技术厅和河北省科学技术协会3家联合发文，承德有2家院士工作站获批，即：承德医学院院士工作站，承德钢铁集团有限公司院士工作站。

9月17日，河北省科技厅、教育厅、财政厅、省工商联、团省委共同主办的河北省首届科技创新创业大赛中，承德市334家企业和110家团队参加，20家企业和10支团队在决赛中获奖。承德市推荐的承德金科科技开发有限责任公司、山区野生植物资源开发利用研发团队，分别获得成长企业组、团队组三等奖。

11月15日，以波兰克拉科夫AGH科技大学的合作企业波兰梅特雷格（Metalerg）生物质锅炉公司执行总裁詹纳斯·齐塞拉克（Janusz Cieslak）和波兰生物质能源协会主席、高级顾问卡罗尔·泰利加（Karol Teliga）为首的5人生物质能源代表团到承德考察，执行2013年国家科技部中欧国际科技合作计划专题项目“生物质能源高效直燃锅炉供暖系统联合研发”工作任务。

11月16—21日，第十五届深圳高交会在深圳市会展中心举行，承德市科技局携丰宁满族自治县科技局、驸马山庄有限公司参加此次高交会。

2014年

1月24日，科技部、中宣部、文化部和国家新闻出版广电总局，联合发布全国第二批18家“国家级文化和科技融合示范基地”名单，以承德高新区为主体申报的承德国家级文化和科技融合示范基地位列其中。承德市成为河北省首个获此殊荣的城市。

2月11日，承德两项国际科技合作项目获国家科技部资金支持。

3月26日，承德市科技局局长徐佩文带领相关科室负责人，赴中国国际技术转移中心和北京科学技术开发交流中心，进行对接洽谈与合作交流。

4月9日，承德市科技局组织召开全市新三板及融资并购知识培训会，邀请北京纵横合力管理咨询有限公司、湘财证券有限责任公司、中银律师事务所和瑞华会计师事务所的8位专家，进行新三板及融资并购知识讲座，并开展新三板及融资并购座谈会。各县区有上市及融资需求的企业负责人和财会人员共计60余人参加会议。

5月13—18日，由科技部、工业和信息化部、国务院国资委、中国贸促会、知识产权局和北京市人民政府主办的第十七届中国北京国际科技产业博览会在京举办，承德代表团在本次科博会上取得优异成绩。

6月13日，承德市科技局与承德银行举行会商，推进科技金融紧密结合。

7月20日，由承德医学院牵头组建的河北省中药材产业技术创新战略联盟在承德召开成立大会，该联盟为承德市组建的首家省级战略联盟。河北省科技厅副厅长陈卫滨，省科技厅山区经济技术开发办公室主任张国庆、副主任赵文伟，承德市科技局党组书记、局长徐佩文，承德医学院党委书记刘永平、校长张树峰、副校长谢利德，颈复康药业集团有限公司董事长李沈明、中国药材集团承德药材有限责任公司总经理杨素君出席会议，39家企业、高校及科研院所的理事单位代表参加会议。

8月1日，承德市科技局作为首批全国科技成果转化促进联盟（以下简称联盟）成员，参加在山东省威海市正式启动的联盟成立大会。联盟启动大会由科技部火炬高新技术产业开发中心牵头发起，部分地区科技部门、国家高新区、应用型研究院（所）、科技服务机构和特色产业骨干企业等100多家单位联合组成。承德市科技局是河北省唯一一家科技管理部门，成为首批31家联盟成员单位。

9月19日，“承德市科技局与承德银行战略合作签约仪式暨承德市科技型企业与承德银行投融资对接洽谈会”召开，承德市人民政府副市长李维出席会议并讲话，承德市科技局、承德市银监局、承德银行、承德市发改委、承德市工信局、承德市财政局、承德市金融办、承德市人行、承德市推进办、承德高新区管委会等相关部门负责人，各县区科技局局长，承德银行各部门经理、各分支行行长以及有关企业代表共150人参加会议。

10月11日，2014年度河北省文化产业“三个十”名单揭晓，中国·承德鼎盛文化创意产业基地、承德避暑山庄碧峰门民俗文化产业园，被评为2014年“河北省十大文化产业项目”，这两个项目是承德市被评为国家级文化和科技融合示范基地以来启动实施的重点文化项目。

11月21日，北京市科委副主任张光连一行到承德市，就两地协同创新合作进行调研座谈，河北省科技厅副厅长李从民、承德市副市长薛寒、承德市科技局局长徐佩文等陪同调研和座谈，承德市发改委、环保局、工信局、农牧局、水务局、林业局等部门负责人参加座谈会。

2015年

1月27日，北京科学技术开发交流中心主任曲宏一行到承德，就京津冀协同创新合作，调研考察承德市食品药品检验检测中心、承德市尾矿研究院项目，实地调研北京众意菲亚蓓国际贸易公司与承德新通源环保材料有限公司合作的尾矿生产泡沫陶瓷、微晶系列产品项目，宽城嘉瑞德新型建材有限公司利用尾矿生产加气混凝砌块、人造石英石板材和生产线项目。市科技局局长徐佩文陪同调研组调研、座谈。市发改局、工信局、食药监等部门相关负责人参加座谈会。

3月27—28日，由承德森源绿色食品有限公司与河北师范大学共同申请建设的“河北省食用菌加工工程技术研究中心”、承德裕丰种业有限公司申请建设的“河北省杂交玉米工程技术研究中心”、承德华富玻璃工程技术有限公司与北京工业大学、内蒙古科技大学共同申请建设的“河北省尾矿微晶化玻璃电熔工程技术研究中心”，分别通过省科技厅、财政厅、省发展改革委员会组织专家进行的可行性论证，正式纳入河北省科技平台建设计划。

4月15日，承德15个工业领域科研项目获省级科技资金支持，累计获得省级科技资金支持610万元。其中“新一代人胰高血糖素样肽（GLP-1）类似物——利拉鲁肽规模化合成与修饰”“5兆瓦杏皮气化发电联产活性炭关键技术集成与示范”“不燃型可溶性陶瓷纤维制品”等11个项目，获得省科技型中小企业创新资金490万元。“承德中药产业服务平台建设”“活性炭工艺品创意研发与示范”“基于移动物联技术的居民健康信息服务系统”等4个项目，获得省高新技术产业化项目资金120万元。

5月19日，承德市科技局举办科技创新及科普知识竞赛活动，组织选取涉及科技政策、科普知识、生活常识等100道试题，通过《承德日报》向社会派发，由各县区、高新区科技局具体负责区域内的竞赛组织实施工作，对区域内的优秀参与者予以奖励。

6月15日，承德市召开科技创新大会，市长周仲明、市人大常委会副主任王素芝，市政府副市长薛寒、市政协副主席孙林出席会议，市直有关单位、中省直驻承单位、高等院校、职业学校、科研所、金融系统部分单位和部分企业主要负责人120余人参加会议。会上，市委、市政府主要领导讲话。

7月22日，《河北省促进科技成果转化条例》征求意见座谈会在承德召开，由省法制办行政法规处处长刘志华、省科技厅政策法规处副处长侯宪英带队的专题调研组到承德，就《河北省促进科技成果转化条例（征求意见稿）》进行座谈调研。市科技局、市法制办、市发改委、市财政局等部门，部分县、区科技局，市内各高校，各科研院所，部分企业代表等30多个单位主要负责人参加座谈。

8月17日，中关村与承德市合作推进京津冀大数据走廊建设承德·中关村大数据产业合作暨项目签约仪式在京举行，中关村科技园区管委会与承德市人民政府签署协同创新发展战略合作协议。这是继2012年开展战略合作之后，两地联手构建京津冀大数据走廊承德大数据存储、数据加工处理、云计算服务中心，联手打造中国最大云计算、云服务产业的数据中心。承德利用“互联网+”的概念，把中关村技术、人才、资本、市场、平台等要素，与区域优势相结合，建设“承德中关村领创空间”。中关村在承德设立子基金，为承德的科技创新、高新技术企业提供融资服务。

9月17日，科技部发布首批8个国家现代农业科技示范区名单，河北环首都现代农业科技示范带被列入，作为示范带核心区域的承德市兴隆、滦平和丰宁3县，获得国家和省重点支持。

10月19日，由北京市科委副主任伍建民带队，北京技术开发中心主任曲宏、北京市科委社发处副处长郑俊等北京相关部门、企业代表一行11人，围绕利用科技手段协助解决京津冀生态环保领域的难点问题及利用科技元素协助提高传统产业升级改造等工作，到承德进行调研指导。调研组考察京承合作科技项目“京津冀蔬菜质量安全监测检测技术集成与应用示范”建设情况，就“钒电池储能系统在光伏发电站中的应用技术研究及示范电站建设”项目进行实地调研，并就进一步深化京承科技合作进行座谈交流。承德市科技局局长李威陪同调研并参加座谈。

11月5—6日，承德市再添3家省级工程技术研究中心和两家省级产业技术研究院。新添研究中心为：由承德苏垦银河连杆股份有限公司申请建设的“河北省发动机连杆工程技术研究中心”，承德江钻石油机械有限公司与承德石油高等专科学校联合建设的“河北省石油勘探开发虚拟仿真工程技术研究中心”，承德博亚农牧发展有限责任公司与农业部饲料工业中心联合建设的“河北省生猪健康养殖省级工程技术研究中心”。新添技术研究院为：由河北睿索固废工程技术研究院有限公司与北京建筑材料检验研究院有限公司等7家单位共同申请建设的“河北省尾矿综合利用产业技术研究院”，承德石油高等专科学校与机械工业仪器仪表综合经济技术研究所等6家单位共同申请建设的“河北省仪器仪表产业技术研究院”。

12月4日，省科技厅组织专家对承德市2012—2013年度的12个国家和省创新基金项目执行情况进行验收。这12个项目涉及光机电一体化、新材料、生物医药和新能源与高效节能等领域，项目实现合同要求的各项指标，达到预期的效果，项目实施期间累计销售近4亿元，利税近4000万元，部分产品达到国际先进水平，填补了国内空白。

第一章 机构与队伍

事业的发展需要组织机构的承载，在组织机构的框架内实施。承德市的科学技术管理机构，经过几次改革，机构名称、内设科室、工作职能做出过几次相应调整，概述如下：

1989 年以前，在行政区划上，承德地区和承德市并存，因此承德地区科学技术委员会（简称地区科委）和承德市科学技术委员会（简称市科委）也处在并存状态。1993 年承德地区和承德市合并，地、市两个科委合并为承德市科委。

第一节 管理机构

1989 年，承德地区和承德市分别行使行政职能，承德地区辖 7 个县，分别为丰宁、滦平、隆化、围场、兴隆、平泉、宽城。承德市辖承德县和承德市三个区：双桥区、双滦区和鹰手营子区（以下简称营子区），下面分别简述。

1993 年 6 月 19 日，国务院批复河北省政府关于承德地区、承德市合并的请示，同意撤销承德地区，实行地、市合并，将原承德地区管辖的 7 县划归承德市管辖，其所管辖行政区域与承德市合并，承德地区建制撤销。

一、地市合并前承德地区管理机构

承德地区，1958 年 9 月成立承德专属科学工作委员会（简称地区行署科委），1977 年前，地区科委设有农业组、计划组、情报室、地震办公室。1978 年 12 月，地区行署科委内部调整，各组改称科，机构设为农业科、计划科、工业科、承德地区科技情报研究所，增设科技干部科和办公室。1983 年，地区编委通知科委暂定行政编制 19 人，其中工人 1 人。科技情报研究所定事业编制 20 人，其中工人 1 人。1984 年，地区科委内部科室进行调整。设置科技管理科、科研计划科、预测开发科。9 月份成立科技干部处（内设职称科、干部科、培训科），科技情报研究所改为地区科学技术服务中心，下设四个分中心：技术开发咨询服务中心、人才交流服务中心、科技信息服务中心、科学器材服务中心。1986 年 2 月又将科委内部业务科室调整为工业科、农业科、计划科。当年 4 月正式建立“承德地区常设科技市场”。7 月份撤销科技干部处，保留其干部科、培训科、职称科。科学技术服务中心改为：科技情报中心、科学器材站（1987 年 10 月改为科学器材公司）。

1989 年 4 月，地区科委内部调整科室，将干部科、职称科合并为科技干部科，原干部科改为科技干部管理科。成立科技开发中心，人员由原科技情报所中心内部调剂。由此，科委有 7 个科：即工业科、农业科、计划科、干部科、培训科、科技管理科、秘书科。事业有科技开发中心、技术市场、科技情报研究所、科学器材公司，全科委实有行政事业职工 65 人。

1991 年 11 月 25 日，根据省编委〔1991〕142 号文件和承编字〔1991〕95 号文件精神，将地区科委科技干部科成建制地划归地区人事局管理，由此，科技干部的职称评审组织工作一并划归地区人事局。地区科委仍承担部分职责，协助地委组织部做好知识分子工作，实施人才培训，科技管理干部岗位培训和在地区职称改革领导小组统一领导下主管全区农民和乡镇企业中非国家公职人员的专业技术职务评聘工作。

二、地市合并前承德市管理机构

承德市科学技术委员会，始建于 1958 年 10 月 21 日，1970 年 7 月被撤销，成立承德市革命委员会赶超办公室，以后又改称科技处、科技局等。1974 年 7 月 28 日恢复承德市科学技术委员会（以下简称市科委）。1978 年 10 月 12 日，经中共承德市委研究同意，承德市科委设置行政科室 4 个：办公室、科技科、计划科、科技干部科。事业科室 3 个：承德市标准计量所、科技情报研究所、粉沫冶金研究所。人员编制暂列 65 人。为进一步适应全市科技管理工作的需要，1979 年 7 月 27 日，将科技科分为工业科和农医科，后又将农医科改为农业科和山区开发办公室。1979 年 12 月 23 日将标准计量所一分为二，成立承德市标准局，由经委代管，人员编制定 10 人，列入行政费开支；成立承德市计量管理局，由科委代管，人员编制定 10 人，列入事业费开支。1980 年 2 月 7 日将粉沫冶金研究所撤销。1983 年 12 月 5 日将办公室改称秘书科，计划科改称计划成果科。1984 年 9 月 3 日成立承德市科学器材公司，1986 年 6 月 6 日又将科学器材公司改称为承德市科技开发服务中心。1989 年 2 月 19 日增设科技外事科和政研科。

1989 至 1993 年期间共有 10 个科室：行政 8 个科室，事业 2 个科室。行政科室分别为办公室（秘书科）、科技科、计划科（计划成果科）、科技干部科、工业科、农医科（农业科，山区开发办）、政研科、科技外事科；事业科室为科技情报研究所和科学器材公司（科技开发服务中心）。

三、地市合并后管理机构

1993 年 7 月 1 日，合并后的承德市开始正式办公，辖滦平、隆化、兴隆、平泉、承德县 5 个县和丰宁、宽城、围场 3 个少数民族自治县，及双桥、双滦、营子 3 个区。自此，承德地区科学技术委员会和承德市科学技术委员会合并称为承德市科学技术委员会。

2001 年 5 月 14 日，承德市科学技术委员会经科委主任办公会研究决定准予成立承德市文津专利事务所，2009 年，文津专利事务所停办专利代理业务。

2001 年 7 月，承德市科学技术委员会设有 10 个职能科室（局）：秘书科、办公室、人教科、计划成果科、政研科、工业科、农业科、科技合作交流科、技术市场管理科、科技干部科，另设专利管理科、老干部科、机关党委，行政编制 53 名。所属事业单位 4 个，即地震局、承德市信息研究所（承德市科学技术情报研究所）、科技开发服务中心、对外科技交流中心，事业编制 62 名。

2002 年 1 月，根据承字〔2002〕4 号文件，承德市科学技术委员会改称承德市科学技术局，是政府的工作职能部门。

2002 年 1 月，根据承市政办〔2002〕72 号文件精神，原市科学技术委员会管理的市对外科技交流中心（外国专家局）改由市人事局管理。市科学技术局设 8 个职能科（室），即办公室、政策法规体制改革科（民营科技企业与技术市场管理办公室）、发展计划科、科技合作科、工业科技科、农业科技科、社会发展科技科、科技成果科（科技保密办公室）。另设承德市知识产权局（科级）、纪检（监察）机构和机关党委，按有关规定设置，人员编制在机关编制内核定。撤销技术市场科，设立科技成果科，专利管理局更名为知识产权局。

2003 年 5 月，根据承市机编〔2003〕8 号文件精神，成立承德市生产力促进中心，核定事业编 10 名。2006 年 5 月，根据承市机编〔2006〕31 号文件精神，市编委审核批准事业单位由 4 个调整为 3 个，即承德市地震局、承德市科学技术情报研究所、承德市生产力促进中心。

2006 年 9 月，市科学技术局的内设职能科室 8 个，即办公室、政策法规体制改革科（民营科技企业与技术市场管理办公室）、发展计划科、科技合作科、工业科技科、农业科技科、社会发展科技科、科技成果科（科技保密办公室）。另设承德市知识产权局（科级）、机关党委。行政编 37 名，其中局长 1 名、副局长 3 名、纪检书记 1 名、纪检监察员 1 名、正副科长职数 14 名。按有关规定设老干部科，科级领导职数 1 名，核定工勤人员编制 3 名。所属事业单位 3 个，即承德市地震局、承德市科学技术情报研究所、承德市生产力促进中心，编制为 52 名。

2010 年 4 月 23 日，承德市人民政府承市政办〔2010〕14 号文件批复，将承德市地震局职责划入市科学技术局。承德市科学技术局内设机构：办公室、政策法规科、发展规划科（科技平台建设科）、工业科技科、农村科技科、社会发展科、科技合作科、科技成果科（科技保密办公室）、震害防预科、地震监测预报科。另设承德市知识产权局（科级）、机关党委、离退休干部科。承德市科学技术局（市地震局）机关行政编制 38 名（含离退休干部工作人员编制 2 名）。其中：局长 1 名（兼市地震局局长）、副局长 4 名，科级领导职数 15 名（正科 13 名，含机关党委专职副书记 1 名、知识产权局局长 1 名、离退休干部科科长 1 名，副科长 2 名），机关工勤人员编制 4 名。

局属事业科室 3 个：承德市地震灾害防御中心、承德市生产力促进中心、承德市科学技术情报研究所。2012 年 5 月 22 日，承市机编〔2012〕19 号文件批复成立承德市地震灾害防御中心，规格科级，经费形式为财政性资金基本保证，核定事业编制 3 名，核定领导职数 1 名。2012 年 9 月 27 日，承市机编〔2012〕72 号文件批复承德市生产力促进中心，科级规格，经费形式为财政性资金基本保证，核定事业编制 23 名，核定领导职数 3 名（1 正 2 副）；承德市科学技术情报研究所，科级规格，经费形式为财政性资金基本保证，核定事业编制 21 名，核定领导职数 3 名（1 正 2 副）。

第二节 单位职能

一、地市合并前承德地区职能

承德地区行署科学技术委员会是党和政府主管科技工作的综合职能部门，是专门管理科技工作的行政机构。根据多年实践和科技体制改革要求，大体分五种职能：一是决策参谋职能。为行署提供依靠科技实践脱贫和发展经济战略设想，制定科技发展规划，推动科技体制改革，组织科技与经济社会协调发展的政策、科学管理、重大项目的调查研究。二是宏观管理协调职能。推进以双放为重点的科技体制改革，建立起科技与经济紧密结合的新机制。加强对科技管理、科研开发、科技服务等系统业务指导。搞好科技队伍、经费物质的管理调控。三是组织实施科技计划职能。利用本区优势，组织力量进行 6 个重点的科技攻关，实施星火计划，提高全区科技水平。四是科技干部的管理服务职能。搞好科技人员的培训，职称管理，关心科技人员的生活。五是综合服务职能。为全区提供科技市场、中介科技情报信息、开发经营的管理服务工作包括技术交流、成果专利、外事交流、基金信贷、器材物资等。

二、地市合并前承德市职能

1987年以后，承德市科委根据上级科委有关规定，结合承德市多年来的科技管理工作经验和具体情况，制定并编发承市科〔1988〕45号和承市科〔1991〕33号文件，承德市科学技术委员会的性质、任务和职责得到进一步明确，成为市政府管理全市科学技术工作的综合职能部门。其主要职能：贯彻党和国家的科技方针政策，研究拟订具体政策、法规和措施，编制全市中长期科技发展规划和年度计划；研究科技发展战略，组织实施国家省下达的科技攻关、星火、火炬、成果推广、软科学研究等各项科技计划；归口管理和分配科技三项费用、科技发展基金和自然科学事业费；规划全市科研机构的布局和发展方向，审批全市科研机构、科技开发机构、民办科技机构、技术贸易机构、认定登记技术合同、组织协调管理技术贸易活动；归口管理科技外事和引进国外智力工作；组织对外科技与人才的交流合作，负责乡镇企业及农村非国家公职人员的技术职称评定工作；负责科技成果的鉴定、认定、登记评审和奖励工作；负责科技保密和科技档案管理等工作。

三、地市合并后单位职能

2002年1月，根据承市政办〔2002〕72号文件精神，对原市科学技术委员会的职能作3项调整。原市计划委员会承担的制定全市科学技术发展的中长期规划和年度计划、组织编制重大科技攻关计划职能交给市科学技术局，原省科学技术委员会承担的常设技术市场管理、技术合同认定登记工作交给市科学技术局。将科技计划中一般项目的立项、实施和验收等事物性工作交相关事业单位或社会中介组织承担。将科技成果登记评价、转化推广的一般事物性工作交事业单位承担。

科学技术局的主要职责：

贯彻实施国家科技方针、政策、法规、规划。研究提出全市科技促进经济与社会发展的宏观战略和政策措施，拟订全市民用科技发展的中长期规划和年度计划。研究提出全市科技发展的重大布局和优先领域。

提出全市科技体制改革政策措施。推动建立适应社会主义市场经济和科技自身发展规律的科技创新体制和科技创新机制。指导全市科技体制改革工作。

研究拟定新技术发展的政策措施。制订和组织实施全市高新技术研究发展计划、科技攻关计划、社会发展科技计划和科技创新工程计划。

强化高新技术产业化及应用技术的开发与推广工作，负责火炬计划、星火计划、成果推广计划等科技开发计划的拟订并具体组织实施。负责管理高新技术重点新产品工作，负责全市高新技术企业、高新技术产品的组织申报工作，指导市高新技术产业开发区的建设，拟订促进高新技术出口的相关工作措施。

归口管理和分配科技三项费用和自然科学经费。研究多渠道增加科技投入的政策措施，负责开启科学经费渠道，筹措科技资金。组织对科学事业费中专项资金、市直科研项目资金、科技“三项费”的分析论证，提出资金安排建议计划。经审核批准后组织实施并监督检查。负责科技经费的财务改革和财务会计制度的实施工作，研究拟订科研条件保障方面的政策措施。

归口管理全市国际科技合作与交流、组织拟订全市国际科技合作发展规划和年度计划并组织实施。归口管理中国与外国政府间技术合作协定中有关承德的工作。负责全市对外和对香港、澳门特别行政区及台湾地区的科技合作与交流工作。负责申报和组织实施国际科技合作重点项目计划、人才短期培训计划、互派专家计划、政府间科技合作计划、引进国外技术和人才，推出国内技术和产品等计划。负责与国内大专院校、科研单位的联系，为企业和基层单位提供技术支撑等科技开放工作。

管理全市科技成果、科技奖励、科技保密、

技术与科技相关的知识产权保护工作。促进科技方面社会中介组织发展。拟订全市科学技术普及工作规划，推动科学技术普及工作发展和全市科技服务体系的建立。

负责管理承德市地震局和知识产权局的工作。指导和协调市直各部门及各县区的科技管理工作。

负责科技信息、科技统计和科技档案工作。审核科研机构的组建和调整。负责民营科技企业人员专业技术职务任职资格的评审和申报工作。

承担市科技教育领导小组交办的有关工作。

承办市委、市政府交办的其他事项。

2010 年 4 月，市编办重新下发“三定方案”，制定科学技术局的主要职责：

贯彻实施国家各项科技方针、政策、法规、规划。牵头拟订全市科技发展规划和政策。

负责制订科技支撑计划、高新技术研究发展计划和政策引导类科技计划并组织实施。牵头组织国民经济与社会发展重要领域关键技术的攻关。会同各部门拟订重大科技创新基地建设规划，推进科技平台建设和科技资源共享。会同各部门制定高新技术产业化政策措施，指导高新技术产业开发区建设。

会同各部门组织科技重大专项实施中的方案论证、综合平衡、评估验收和制定相关的配套政策，对重大科技专项实施中的重大调整提出意见。

组织拟订科技促进农村和社会发展的政策，制定相关重要措施和办法，促进以改善民生为重点的农村建设和社会建设。

拟订促进产学研结合的相关政策。制定科技成果推广政策措施，指导科技成果转化，组织相关重大科技成果应用示范，推动企业自主创新能力建设。

负责提出科技体制改革政策重大措施和建议，推进科技体制改革。审核相关科研机构的组建和调整，优化科研机构的布局。指导全市科技体制改革工作。

负责本部门预算中的科技经费预决算及经费使用的监督管理，提出科技资源合理配置的重大政策措施建议，优化科技资源配置。

负责组织市科学技术奖评审。拟订科技人才队伍建设规划，提出相关政策建议。

制定科普工作规划和政策。拟订促进技术市场、科技中介组织发展政策。负责相关科技评估管理和科技统计管理。负责科技成果管理、技术市场管理和科技保密工作。

负责全市国际科技合作交流，组织实施政府间双边和多边及国际组织间科技合作与交流，指导相关部门和县区对外科技合作与交流工作。

负责贯彻国家和省防震减灾的法律法规。负责防震减灾工作的行政执法检查和监督工作。负责普及防震减灾知识。负责对辖区内的生命线工程、重点工程地震安全性评价工作。负责调取和发送有关地震信息。负责辖区内地震监测、分析预报，及时为市政府防震减灾工作提供科学依据（地震局负责协调编纂）。

负责管理知识产权局的工作。指导并协调市直各部门及各县（区）的科技工作。

负责科技信息，科技档案管理工作。

承担市科技教育领导小组交办的有关工作。

承办市委、市政府交办的其他事项。

第三节 人员任职

一、地市合并前领导名录及任职时间

承德地区科学技术委员会（1989.01.01—1993.06.30）处级领导名录及任职时间：

党组书记（正处级）闫明清（1986.02—

1990.02.13）

王凯农（1990.02.13—1991.08.28）

李忠臣（1991.08.28—1993.06.30）

主　任（正处级）

闫明清（1986.02—1990.02.13）

王凯农（1990.02.13—1991.09.16）

李忠臣（1991.09.16—1993.06.30）

党组成员（副处级）

竺德龙（1983.09—1990.07.15）

马秀春（1983.09—1991.08）

何世敏（1986.01.10—1993.06.30）

赵晓峰（1991.09.23—1993.06.30）

张　铁（1992.03—1993.06.30）

于　文（1990.02.19—1990.05.10）

姜振桐（1993.04.23—1993.06.30）

副主任（副处级）

马秀春（1983.09—1991.08）

竺德龙（1983.09—1990.07.17）

何世敏（1986.01.10—1993.06.30）

张国强（1990.12.31—1993.06.30）

赵晓峰（1991.09.24—1993.06.30）

张　铁（1992.03—1993.06.30）

纪检书记（副处级）

姜振桐（1993.04.23—1993.06）

离休享受副处级待遇人员：

郑焕荣（1990.12.17 始）

刘洪儒（1991.09.19 始）

赵宝录（1992.02.27 始）

陈　悦（1992.02.27 始）

内设机构及科长任职时间：

秘书科

于　文（1986.10—1990.03.21）

刘伟民（1990.03.21—1993.05.05）

李　威（1993.05.08—1993.06.30）

计划科

雷永年（1993.05.05—1993.06.30）

干部科

楚凤岐（1989.06—1993.06.30）

政研科

李亚男（女，1991.03—1993.06.30）

工业科

王秉礼（1980.04—1991 年副处级挂职，1999 年调入科技局副处级待遇）

董凤义（1993.05.05—1993.06.30）

农业科

张　铁（1982.05—1992.03）

李海瑞（副科 1990.02.19—1993.09）

科管科

王笑舫（1989.06—1991.11.27）

培训科

陈　悦（1986.03—1992.02.27）

事业科室机构及科长任职时间：

技术市场

王　圭（1989.06—1993.06.30）

承德地区科学技术情报研究所所长

佟华男（1991.03—1993.06.30）

地震办公室　主任

张景余（1992.11—1993.06.30）

对外科技交流中心　主任

董延智（1991.03—1993.06.30）

科技器材公司（站）（企业）经理

郑焕荣（1981.10—1990.02.19）

站长

张广利（1991.05.24—1993.06.30）

承德市科学技术委员会（1989.01.01—1993.06.30）处级领导名录及任职时间：

党组书记（正处级）

何复华（1987.05—1992.12.31）

马宗祥（满族，1992.12.31—1993.06.30）

主　任（正处级）

何复华（1987.05.15—1992.12.31）

（后调任海南鸿高技工贸实业公司经理、法人）

马宗祥（满族，1993.04.29—1993.06.30）

党组副书记（副处级）
邵　文（女，1993.05.10—1993.06.30）
党组成员（副处级）
方秉和（1985.10.18—1992.12.03）
张克范（1985.10.18—1992.06.01）
罗福琴（女，1985.10.18—1988.08.01）
邵　文（女，1993.05.10—1993.06）
贾旺绪（1993.04.06—1993.06）
郑立志（女，1993.04.06—1993.06）
副主任（副处级）
方秉和（1983.09.17—1992.12.03）
罗福琴（女，1983.09.17—1988.07.01）
马宗祥（满族，1988.07.16—1993.04.29）
张克范（1991.09.26—1993.06.30）
邵　文（女，1992.02.10—1993.06.30）
贾旺绪（1993.03.22—1993.06.30）
郑立志（女，1993.03.22—1993.06.30）

内设机构及科长任职时间：

秘书科
安国群（1990.05.15—1992.02.01）
耿　树（1992.01—1993.06.30）
科技科
段纯义（1988.09.17—1989.05.29）
计划科（计划成果科）
王海霞（女，1988.09.17—1990.05.15）
张克范（1990.05.15—1991.09.26）
李世云（1992.01.28—1993.06.30）
科技干部科
王海霞（女，1990.05.05—1993.05.15）
洪　磊（1993.05.20—1993.06.30）
工业科
郑立志（女，1990.05.15—1993.03.22）
李景星（1993.05.22—1993.06.30）
农医科（农业科、山区开发办）
魏力群（女，1988.09.17—1993.04.23）
洪　磊（1990.05.15—1993.05.22）
王亚洲（1993.05.22—1993.06.10）
政研科
贾旺绪（1990.05.15—1993.03.22）
科技外事科
魏力群（女，1990.05.15—1993.06.30）
科技情报研究所 所长
李景星（兼任，1990.05.15—1992.05.09）
科学器材公司（科技开发服务中心主任，正科级）
梁　刚（1990.05.15—1993.03）

二、地市合并后领导名录及任职时间

承德市科学技术委员会领导名录及任职时间（1993.06.30—2001.06.30）

党组书记
马宗祥（满族，1993.04.29—1999.11.06）
郑立志（女，1999.11.06—2001.06.30）
主任
马宗祥（满族，1993.06.30—1999.11.06）
党组副书记
邵　文（女，1993.06—1997.02.24）
党组成员
何世敏（1993.10—2000.02）
郑立志（女，1993.06.30—1999.11.06）
张克范（1993.06—2001.06）
耿　树（1997.08.27—2001.06.30）
刘学忠（1997.11.21—2001.06.30）
李　威（1999.08—1999.11）
隆化县挂职副县长
纪检组组长
姜振桐（1993.06.30—2000.12）
李季梅（女，2000.12—2001.06）
副主任
何世敏（1993.06—2000.02）
张克范（1993.06.30—2001.06.30）
邵　文（女，1993.06—1997.02.28）
张国强（1993.10—2001.06.30）
郑立志（女，1993.06—1999.11.06）
刘学忠（1997.11.11—2001.06.30）

贾旺绪（1993.06—1995.12）
张　铁（1993.09—1999.11.30）
李　威（1999.08—2001.06.30）
耿　树（1997.08.27—2001.06.30）
总工程师
赵晓峰（1993.06—2001.06.30）
纪检书记
姜振桐（1993.06—2000.12）
李季梅（女，2000.12—2001.06.30）
调研员
马宗祥（满族，2000.06.01—2001.07.25）

内设机构及科长任职时间：

秘书科
耿　树（1993.05.22—1993.11）
李　威（1993.11.07—1996.06）
办公室主任
李　威（1996.06—1999.08）
安国群（2000.09.27—2001.06.30）
人教科
李　威（1993.09—1996.06.30）
计划成果科
马淑娴（女，1995.01—1996.06）
政研科
李亚男（女，1993.09—1997.07.22）
信　祥（1997.07.22—2000.12）
刘承军（2000.12—2001.06）
工业科
李景星（1993.05.22—1996.06）
董凤义（1996.06—2001.06）
农业科
李海瑞（1993.09—1998.07.23）
王亚洲（1998.07.23—2001.06）
科技合作交流科
魏立群（女，1993.08—2001.06）
技术市场管理科
王亚洲（1993.09—1998.07.23）
孙绍清（女，1998.07.23—2001.06.30）
科技干部科
洪　磊（1993.09—1996.06）
卢　科（1996.06—1997.07.22）
[注：洪磊更名为卢科]
社会发展科
陈国君（1997.07.22—2001.06.30）
老干部科
孙绍清（女，1997.07.22—1998.07.23）
安国群（1998.07.23—2000.09.27）
于燕涛（2000.09.27—2001.06.30）
专利管理科
信　祥（1996.06—1997.07.22）
李亚男（1997.07.22—2001.06.30）
机关党委副书记
李世云（1993.09—1996.06）
刘仲发（1996.05—2001.06.30）
科技情报研究所所长
冯柏树（1995.01.13-1996.03.10）
王远临（1997.06—1997.10.24）
田宝川（1997.10.24—2001.06.30）
对外科技交流中心主任
董延智（1993.09—1996.06）
张贯民（1996.06—2001.06）
科技开发服务中心主任
张广利（1996.06—2001.06）
地震办公室主任
张景余（1996.06—2001.06.30）
专利事务所所长
陈秀文（正科级 1997.07.22 － 2001）

承德市科学技术局领导名录及任职时间（2001.07.01—2015.12.31）

党组书记
郑立志（2002.03.29—2012.07.20）
徐佩文（满族，2012.07.20—2015.06.29）
李　威（2015.06.29—2015.12.31）
局长
郑立志（2002.02.05—2012.10.26）

徐佩文（满族，2012.10.26—2015.06.29）
李　威（2015.06.29—2015.12.31）
副书记
徐佩文（满族，2011.10.26—2012.07.20）
李　威（2012.07.20—2015.06.29）
崔海涛（2015.09-2015.12.31）
党组成员
刘学忠（2002.01—2002.03.21）
张　铁（2002.01—2002.06.18）
姜振桐（2002.01—2002.03.21）
赵晓峰（2002.01—2002.03.21）
李　威（2002.08.26—2015.06.29）
王亚洲（2007.08—2015.12.31）
钱绍福（2008.03—2015.12.31）（正处级）
董凤义（2010.06.04—2015.12.31）
纪检组组长
李季梅（女，2006.09—2010.06.04）
刘英杰（满族，2010.06—2013.11.01）
高振国（2013.11.01—2015.12.31）
副局长
张克范（2002.04.08—2002.07）
张国强（2002.04.08—2005.12）
耿　树（2002.04.08—2006.09）
夏德胜（2005.12—2006.09）
李　威（2002.08.26—2012.08.27）
徐佩文（满族，2011.11—2012.10.26）
王亚洲（2007.08—2015.12.31）
董艳玲（满族 女，2007.03—2013.05.02）
钱绍福（2008.03—2015.12.31）（正处级）
董凤义（2010.06.24—2015.12.31）
崔海涛（2015.09-2015.12.31）
调研员
何世敏（2002.07.04 提前离岗）
张克范（2002.07）
张国强（2005.12—2006.09）
副处级助理调研员
王亚洲（2004.01.08—2006.09）
魏力群（女，2004.01.08—2012.07）
赵晓峰（2002.02—2002.03.29）
姜振桐（2002.02—2002.03.29）
刘学忠（2002.02—2002.03.29）
张　铁（2002.02—2002.03.29）
张景余（2006.09—2009.05.07 地震局局长，副处级）
董凤义（2007.08—2010.06.24）
刘承军（2011.04—2015.12.31）
范　东（2015.03—2015.12.31）

内设机构及科长任职（2001.07.01—2015.12.31）

办公室
安国群（2001.07—2003.03）
于燕涛（2003.03-2007.03）
刘承军（2007.03—2011.04）
杨甲忠（2013.02—2015.05.26）
李长杉（2015.05.26—2015.12.31）
政策法规体制改革科
刘承军（2001.07.01—2007.03）
李长杉（2013.02-2015.05）
李　典（女，2015.05.26—2015.12.31）
发展计划科
雷永年（2001.07—2005.12）
李亚男（2005.12—2010.03.24）
岳丽泓（女，2010.03.24—2015.03.13）
杨淑梅（女，2015.03.13—2015.12.31）
科技合作科
魏力群（女，2001.07—2004.05.08）
范　东（2004.05.08—2008.10.17）
杨林立（女，2008.10.17—2015.03.13）
社会发展科技科
陈国君（2001.07—2005.12）
崔志广（2005.12—2015.03.13）
岳丽泓（女，2015.03.13—2015.12.31）
工业科技科
董凤义（2001.07—2007.08）

王占文（2007.08-2015.03.13）
杨洪清（女，2015.03.13—2015.12.31）
农业科技科
王亚洲（2001.07—2004.01.08）
杨洪清（女，2004.05.08—2015.03.13）
科技成果科
孙绍清（女，2002.01—2009.12.28）
杨淑梅（女，2010.03.24—2015.03.13）
杨林立（女，2015.03.13—2015.12.31）
技术市场管理科
孙绍清（女，2001.07—2002.01）
专利管理局（知识产权局，科级局）
李亚男（2002.01—2005.12）
陈国君（2005.12—2010.04.06）
杨甲忠（2010.04.06—2013.02）
崔志广（2015.03.13—2015.12.31）
老干部科
于燕涛（2000.08.15—2003.08）
罗秀芝（女，2003.08—2009.12.28）
李长杉（2010.01—2013.02）
李　典（女，2013.02—2015.05.26）
纪检监察
张　胤（2003.04—2006.09）
机关党委副书记
刘仲发（1996.05—2001.06.30）
郭秀霞（女，2006.09—2010.04.06）
饶立昌（2010.04.06—2014.11.28）
孙守武（2014.11.28—2015.12.31）
科技情报所
田宝川（2001.07—2009.01.15）
陈立权（2009.01.15—2015.12.31）
生产力促进中心
郑立志（女，2003.06—2015.05.26 兼任）
董凤义（2003.06—2012 具体负责）
杨甲忠（2015.05.26—2015.12.31）
地震局（副处级）局长
张景余（2001.07—2009.05.07）
钱绍福（2008.03—2015.12.31）（正处级）
副局长
刘荣利（2005.04.20—2006.09）
王文利（女，2005.04.20—2006.09）
地震监测预报科
李　阔（2010.04.06—2015.12.31）
震防科科长
高淑云（女，2010.04.06—2015.12.31）
科技开发服务中心
张广利（2001.07—2002.01）
对外科技交流中心
张贯民（2001.07—2002.01 随建制到市人力资源社会保障局）

三、实职正处级领导简历

闫明清，男，1932 年 8 月出生，原籍辽宁省海城县，1954 年 8 月参加工作，1956 年 6 月加入中国共产党，1993 年 1 月退休，2007 年 5 月 3 日因病逝世。

1941.02—1954.08　学习、学徒、务农；

1954.08—1954.12　热河省技术厅技术研究室助理技术员；

1955.01—1956.01　热河省技术厅地质勘察队技术员；

1956.02—1957.08　承德专员公署工业科生产组技术员；

1957.09—1958.05　承德专员公署工业局生产科技术员；

1958.06—1959.09　承德专署松树台煤矿技术组组长；

1959.10—1960.02　承德专署石油煤炭局生产科技术员；

1960.03—1961.04　承德市煤炭工业局生产基建科副科长；

1961.05—1962.04　承德专署重工业局煤炭科副科长；

1962.05—1963.03　承德专署工业局计财科副科长；

1963.03—1963.12 承德专署工业局秘书科副科长；

1965.01—1969.01 承德专署煤炭公司生产科科长；

1969.02—1972.12 承德地区煤炭公司助理员；

1973.01—1974.07 承德地革委重工业处助理员；

1974.08—1978.02 承德地革委煤炭管理局生产科科长；

1978.03—1980.01 承德煤炭管理局副局长；

1980.02—1983.09 承德煤炭管理局代局长、局长；

1983.09—1986.02 承德地区行署经济委员会党组副书记、主任。

李忠臣，男，汉族，1936年8月12日出生，原籍辽宁省义县，1961年8月参加工作，1966年1月加入中国共产党。

1961.08—1970.05 中央华北局计委干部；

1970.05—1973.03 承德地区生产指挥部秘书；

1973.03—1984.02 承德地区经委办公室主任；

1984.02—1987.04 承德地区经纬轻工公司副经理；

1987.04—1991.12 承德地区计经委党组书记、主任；

1986.02—1991.11 承德行署科学技术委员会 党组书记、主任。

1991.12—1993.06 承德地区科委党组书记、主任；

1993.06—1996.08 承德市科委调研员。

马宗祥，男，满族，1941年6月出生，原籍河北省滦平县，1966年9月参加工作，毕业于河北农业大学。

1966年9月 毕业延期分配；

1968年5月 西藏拉萨53师；

1969—1979年 西藏军区生产部；

1979—1985年 西藏自治区农垦厅农牧科；

1985—1988年 西藏自治区农垦厅生产科技处；

1988.07—1992.11 承德市科委副主任；

1992.11—2001.06 承德市科委主任。

郑立志，女，汉族，1955年6月出生，原籍河北平山，1971年12月参加工作，1985年6月加入中国共产党。

1971.12—1974.01 承德市汽车修理厂工人；

1974.01—1975.09 沧州市汽车修理厂工人；

1975.09—1978.09 河北工学院电机系学员；

1978.09—1984.11 化工部十三化建公司助工；

1984.11—1987.06 沧州市科委计划科科员；

1987.06—1989.05 承德市科委工业科科员；

1989.05—1990.05 承德市科委工业科副科长；

1990.05—1993.03 承德市科委工业科科长；

1993.04—1999.11 承德市科委副主任、党组成员；

（1998.08—2000.12 参加中央党校函授学院政法专业学习）

1999.11—2002.01 承德市科委主任、党组书记；

2002.01—2012.10 承德市科技局局长、党组书记。

徐佩文，男，满族，1961年11月出生，原籍河北省围场县，1980.10参加工作，1983年9月加入中国共产党。

1978.10—1980.10 承德财贸学校统计专业学习；

1980.10—1983.12 围场满族蒙古族自治县朝阳湾区统计、秘书；

1983.12—1988.02 围场满族蒙古族自治县委组织部干事；

（其间：1984.09—1986.07 参加河北广播电

视大学承德地区分校党政管理干部专修科学习）

1988.02—1990.09 围场满族蒙古族自治县育太和乡，党组书记；

1990.09—1994.04 围场满族蒙古族自治县政府办公室副主任；

1994.04—1996.09 围场满族蒙古族自治县乡镇企业管理局局长、党组书记；

1996.09—2003.03 围场满族蒙古族自治县政府副县长；

2003.03—2007.03 围场满族蒙古族自治县政府副县长、御道口牧场党委书记（正处级）；

（2002.01—2004.07 参加中国农业大学网络教育学院经济管理专业本科学习，获得学士学位）

2007.03—2011.10 丰宁满族自治县委常委、副县长（正县级）；

2011.10—2012.07 承德市科技局党组副书记、副局长（正处级）；

2012.07—2015.06 承德市科技局局长、党组书记。

李 威，男，汉族，1964 年 5 月出生，原籍河北省秦皇岛，1984 年 7 月参加工作，1993 年 4 月加入中国共产党。

1982.09—1984.07 承德师专数学系学生；

1984.07—1986.11 承德师专教师；

1986.11—1991.02 承德地区科委科干科、秘书科科员；

1991.02—1993.04 承德地区科委秘书科副科长；

1993.04—1993.07 承德地区科委秘书科科长；

1993.07—1999.08 承德市科委秘书科科长、人教科科长、办公室主任；

1999.08—1999.12 承德市科委办公室主任、隆化县县长助理（挂职）；

1999.12—2002.08 隆化县政府副县长（挂职）；

2002.08—2010.06 承德市科技局副局长、党组成员；

（其间：2004.08—2006.12 参加中央党校函授学院法律专业学习，2008.07—2009.05 在国家科技部农村科技司综合处挂职任副处长）

2010.06—2012.07 承德市科技局调研员；

2012.07—2015.06 承德市科技局党组副书记、副局长（正处级）；

2015.06. 29—2015.12.31 市科技局党组书记、局长。

第四节　专业技术人员职称评审工作

一、地区专业技术人员职称评审工作

1989 年，承德地区科委组织专业技术人员向河北省职改办申报晋升高级技术职称人员材料，经过省职改办各类评审委员会评审出高级职称总计 76 名，高级审计师 3 名，高级会计师 5 名，高级经济师 9 名，高级统计师 1 名，高级工程师 41 人，高级农艺师 1 名，高级兽医师 3 名，副主任医师 11 名，中学高级教师 2 名。

承德地区职称改革办公室（简称职改办）组织评审委员会，评审出中级专业技术职称 1493 名，其中工程师 240 名，经济师 507 名，统计师 74 名，会计师 281 名，审计师 1 名，农艺师 5 名，兽医师 34 名，主治医师 60 名，主管中药师 14 名，主管护师 1 名，讲师 1 名，卫生专业中级 85 名，图书馆员 2 名，三级演奏员（美术师）5 名，放映师 6 名，服装设计师 2 名，中学一级和小学高级教师 173 名，技师 2 名。初级技术职称 38 名，其中助理工程师 23 名，助理经济师 2 名，助理

技师 13 名。认定技术员 45 名。同时，经过再次审核又取消各类中级职称 50 名，其中审计师 1 名、经济师 14 名、工程师 6 名、会计师 6 名、主治医师 9 人、讲师 1 人、小学高职中学一级教师 2 名、中级职务 11 人。取消初级职称 34 名，其中助理工程师 7 名、助理会计师 1 名、助理经济师 4 名、助理统计师 1 名、助理教练员 2 名、医士 2 名、文学创作四级 1 名、其他助理级 16 名。取消员级职务 57 名。由中级职称降为初级职称 20 名，其中由经济师降为助理经济师 3 名、会计师降为助理会计师 3 名、中药师降为中药士 1 名、其他中级职务降为助理级职务 13 名。由初级降为员级 1 名即助理会计师降为会计员 1 名。

1990 年评审出农艺师经济师各 1 名、小教高级 2 名均为中级职称，初级职称 2 名，助理会计师和经济员。

1991 年通过河北省各类评审委员会评审出正高级职称 4 名（属于地区人才），1 名为高级文学创作一级，教授 3 名。副高级职称地区 137 名：高级审计师 6 名，高级工程师 16 名、副研究员（农业系列）3 名、高级农艺师 14 名、高级畜牧师 4 名、副高级馆员 1 名、高级编辑 2 名、高级讲师 18 名、副教授 12 名、副主任医师 21 名、副主任药师 1 名、高级程序员 3 名、中学高级教师 34 名、体育教练 2 名。市区副高级职称 22 名：高级工程师 2 名、高级讲师 1 名、高级农艺师 1 名、副主任医师 16 名、副主任药师 1 名、高级程序员 1 名。

地区职改办组织各类评审委员会评审出中级专业技术职称 40 名：中小学一级教师 36 名、工程师 1 名、会计师 1 名、经济师 2 名。助理经济师 1 名。

1992 年通过评审认定农民专业技术人员总计 320 名：农民农艺师 100 名、农民工程师 63 名、农民兽医师 46 名、农民经济师 55 名、农民会计师 56 名。

1993 年，认定农民专业技术人员。通过评审认定 458 名，其中农民工程师 95 名、农民农艺师 47 名、农民兽医师 188 名、农民会计师 80 名、农民经济师 48 名。

二、市专业技术人员职称评审工作

1989 年，承德市职称改革工作基本完成。全市参加首次专业技术职务聘任制的企事业单位共 1355 个，参评的专业技术职务系列 23 个，共评审各级各类专业技术人员 18819 人，高职 565 人，占总数的 3%；中职 4652 人，占总数的 24.7%；初职 13602 人，占总数的 72.3%。获高、中、初职专业技术职务人员的结构比例为 1:8:25，符合宝塔形的结构比例要求。截至 11 月 10 日，完成 1985 年以后大中专毕业生专业技术职务评聘工作，评聘初职 1022 人。

第二章 科技计划及科技成果

承德的科学研究工作1993年以前主要由科技管理部门即承德行署科学工作委员会（简称地区行署科委）和承德市科学技术委员会（简称承德市科委）负责管理，由工业、农业、卫生等业务局或专业研究所负责申报每年的科学研究计划（以下简称科技计划）。

科技成果是指人们在科学技术活动中通过复杂的智力劳动所得出的具有某种被公认的学术或经济价值的知识产品。中国科学院在《中国科学院科学技术研究成果管理办法》中把科技成果的含义界定为：对某一科学技术研究课题，通过观察实验、研究试制或辩证思维活动取得的具有一定学术意义或实用意义的结果。科技成果按其研究性质分为基础研究成果、应用研究成果和发展工作成果。

科技成果是指由法定机关（一般指科技行政部门）认可，在一定范围内经实践证明先进、成熟、适用，能取得良好经济、社会或生态环境效益的科学技术成果，其内涵与知识产权和专有技术基本相一致，是无形资产中不可缺少的重要组成部分。

科技成果的基本特征：一是新颖性与先进性。没有新的创见、新的技术特点或与已有的同类科技成果相比较为先进之处，不能作为新科技成果。二是实用性与重复性。实用性包括符合科学规律、具有实施条件、满足社会需要；重复性是可以被他人重复使用或进行验证。三是应具有独立、完整的内容和存在形式。如新产品、新工艺、新材料以及科技报告等。四是应通过一定形式予以确认。通过专利审查、专家鉴定、检测、评估或者市场以及其他形式的社会确认。

第一节 科技计划管理

科技计划管理含计划的编制、下达与实施等环节。1971年以后编制正式年度科学技术研究发展计划（以下简称：科技计划）。

一、科技计划编制程序

1971—1978年科技计划编制程序：科技计划编制一直由科委负责（1971—1974年，由革委会科技处编）。1978年以前由各县和地直业务部门提出研究的项目和承担研究项目意见，填报研究项目申请表，经县科委或地、市直业务主管部门报（地区、承德市）科委，再经科委审查、筛选、平衡后确立研究项目，其中重大研究项目报省级或国家级科研计划。然后编制年度计划，与计划和财政部门会签下达。

1979—1987年科技计划编制程序：1979年以后，先由县科委和地、市业务主管部门组织申报，除填报研究项目申请表外，要求项目承担单位填写计划研究项目申请书，内容包括项目意义及申请理由（国内外发展现状及发展趋势、技术水平、市场预测及推广应用前景），技术研究内容（主要技术路线及工艺流程、关键技术及解决方案），项目所要达到的技术经济指标、预期经济效益、项目进度安排、现有的基础条件及所需的仪器设备、经费预算及偿还计划、主研人员情况等。经县科委或地、市业务主管部门初审签署意见后，报地或市科委。地、市科委对计划项目进行审查，必要时还要进行实地考察。其中重大项目须组织专家进行技术经济论证，然后提出年度项目安排意见报计划科。计划科进行综合平衡，并提交主任办公会审定，确定报省或国家计划研究项目和列入地区（或市）计划研究项目，再由计划科编制年度计划并会签后下发，而后由科委与项目承担单位签订科研合同，组织项目实施。随着经济和社会的发展，项目申请书也在不断地完善和改进。

2010 年以后项目申请书包括：第一承担单位概况；项目内容摘要；立项的目的意义（即立项背景和依据）；项目实施内容（即预期目标），含研究内容、拟解决的关键问题、项目的创新点；项目承担单位和协作单位任务分工及进度安排；现有研究工作基础、特色和优势；项目经费来源与支出预算；项目参加人员及分工；项目申报单位意见、协作单位意见、归口管理部门意见。

二、科技计划实施

科技计划编制下达以后，项目具体由科委计划管理部门主要组织协调、监督检查、掌握进度及计划执行情况，解决计划执行中出现的问题。从 1985 年开始，实行合同制管理，除上述管理外，增加签订“委托管理合同”和“专项合同”，并按合同规定，掌握及报告项目的进展情况，督促项目按期提交完成、组织专家验收和鉴定评价。

三、科技计划项目分类

科学研究计划项目按资金类型分类

指令计划：是指有各级财政资金支持的计划项目，国家级科技计划项目没有资金的项目归属指令计划（从 2009 年 12 月 1 日起，改为财政资助经费项目）。

指导计划：是指没有财政资金支持的自筹资金计划项目（从 2009 年 12 月 1 日起，改为自筹经费项目）。

科技贷款计划：是指在科技部门的协调下利用银行资金支持的项目，但承担单位需要按要求还款，利息由财政贴息。

科学研究计划项目按管理部门级别分类

国家级：星火计划、火炬计划、重点新产品计划、重要科技成果推广计划等。

河北省省级：重点新成果推广计划、新产品研究计划等。

承德地区级、承德市市级（地市未合并前）科技计划。

科学研究计划项目按社会发展领域和行业分类

工业计划项目；

农业计划项目；

医药卫生计划项目（即社会发展项目）；

软科学研究计划项目；

其他领域计划项目。

第二节 科技计划项目及资金

《中华人民共和国保密法》规定：科学研究计划项目是不对外公开的，所以各级各类科学研究计划项目名称只列举一项或两三项。

一、国家级科技计划项目

1989 年到 2015 年共列入国家级科技计划项目 110 项，争取财政投入科技资金 3329 万元，争取贷款资金 2742 万元。

1989 年，承德市列入国家级科技计划 1 项，争取科技资金 4 万元，项目名称：承德综合技术开发。

1991 年，列入国家级指导计划 1 项，项目名称：组合式多型注塑模具。

1992 年，列入国家级重点新产品试制鉴定计划 1 项，为指导计划。

1993 年，列入国家科技贷款项目 1 项，贷款额 100 万元，项目名称：山楂全粉。

1994 年，列入国家级指导计划 3 项，项目名称:纯正栗蓉研制、机立窖综合节能技术推广、耐高温覆膜砂。

1996 年，列入国家级科技计划 5 项。其中星火计划项目 2 项，项目名称：全营养果蔬干膨片、有机颗粒肥自动生产线。国家三项费拨款项目 1 项，项目名称:承德市可持续发展战略研究，争取科技资金 3 万元。国家科技项目贷款 2 项，项目名称：有机颗粒肥生产线、利用玉米胚芽开发植物高蛋白饮料，贷款资金 1712 万元。

1997 年，列入国家级科技计划 6 项，争取科技资金 50 万元。

1998 年，列入国家级科技计划 7 项，争取科技资金 48 万元。

1999 年，列入国家级科技计划 4 项，争取科技资金 30 万元，贷款总额 930 万元。其中星火计划项目 1 项，争取资金 20 万元；科技三项费 1 项，争取资金 10 万元；国家重点新产品项目 1 项;科技贷款项目 1 项:贷款总额 930 万元。

2000 年，列入国家级科技计划 6 项，争取科技资金 111 万元。国家重点新产品计划项目 4 项，争取资金 65 万元；授予隆化县、兴隆县、丰宁满族自治县三县科技局全国科技工作县先进县荣誉称号，每县奖励 2 万元，总计 6 万元；其他项目补助 40 万元。

2001 年，列入国家级科技计划 2 项，星火计划 1 项，项目名称：马铃薯精制淀粉开发。火炬计划 1 项，项目名称：垂直升降类机械式停车设备。

2002 年，列入国家级科技计划 5 项，其中星火计划 4 项，项目名称：高油、甜、糯玉米新品种选育及产业化，花岗岩矿低爆压准静态胀裂规模采荒技术开发，山地丰产桑园及室外设施化养蚕技术开发，马铃薯抗旱播种多功能机具研制与开发。国家级新产品计划 1 项，项目名称：高硅氧纤维及其制品。

2003 年，列入国家级科技计划 11 项，争取资金 88 万元。其中星火计划 5 项，项目名称：多倍体树种苗木快繁技术开发、北方香菇标准化栽培技术及产业化开发等。推广计划 1 项，项目名称：A 级、AA 级生态水稻高产稳产节水综合配套栽培技术。新产品计划 1 项，项目名称：系列玻璃电熔炉。科技三项费项目 4 项，项目名称：创造业信息化，争取资金 10 万元；系列玻璃电熔炉，争取资金 20 万元；北方香菇标准化栽培技术及产业化开发，争取资金 8 万元；石英谐振传感器全数字化系列电子数据研究开发，争取资金 50 万元。

2004 年，列入国家级科技计划 7 项，争取资金 50 万元。其中星火计划 4 项，项目名称：灌装组合营养配方食用菌无油快餐煲开发，生态蔬菜长城玉米工厂化生产技术开发，墨西哥米邦塔食用仙人掌加工技术开发，山区特色产业科技培训工程。新产品计划 2 项，项目名称：NEMAD 电动机及控制，氧化镁光学镀膜材料。农业科技成果转化资金项目 1 项，项目名称：硬粒高淀粉玉米新品种“宽城 1 号”中试与示范。

2005 年，列入国家级科技计划 9 项，争取资金 170 万元。其中星火计划 5 项，项目名称：北方滑子菇无公害标准化栽培技术应用与产业化开发，生态水稻种植奶牛高效养殖等技术培训，全日光露地栽培黑木耳技术开发等。重点新产品计划 2 项，项目名称：BSD2 插入式电磁流量计，XRW-300D 热变形、维卡软化点温度测定仪。农业科技成果转化资金项目 2 项，项目名称：冀北地区山地集雨节灌工程模式的应用与示范，长货架番茄越夏设施栽培技术示范。

2006 年，列入国家级科技计划 11 项，争取资金 440 万元。其中星火计划 5 项，项目名称：牛血浆提取白蛋白技术开发，油松花粉有效成分提取技术及系列产品开发等。火炬计划 3 项，项目名称：IC 卡燃气表和热变形、维卡软化点温度测定仪等。重点新产品计划 1 项，项目名称：KF20 可控隔离式电磁流量计。科技富民强县项目 2 项，项目名称：食用菌特色产业循环经济配套技术开发应用，国家科技富民强县专项行动。

2007 年，列入国家级科技计划 1 项，争取资金 20 万元。项目名称：Kf20 可控隔离式电磁流量计。

2008 年，列入国家级科技计划 5 项，争取资金 250 万元。工业项目 4 项，微量连续精密配料生产线，活性炭为载体的磺化酞氰钴催化剂等，争取资金 210 万元；农业项目 1 项，冀北山区蔬菜、肉牛产业提质增效技术培训与示范，争取资金 40 万元。

2009 年，列入国家级科技计划 9 项，争取资金 829 万元。其中工业项目 6 项，摆锤式冲击试验机，萃取沉钒新工艺生产高纯氧化钒产品等，争取资金 430 万元；农业项目 2 项，油松花粉中提取小肽，花粉精和固态发酵法中试生产高活性木聚糖酶，争取资金 240 万元；社会发展项目 1 项，金麻杏止咳片，争取资金 159 万元。

2010 年，列入国家级科技计划 6 项。其中星火计划 2 项，项目名称：燕山山区果品产区新农村建设综合技术开发与示范，食用菌特色产业创业链配套技术开发与应用。火炬计划 3 项，项目名称；固态机械发酵生产木聚糖酶产业化建设，萃取沉矾新工艺生产高纯氧化钒等。国家重点新产品 1 项，项目名称：智能化运输和集散控制系统。

2011 年，列入国家级科技计划 7 项，工业废水微波催化氧化深度处理技术、全钒液流储能电池系统联合研发等，争取资金 1166 万元。

2013 年，列入国家级科技计划 2 项，争取资金 70 万元。其中火炬计划 1 项，项目名称：果壳活性炭产业集群共性关键技术研发应用，争取资金 70 万元。国家重点新产品 1 项，项目名称：600 瓦旋翼形磁悬浮垂直轴风力发电机组。

二、河北省省级科技计划项目

1989 年到 2015 年，共列入河北省省级科技计划项目 1312 项，其中指令计划（财政资助经费）项目 596 项，争取财政投入科技资金 9763.7 万元，争取贷款资金 6033 万元，指导计划（自筹经费）项目 716 项。

1989 年，列入省级科技计划 30 项，其中指令计划 21 项，争取科技资金总额 51.8 万元，指导计划 9 项。指令计划中，工业项目 7 项，争取资金 26 万元；农业项目 9 项，争取资金 22 万元；医药卫生项目 5 项，争取资金 3.8 万元。承德地区列入省级科技计划 16 项，其中指令计划 12 项，争取科技资金 25.8 万元，指导计划 4 项；承德市列入省级科技计划 14 项，其中指令计划 9 项，争取科技资金 26 万元，指导计划 5 项。

1990 年，列入省级科技计划项目 40 项，其中指令计划 22 项，争取科技资金总额 47 万元，指导计划 18 项。指令计划中，工业项目 13 项，争取资金 29 万元；农业项目 8 项，争取资金 17 万元；医药卫生项目 1 项，争取资金 1 万元。承德地区列入省级科技计划 16 项，其中指令计划 12 项，争取资金 28 万元，指导计划 4 项；承德市列入省级科技计划 24 项，其中指令计划 10 项，争取资金 19 万元，指导计划 14 项。

1991 年，列入省级科技计划 47 项，其中指令计划 35 项，争取科技资金总额 96.1 万元，指导计划 12 项。指令计划中，工业项目 12 项，争取资金 31.5 万元；农业项目 18 项，争取资金 45.8 万元；医药卫生项目 4 项，争取资金 3.5

万元；其他项目1项，争取资金15.3万元。承德地区列入省级科技计划31项，其中指令计划27项，争取资金79.9万元，指导计划4项；承德市列入省级科技计划16项，其中指令计划8项，争取资金16.2万元，指导计划8项。

1992年，列入省级科技计划57项，其中指令计划14项，争取科技资金总额32万元，指导计划43项。指令计划中，工业项目8项，争取资金23.5万元；农业项目3项，争取资金4万元；医药卫生2项，争取资金2.5万元；软科学项目1项，争取资金2万元。承德地区列入省级科技计划30项，其中指令计划10项，争取资金24万元，指导计划20项；承德市列入省级科技计划27项，其中指令计划4项，争取资金8万元，指导计划23项。

1993年，列入省级计划54项，其中指令计划15项，争取科技资金总额43.3万元，贷款总额100万元，指导计划39项。指令计划中，工业项目8项，争取资金16.8万元；农业项目3项，争取资金17.5万元；医药卫生项目2项，争取资金6万元；其他项目2项，争取资金3万元。承德地区列入省级科技计划项目20项，其中指令计划7项，争取资金22.5万元，指导计划13项；承德市列入省级科技计划32项，其中指令计划6项，争取资金17.8万元，指导计划26项；贷款项目1项，贷款额100万元；贷款贴息项目1项，贴息额3万元。

1994年，列入省级科技计划57项，其中指令计划19项，争取科技资金总额57万元，贷款总额867万元，指导计划38项。指令计划中，工业项目5项，争取资金20万元；农业项目7项，争取资金31万元；医药卫生项目1项，争取资金2万元；软科学项目1项，争取资金4万元；省级科技贷款5项，贷款总额867万元。

1995年，列入省级科技计划104项，其中指令计划30项，争取科技资金总额78.5万元，指导计划74项。指令计划中，工业项目6项，争取资金28万元；农业项目21项，争取资金44.5万元；医药卫生项目3项，争取资金6万元。

1996年，列入省级科技计划72项，其中指令计划30项，争取科技资金总额54万元，贷款总额5060万元，指导计划42项。指令计划中，工业项目10项，争取资金28万元；农业项目8项，争取资金19万元；医药卫生项目2项，争取资金5万元；其他项目1项，争取资金2万元；省级科技贷款项目9项，贷款总额5060万元。

1997年，列入省级科技计划66项，其中指令计划44项，争取科技资金总额170万元，贷款总额6万元，指导计划22项。指令计划中，工业项目8项，争取资金57万元；农业项目24项，争取资金69万元；医药卫生项目6项，争取资金31万元；其他项目3项，争取资金13万元；贷款贴息项目3项，贷款总额6万元。

1998年，列入省级科技计划72项，其中指令计划38项，争取科技资金总额168万元，指导计划34项。指令计划中，工业项目11项，争取资金50万元；农业项目20项，争取资金83万元；医药卫生项目5项，争取资金30万元；其他项目2项，争取资金5万元。

1999年，列入省级科技计划66项，其中指令计划28项，争取科技资金总额254万元，指导计划38项。指令计划中，工业项目9项，争取资金188万元；农业项目13项，争取资金33万元；医药卫生项目4项，争取资金12万元；其他项目2项，争取资金11万元；另外，河北省补助承德市经费10万元，支持科技事业的发展。

2000年，列入省级科技计划19项，其中指令计划10项，争取科技资金总额76万元，指导计划9项。指令计划中，工业项目3项，争取资金30万元；农业项目3项，争取资金25万元；医药卫生项目4项，争取资金21万元。

2001年，列入省级科技计划42项，其中指令计划27项，争取科技资金总额201万元，指导计划15项。指令计划中，工业项目6项，争取资金 67 万元；农业项目 12 项，争取资金 73 万元；医药卫生项目 7 项，争取资金 32 万元；软科学项目 2 项，争取资金 29 万元。

2002 年，列入省级科技计划 39 项，其中指令计划 13 项，争取科技资金总额 148 万元，指导计划 26 项。指令计划中，工业项目 5 项，争取资金 94 万元；农业项目 6 项，争取资金 39 万元；医药卫生项目 1 项，争取资金 5 万元；软科学项目 1 项，争取资金 10 万元。

2003 年，列入省级科技计划 60 项，其中指令计划 11 项，争取科技资金总额 218 万元，指导计划 49 项。指令计划中，工业项目 2 项，争取资金 30 万元；农业项目 5 项，争取资金 142 万元；医药卫生项目 2 项，争取资金 16 万元；其他项目 2 项，争取资金 30 万元。

2004 年，列入省级科技计划 88 项，其中指令计划 16 项，争取科技资金总额 262 万元，指导计划 72 项。指令计划中，工业项目 3 项，争取资金 70 万元；农业项目 10 项，争取资金 116 万元；医药卫生项目 2 项，争取资金 56 万元；其他项目 1 项，争取资金 20 万元。

2005 年，列入省级科技计划 35 项，其中指令计划 12 项，争取科技资金总额 250 万元，指导计划 23 项。指令计划中，工业项目 4 项，争取资金 60 万元；农业项目 3 项，争取资金 50 万元；农业科技成果转化项目 1 项，争取资金 30 万元；医药卫生项目 3 项，争取资金 100 万元；其他项目 1 项，争取资金 10 万元。

2006 年，列入省级科技计划项 77 项，其中指令计划 21 项，争取科技资金总额 544 万元，指导计划 56 项。指令计划中，工业项目 5 项，争取资金 175 万元；农业项目 11 项，争取资金 219 万元；医药卫生项目 3 项，争取资金 90 万元；其他项目 2 项，争取资金 60 万元。

2007 年，列入省级科技计划 73 项，其中指令计划 13 项，争取科技资金总额 581 万元，指导计划 60 项。指令计划中，工业项目 4 项，争取资金 90 万元；农业项目 3 项，争取资金 130 万元；医药卫生项目 1 项，争取资金 30 万元；其他项目 5 项，争取资金 331 万元。

2008 年，列入省级科技计划 25 项，争取科技资金总额 695 万元。其中工业项目 4 项，争取资金 200 万元；农业项目 7 项，争取资金 183 万元；医药卫生项目 8 项，争取资金 260 万元；其他项目 6 项，争取资金 52 万元。

2009 年，列入省级科技计划 23 项，争取科技资金总额 1004 万元。其中工业项目 9 项，争取资金 589 万元；农业项目 8 项，争取资金 185 万元；医药卫生项目 6 项，争取资金 230 万元。

2010 年，列入省级科技计划 27 项，其中财政资助经费项目 19 项，争取科技资金总额 387 万元，自筹经费项目 8 项。财政资助经费项目中，工业项目 4 项，争取资金 194 万元；农业项目 8 项，争取资金 95 万元；医药卫生项目 6 项，争取资金 88 万元；其他项目 1 项，科技服务民生示范工程，争取资金 10 万元。

2011 年，列入省级科技计划 13 项，争取科技资金总额 390 万元。其中工业项目 3 项，争取资金 78 万元；农业项目 3 项，争取资金 70 万元；医药卫生项目 5 项，争取资金 207 万元；其他项目 2 项，争取资金 35 万元。

2012 年，列入省级科技计划 36 项，其中财政资助经费项目 18 项，争取科技资金总额 861 万元，自筹经费项目 18 项。财政资助经费项目中，工业项目 4 项，争取资金 390 万元；农业项目 6 项，争取资金 120 万元；医药卫生项目 3 项，争取资金 250 万元；其他项目 5 项，争取资金 101 万元。

2013 年，列入省级科技计划 38 项，其中财政资助经费项目 27 项，争取科技资金总额 1047 万元，自筹资金项目 11 项。财政资助经费项目中，工业项目 5 项，争取资金 395 万元；农业项目 13 项，争取资金 480 万元；医药卫生项目 4 项，争取资金 37 万元；其他项目 5 项，争取资金 135 万元。

2014年，列入省级科技计划24项，争取科技资金总额940万元。其中工业项目5项，争取资金460万元；农业项目13项，争取资金436万元；医药卫生项目4项，争取资金39万元；其他项目2项，争取资金5万元。

2015年，列入省级科技计划28项，争取科技资金总额1108万元。其中工业项目5项，争取资金330万元；农业项目18项，争取资金700万元;医药卫生项目2项，争取资金23万元;其他项目3项，争取资金55万元。

三、地区、市级科技计划项目

1989年到2015年，共列入地区、市级科技计划项目4443项，其中指令计划（财政资助经费项目）1198项，争取财政投入科技资金15298.65万元，指导计划（自筹经费项目）3245项。

1989年，列入地区、市级科技计划81项，其中指令计划65项，争取科技资金总额57.8万元,指导计划16项。指令计划中,工业项目19项，争取科技资金21.6万元；农业项目34项，争取科技资金25.95万元；医药卫生项目6项，争取科技资金5.9万元；软科学1项，争取资金0.7万元；其他项目5项，争取资金3.65万元。承德地区列入地区级科技计划项目26项，其中指令计划19项,支持资金29.3万元,指导计划7项;承德市列入市级科技计划55项，其中指令计划46项，争取资金总额28.5万元，指导计划9项。

1990年，列入地区、市级科技计划63项，其中指令计划40项，争取科技资金总额31万元，指导计划23项。指令计划中，工业项目10项，争取资金15万元；农业项目20项，争取资金10.3万元；医药卫生项目6项，争取资金1.7万元；其他项目4项，争取资金4万元。承德地区列入地区级科技计划49项，其中指令计划40项，争取科技资金31万元，指导计划9项；承德市列入指导计划14项。

1991年，列入地区、市级科技计划150项，其中指令计划117项，争取科技资金总额76.4万元，指导计划33项。指令计划中，工业项目29项，争取资金27.3万元；农业项目63项，争取资金33.7万元；医药卫生项目9项，争取资金2.6万元；软科学研究项目12项，争取资金9.9万元;其他项目4项，争取资金2.9万元。承德地区列入地区级科技计划70项，其中指令计划62项，争取科技资金42.5万元，指导计划8项；承德市列入市级科技计划80项，其中指令计划55项，争取科技资金33.9万元，指导计划25项。

1992年，列入地区、市级科技计划175项，其中指令计划123项，争取科技资金总额106.35万元，指导计划52项。指令计划中，工业项目41项，争取资金59.5万元；农业项目56项,争取资金23.05万元;医药卫生项目10项,争取资金4万元；软科学项目10项，争取资金10.3万元；其他项目6项，争取资金9.5万元。承德地区列入地区级科技计划76项，其中指令计划56项，争取科技资金68.6万元，指导计划20项；承德市列入市级科技计划99项，其中指令计划67项，争取科技资金37.75万元，指导计划32项。

1993年,列入地区级、市级科技计划206项,其中指令计划96项，争取科技资金总额81.1万元,指导计划110项。指令计划中,工业项目27项,争取资金36.1万元；农业项目50项，争取资金26.2万元；医药卫生项目5项，争取资金4.3万元；软科学项目14项，争取资金14.5万元。承德地区列入地区级科技计划项目85项，其中指令计划27项，争取科技资金27.6万元，指导计划58项;承德市列入市级科技计划项目121项,其中指令计划69项，争取科技资金53.5万元，指导计划52项。

1994年，列入市级科技计划97项，其中指令计划25项，争取科技资金总额66.7万元，指导计划72项。指令计划中，攻关计划7项，争取资金 23 万元；火炬计划 2 项，争取资金 18.7 万元；星火计划 3 项，争取资金 12 万元；推广计划 3 项，争取资金 7 万元；软科学 10 项，争取资金 6 万元。

1995 年，列入市级科技计划 87 项，其中指令计划 59 项，争取科技资金总额 81.6 万元，指导计划 28 项。指令计划中，工业项目 13 项，争取资金 25.5 万元；农业项目 34 项，争取资金 40.9 万元；医药卫生项目 2 项，争取资金 0.8 万元；其他项目 10 项，争取资金 14.4 万元。

1996 年，列入市级科技计划 78 项，其中指令计划 38 项，争取科技资金总额 79 万元，指导计划 40 项。指令计划中，工业项目 10 项，争取资金 42.5 万元；农业项目 17 项，争取资金 27.7 万元；医药卫生项目 3 项，争取资金 1.1 万元；其他项目 8 项，争取资金 7.7 万元。

1997 年，列入市级科技计划 83 项，其中指令计划 40 项，争取科技资金总额 107.4 万元，指导计划 43 项。指令计划中，工业项目 13 项，争取资金 38.2 万元；农业项目 8 项，争取资金 37.7 万元；医药卫生项目 8 项，争取资金 8.9 万元；其他项目 11 项，争取资金 22.6 万元。

1998 年，列入市级科技计划 465 项，其中指令计划 53 项，争取科技资金总额 131.5 万元，指导计划 412 项。指令计划中，工业项目 18 项，争取资金 34.5 万元；农业项目 15 项，争取资金 40.9 万元；医药卫生项目 7 项，争取资金 12.8 万元；其他项目 13 项，争取资金 43.3 万元。

1999 年，列入市级科技计划 120 项，其中指令计划 56 项，争取科技资金总额 134 万元，指导计划 64 项。指令计划中，工业项目 18 项，争取资金 45 万元；农业项目 16 项，争取资金 46 万元；医药卫生项目 9 项，争取资金 8 万元；其他项目 13 项，争取资金 35 万元。

2000 年，列入市级科技计划 38 项，争取科技资金总额 150 万元。指令计划中，工业项目 9 项，争取资金 35.5 万元；农业项目 13 项，争取资金 56 万元；医药卫生项目 7 项，争取资金 3.5 万元；其他项目 9 项，资金 55 万元。

2001 年，列入市级科技计划 86 项，其中指令计划 26 项，争取科技资金总额 127 万元，指导计划 60 项。指令计划中，工业项目 3 项，争取资金 21 万元；农业项目 7 项，争取资金 48 万元；医药卫生项目 11 项，争取资金 3 万元；软科学研究项目 5 项，争取资金 55 万元。

2002 年，列入市级科技计划 65 项，其中指令计划 20 项，争取科技资金总额 160 万元，指导计划 45 项。指令计划中，工业项目 2 项，争取资金 32 万元；农业项目 2 项，争取资金 32 万元；医药卫生项目 10 项，争取资金 33.3 万元；软科学研究项目 6 项，争取资金 62.7 万元。

2003 年，列入市级指导计划 75 项。

2004 年，列入市级科技计划 123 项，其中指令计划 45 项，争取科技资金总额 222.1 万元，指导计划 78 项。

2005 年，列入市级科技计划 201 项，其中指令计划 45 项，争取科技资金总额 306.2 万元，指导计划 156 项。指令计划中，工业项目 8 项，争取资金 135 万元；农业项目 4 项，争取资金 69 万元；医药卫生项目 29 项，争取资金 34.2 万元；其他项目 4 项，争取资金 68 万元。

2006 年，列入市级科技计划 115 项，其中指令计划 24 项，争取科技资金总额 386 万元，指导计划 91 项。指令计划中，工业项目 4 项，争取资金 100 万元；农业项目 11 项，争取资金 121 万元；医药卫生项目 1 项，争取资金 15 万元；其他项目 8 项，争取资金 150 万元。

2007 年，列入市级科技计划 186 项，其中指令计划 28 项，争取科技资金总额 610 万元，指导计划 158 项。指令计划中，工业项目 5 项，争取资金 60 万元；农业项目 5 项，争取资金 105 万元；医药卫生项目 2 项，争取资金 5 万元；其他项目 16 项，争取资金 440 万元。

2008 年，列入市级科技计划 183 项，其中指令计划31项，争取科技资金总额720万元，指导计划152项。指令计划中，工业项目7项，争取资金资金130万元；农业项目10项，争取资金205万元；社会发展项目10项，争取资金300万元；其他项目4项，争取资金85万元。

2009年，列入市级科技计划268项，其中财政资助经费项目33项，争取科技资金总额1245万元，自筹经费项目235项。财政资助经费项目中，工业项目15项，争取资金685万元；农业项目9项，争取资金260万元；社会发展项目5项，争取资金190万元；软科学项目4项，落实资金110万元。

2010年，列入市级科技计划173项，其中财政资助经费项目22项，争取科技资金总额881万元，自筹经费项目151项。财政资助经费项目中，工业项目11项，争取资金481万元；农业项目6项，争取资金260万元；其他项目5项，争取资金140万元。

2011年，列入市级科技计划209项，其中财政资助经费项目31项，争取科技资金总额1925万元，自筹经费项目178项。财政资助经费项目中，工业项目13项，争取资金1150万元；农业项目8项，争取资金300万元；医药卫生项目4项，争取资金250万元；其他项目6项，争取资金225万元。

2012年，列入市级科技计划267项，其中财政资助经费项目18项，争取科技资金总额713万元，自筹经费项目249项。财政资助经费项目中，工业项目6项，争取资金330万元；农业项目8项，争取资金293万元；医药卫生项目1项，争取资金30万元；其他项目3项，争取资金60万元。

2013年，列入市级科技计划240项，其中财政资助经费项目29项，争取科技资金总额2660万元，自筹经费项目211项。财政资助经费项目中，工业项目13项，争取资金2320万元；农业项目11项，争取资金180万元；医药卫生项目2项，争取资金40万元；其他项目3项，争取资金120万元。

2014年，列入市级科技计划301项，其中财政资助经费项目46项，争取资金总额2655.5万元，自筹资金项目255项。财政资助经费项目中，工业项目23项，争取资金2225万元；农业项目17项，争取资金185万元；医药卫生项目2项，争取资金120万元；其他项目4项，争取资金125.5万元。

2015年，列入市级科技计划308项，其中财政资助经费项目50项，争取科技资金总额1585万元，自筹经费项目258项。财政资助经费项目中，工业项目18项，争取资金914万元；农业项目27项，争取资金526万元；其他项目5项，争取资金145万元。

第三节 科技成果管理

一、科技成果管理的定义

科技成果管理是指对科技成果的管理，在企业科研管理中占有十分重要的地位，科技成果是人类宝贵的财富，是推动经济建设和社会发展的必要资源，其推广和应用于社会，是科研任务的出发点和最终归宿。

二、科技成果管理的主要内容

制订科研成果管理条例和有关的规章制度，并组织实施；组织对科研成果的评价鉴定，对成果的科学价值、经济价值、社会价值、应用可能性等进行审查评议，作出恰当的评价或鉴定意见；组织科研成果的交流，促进推广应用，使应用性的科技成果尽快地发挥作用；组织科研成果的考核，对优秀成果进行鼓励和奖励；登记、汇总和上报科研成果材料，并协助有关部门建立科研成果档案；贯彻执行科学技术保密规定，保护国家科技财富。

三、科技成果管理的意义

适应科学研究规模扩大，科学技术成果数量增加的需要．科学技术活动已经由科学家的自由研究，有组织的集体研究，发展到由国家协调、组织攻关或国际性的合作研究。由于科研成果的数量越来越多，加强科技成果的收集和推广，对于推动社会、经济和科技的发展有着重要意义。

适应科学技术迅猛发展，科学技术成果利用周期缩短的需要。改革开放以来，科技成果转化为生产力，成果商品化的要求加快，尤其是药品、生物制品、医疗器械等成果转化为商品后，既为国家创造财富，又为人民健康提供新的防治手段。

科学技术成果总体可以反映一个国家或地区的科学技术发展规模和发展水平。某一项突出成果或重大成果可以从某个时期反映一个国家或地区的科学水平。

加强成果管理有利于人才的发掘和成长。有了高质量的人才，才有高水平的成果。评价科技人才的科学水平在很大程度上是通过成果来衡量的，而高质量的优秀科技人才往往以其高水平的科技成果作为一项重要标志。

科技成果管理是科研管理工作的一个重要环节。科研工作从确定计划任务、科研设计论证、研究实验，到成果鉴定、成果推广应用，是一个完整的过程。做好成果管理工作，直接影响调动科技人员的积极性，影响科研工作的效益。对科研工作的预测、科研计划的决策、课题选择等一系列科研管理活动有反馈作用。

第四节　科技成果鉴定

一、科技成果鉴定目的

科技成果鉴定是评价科技成果质量和水平的方法之一，它可以鼓励科技成果通过市场竞争，以及学术上的百家争鸣等多种方式得到评价和认可，从而推动科技成果的进步、推广和转化。

二、科技成果鉴定级别

科技成果鉴定（评审）含技术成果的鉴定和对自然理论成果的评审。1986 年 4 月国务院发布《新产品新工艺鉴定暂行办法》，规定对新产品新工艺实行技术鉴定，采取分级负责的办法，按项目重要性和涉及面大小分为国家级鉴定、省部级鉴定、市厅级鉴定和基层鉴定。国家级鉴定：凡属国家下达的项目（课题）应报国家科技部门或国家有关组织鉴定，国家科技部门统一审批，登记编号，颁发证书。省部级鉴定：凡属省下达的项目（课题）应报省科技部门或有关组织鉴定，由省科技部门统一审批，登记编号，颁发证书。市厅级鉴定：凡属地区（市）下达的项目（课题），均应报请地区（市）科技部门组织鉴定，登记编号，颁发证书。基层鉴定：凡属县（区）科技部门下达的项目，或县有关单位下达的科研项目，应由县科技部门或本单位组织鉴定，并报地区或市科技部门登记编号。

三、科技成果鉴定形式

信函鉴定：对理论性研究成果和不需现场测试的技术研究成果，采用通信鉴定的方法。其步骤是组织鉴定单位审查有关资料，根据其研究内容制定评分标准，选择国家、省、市有关专家 7～8 人，将研究报告、工作报告等材料及评分标准邮寄各位专家，规定反馈时间，汇总反馈意见，取其平均分，写出鉴定意见，然后将鉴定意见反馈各位专家，如同意即签字返回，组织鉴定单位写出最后鉴定结论。

会议鉴定：对需现场测试或必须以会议形式召开的鉴定（评审）会，其程序是首先产生鉴定委员会，通过鉴定大纲，听取技术报告、工作报告，审查全部技术文件和有关资料，评议课题方案设计是否合理，评价成果的创造性、先进性、适用性及经济上的合理性，最后由鉴定委员会提出鉴定结论意见。1987 年 10 月，根据科技成果鉴定会议鉴定形式较多，不少流于形式的状况，科委与计委联合下发《关于对科技成果推行视同鉴定法的通知》，规定凡属下列情况之一都视同鉴定结论：一是根据研究任务书或合同，经任务下达部门认定的检测单位进行技术检测出具证明的；二是在生产实践中应用半年或一年以上，证明技术成熟，经济上合理，经过技术检测，由主管部门审查合格，并出具证明的；三是经中国专利局授予专利权的发明创造，实施后取得经济效益的；四是科学理论成果在省级以上刊物上发表或在省级以上学术会上宣读获得肯定性评价并出具证明的；五是对不需要现场测试和考查，只从论文研究报告等技术资料即能提出评价意见的项目，应进行通讯鉴定。自此以后，改变过去成果鉴定，以会议鉴定为主的状况，增加检测鉴定、验收鉴定、通讯鉴定等形式。市科委于 1994 年向县（区）发通知“成立承德市第一届科技进步奖评审委员会”，负责承德市科技进步奖的评审工作，评审委员会由各主管局推荐，市科委审定。市级奖励分为科技进步一等奖、二等奖、三等奖，再从市级获奖项目中推荐到省，参加省级评审。

第五节 科技成果奖励

1989 年以来，科技部门坚持把科技创新摆在突出位置，强化组织领导，加强战略谋划，制定一系列科技创新政策措施，持续强化科技创新激励导向，激励自主创新、激发人才活力、推动科技创新主体加快成长。建立以企业为主体、市场为导向、产学研深度融合的技术创新体系，努力提高企业科技成果引进、消化、吸收和再创新能力，鼓励和引导企业不断推进科技创新和成果转移转化。承德市科技创新工作稳步向前，科技成果质量不断提高，获奖项目涉及生物医药、电子信息技术、高端装备制造等多个产业。1989 年至 2015 年共获得市级奖项 1135 项，其中科技进步一等奖 286 项，科技进步二等奖 362 项，科技进步三等奖 479 项，其他奖项 8 项。“国际级玉米杂交种子基地建设工程”获得 1995 年省长特别奖；“L006 霹雳舞运动鞋”“水泥生产线连续称重设备”获得 1993 年市级重大科技成果奖；“激光蒸凝法制备技术氧化物纳米粒子及其形成物理化学过程研究”获得 2006 年自然科学奖一等奖；“滑子菇（珍珠菇）专用杀菌剂”“金莲花保健茶”获得 2004 年科技发明三等奖；“介观系统中处旋输送的规律”“基于气溶胶散射测量时多普勒测风激光雷达速度精确校准的研究”分别获得 2012 年、2013 年自然科学三等奖。

一、承德市科技进步一等奖

1989 年获奖项目（8 项）

1. 热轧 F35MnV 非调质钢的研制开发
2. 500kN 全立式转子压铸机
3. 木竹卫生筷子机成套设备
4. 无基坑动态电子轨道衡
5. 锌肥在水稻、玉米、蔬菜等作物中大面

积应用与推广

6. 普通劳动鞋地方标准

7. 中小学教材用语的词语频度统计工程

8. 五十字元多能电脑汉字输入系统

1990 年获奖项目（7 项）

1. 微机可编程序控制器综合控制管理系统

2. 通用程控电话计费脱机处理与电信计费业务处理系统

3. 钒钛铸铁产品开发—微合金化高铬铸铁磨球

4. CJT-4 抽油节能拖动装置

5. 避暑山庄壁挂织锦

6. 山地蔬菜旱作栽培

7. 胃切除空肠代胃人工幽门术

1991 年获奖项目（7 项）

1. 高炉矿焦混装应用研究

2. YJG70 YJG 70A 液动节流管汇 YG70 YG 70 压井管汇

3. 区辖电子联行处理系统

4. L006 霹雳舞运动鞋

5. 编制承德县集体林经营方案的研究

6. 山区中低产田改造技术

7. 猫舌肌运动神经来源的研究

1992 年获奖项目（8 项）

1. CDG912202 型全挂车

2. 水泥生产线连续称量设备

3. CWJ-IL 型微型汽车前减震器

4. 氟化钡光学晶体材料研制

5. 氟化钙人工晶体研制

6. 承德地区野生观赏植物资源调查引种驯化及栽培应用研究

7. 水稻高产旱育稀植技术

8. 黄芩茎叶总黄酮对心脑血管作用的植化和药理研究

1993 年获奖项目（5 项）

1. QX25-1 井壁取芯器

2. SK 滑橇式输送机

3. 弱抗病番茄杂交制种高产技术研究

4. P 物质感觉神经与支气管哮喘

5.《承德市科学技术志》

1994 年获奖项目（5 项）

1. MYZ 全密封负荷传感器

2. 燕山山地干旱阳坡造林适用技术组配研究

3. 山樱仁蜂宝乳粉

4. 人工流产术中宫腔功能管注药代替宫颈扩张器临床应用研究

5. 酶联免疫法周围神经定性染色

1995 年获奖项目（9 项）

1. DTJ100.DTJ160 地面反向积放式输送机（省二等奖）

2. 同种带瓣胎儿主动脉跨环补片在法乐氏四联症的应用（省二等奖）

3. 脱毒微型马铃薯种薯工厂化生产工艺（省三等奖）

4. 山楂优种筛选与利用（省三等奖）

5. 重型链式输送成套设备

6. 45SiMnV Ⅳ级钢筋混凝土用热轧带肋钢筋

7. 坝上沙漠化土地整治及退化草场更新技术研究

8. 承德市孕产妇阴道内环境及其对胎儿新生儿影响的临床研究

9. 通用会计核算管理软件

1996 年获奖项目（3 项）

1. Gore-Etx 血管搭桥胫后静脉动脉化治疗下肢严重缺血症

2. 贫困山区全程督导短化间歇治疗涂阳肺结核远期效果研究

3. 心脏手术患者围术期内皮素浓度变化及临床意义

1997 年获奖项目（5 项）

1. 物流总装生产输送机系统

2. 全数字直流晶闸管调速装置研制及在承钢连轧机上的应用

3. 燕山东段北麓生态经济沟综合技术研究

4. 马铃薯施用含氯化肥的研究与推广

5. 卡铂腹腔化疗药代动力学实验与临床研究

1998 年获奖项目（6 项）

1. 胃癌术前化疗系统研究（省二等奖）

2. 春玉米亩产 850 千克 10 万亩联片高产高效优质示范（省三等奖）

3. 玉米矮化花叶病发生规律及防治技术(省三等奖)

4. 电脑控制双层停车设备

5. 水稻亩产 700 千克高产、高效、优质示范县

6. 血清 CEA 和 SIL-2R 检测对上皮来源恶性肿瘤诊断的研究

1999 年获奖项目（10 项）

1. 冀北春玉米高产示范区（省三等奖）

2. 北方香菇周年规模化生产技术（省三等奖）

3. 乳腺乳头状瘤病全乳切片观察及免疫组化检测用于乳腺癌早期诊断（省三等奖）

4. DTJ 引进反向积放式输送机

5. 23.5 ～ 25 工程机械轮胎

6. 创全国科技工作先进县（丰宁满族自治县）

7. 创全国科技工作先进县系统工程（隆化县）

8. 创全国科技工作先进县（兴隆县委、县政府、县科技局）

9. 国产 G-K 瓣膜在重症瓣膜病的临床应用

10. 子宫颈癌临床治疗免疫组化和细胞学研究

2000 年获奖项目（12 项）

1. 小型循环机械停车设备（M 型垂直循环式机械停车库）（省三等奖）

2. 承钢中宽热带生产线引进消化创新工程（省三等奖）

3. bcl-2 基因蛋白在膀胱移行细胞肿瘤中的表达及意义（省三等奖）

4. 固定性药疹和发疹性药疹免疫检测研究（省三等奖）

5. 参葛仙丹颗粒治疗非胰岛素依赖型糖尿病胰岛素抵抗及并发冠心病的临床研究（省三等奖）

6. HSZ 系列智能混水器

7. 拖拉机全纤维子午线轮胎

8. 肉牛杂交优势预测评估及其在生产中的应用

9. 肉牛养殖场统计监测系统研究

10. 北方贫水区水稻覆膜直播栽培技术研究

11. 胃癌组织中细胞凋亡与 PCNA、P16、nm23 表达的研究

12. 中间型滋养细胞和滋养细胞肿瘤的形态及其与 HPV 的关系

2001 年获奖项目（14 项）

1. 垂直升降类机械式停车设备（省三等奖）

2. 冀北糜黍品种资源收集整理及研究利用

3. 冀北冷凉区早熟系列玉米新品种选育与利用（省三等奖）

4. 脑卒中患者的结构功能障碍研究

5. 导管射频消融术对血浆 C 型利钠肽内皮素浓度影响的观察（省三等奖）

6. 腮腺切除游离面神经所致面神经及面神经核的病理变化

7. 脾内注射无水乙醇治疗脾功能亢进症的实验与临床研究（省三等奖）

8. 慢性酒中毒病人记忆和智力与脑电生理形态研究

9. 应用尿道延伸术治疗严重尿道口及舟状窝部尿道狭窄（省三等奖）

10. 菩达降糖茶治疗 2 型糖尿病的临床与实验研究

11. RU486 避孕机制的研究（省三等奖）

12. R-SK 在 AM1 早期溶栓血液流多学研究

13. 创建全国科技工作先进县

2002年获奖项目（11项）

1. 野生细鳞鱼池塘驯养及人工繁殖技术研究

2. 磁场对恶性肿瘤细胞杀伤机理及临床应用基础研究

3. 黄芩主要有效成分——黄芩苷积累规律研究（省三等奖）

4. 乳腺良性肿瘤及增生性病变早期癌变的系列研究（省三等奖）

5. 肺癌免疫组化彩色图像定量分析

6. 鼻内窥镜下应用电动切割器行腺样体切除术

7. 发疹型药疹细胞膜表面分子和细胞因子研究

8. 多病原体感染与不良妊娠关系的研究（省三等奖）

9. 麻醉剂量的丙泊酚对内隐记忆的影响

10. 北方地区燃放烟雾熏杀法灭蟑效果研究（省三等奖）

11. 公安交通信息管理系统

2003年获奖项目（8项）

1. A级、AA级生态水稻高产稳产节水综合配套栽培技术（省三等奖）

2. 波尔山羊引种繁育及试验示范技术研究（省三等奖）

3. 颈复康颗粒生产新工艺

4. 用免疫组化技术对银屑病患者皮损中NGF、SP、hTERT表达的研究

5. NGF在db/db自发性糖尿病小鼠颌下腺表达的研究

6. 人胚胎睾丸发育过程中NGF、EGF、TGFβ_1及其受体表达的研究

7. 周围神经局部缺血所至相关神经元包体变性的系列研究实验

8. 幽门螺杆菌热休克A亚单位的基因克隆表达及临床应用研究

2004年获奖项目（13项）

1. 顶底侧复吹提钒工艺的开发

2. 钒钛矿冶炼高炉大喷煤应用研究

3. 日光温室无公害高效益种植技术示范

4. 提高波尔山羊冻精品质及配种受胎率研究

5. 马铃薯精制淀粉研制与产业化开发

6. 中西医结合外治法治疗糖尿病合并阴道炎临床与实验研究

7. Bio-Oss与Bio-Gide联合植入牙槽嵴裂的临床研究

8. 益肾降浊法对大鼠脑缺血再灌致智能障碍的作用研究（省三等奖）

9. 菩人丹胶囊对糖尿病及其并发症的干预作用研究（省三等奖）

10. VEGF、bFGF在db/db自发性糖尿病小鼠视网膜病变发病机制中的作用研究（省三等奖）

11. 单宁酸 氯化铁媒染法显示大脑血管构筑和内皮细胞应力纤维的研究（省三等奖）

12. 年轻心肌梗死患者纤维蛋白原基因βG-455-A多态性研究（省三等奖）

13. 注意缺陷多动障碍儿童智力发育研究

2005年获奖项目（14项）

1. 烟煤和无烟煤混喷技术应用研究

2. 钻井液材料规范GB/T5005-2001

3. 微机控制材料试验机——热变形、维卡软化点温度测量仪

4. 长城以北地区农村户用沼气增温技术的应用研究

5. 松毛虫长效阻杀剂试验研究（省三等奖）

6. 肉绵羊引种及高效繁殖技术研究

7. 蓝氏贾第鞭毛虫基因分析、检测及动物模型研究

8. 心脏微血管、内皮细胞应力纤维的数量分布与心肌梗塞的关系（省三等奖）

9. 益肾降浊汤对小鼠脑缺血再灌后能量代谢影响的实验研究（省三等奖）

10. 愈痣膏的实验研究与临床观察

11. P-gp、P53和VEGF在肺癌组织中的表达及其临床预后意义

12. 应用共焦显微镜观察Fuch角膜内皮营养不良患者的病变形态学特征（省三等奖）

13. 动态血压曲线与缩血管激素关系的研究（省三等奖）

14. TLM对恶性肿瘤诊断价值系列研究

2006年获奖项目（13项）

1. 微量连续精密配料生产线

2. 可控隔离式电磁流量计

3. 长货架番茄越夏设施栽培技术研究

4. 冀北山区山地集雨节灌工程模式的研究与示范

5. 西门塔尔牛冻精生产及西杂牛乳肉产业技术开发（省三等奖）

6. 胸腹水培养外周血淋巴细胞的实用性研究

7. 黄芩茎叶总黄酮调血脂和抗动脉粥样硬化作用及其机制（省三等奖）

8. 急性心肌梗死延迟PCI患者血浆脑钠素浓度变化及临床意义研究

9. 金莲花野生保护与人工抚育（省三等奖）

10. 腮腺切除游离面神经所致面神经及面神经核的病理变化

11. CEAmRNA和端粒酶活性在非小细胞肺癌组织中的表达

12. ST/HR指数联合常规手段诊断再狭窄的研究（省三等奖）

13. 经桡（尺）动脉途径行急诊直接冠状动脉介入治疗急性心肌梗死的可行性研究

2007年获奖项目（13项）

1. 无基础断轨自动轨道衡

2. 冀北农区鼠害发生规律及综合治理技术研究与应用

3. 坝上风积沙路用性能的研究（省三等奖）

4. 植物氨基酸肥在生产绿色农产品上的示范应用

5. 标准化“三位一体”生态无公害养猪技术研究与示范应用

6. 粮饲兼用、优质玉米新品种承玉10选育、推广和应用

7. 细胞增殖与凋亡及相关因素对db/db自发性糖尿病小鼠生殖功能的影响

8. 网织红细胞微观流变学特性与生物物理特性研究（省三等奖）

9. 清热化滞颗粒

10. 张仲景合方理论与桂麻合方案例研究（省三等奖）

11. 金莲花露的研制与质量标准的研究

12. 补肾健脾固冲方治疗功血的临床研究

13. CT和钼靶诊断乳腺疾病价值的对照研究

2008年获奖项目（14项）

1. 高炉钒钛干渣资源化处理及其在工程中应用研究

2. 高能电子辐照减速器束下传输控制系统

3. 塌陷区尾砂干式排放工艺技术研究与工程示范

4. 冀北优质无公害苹果主要病虫害综防关键技术研究及应用

5. 农村住宅保温增温技术研究与应用

6. 提高河北细毛羊产肉性能研究

7. 黄芩茎叶总黄酮预处理对缺血再灌注心肌细胞的保护作用及其机制

8. 育龄妇女细菌性阴道病的筛检及相关危险因素的研究

9. 天年饮延缓性腺衰老的实验研究

10. 睡眠呼吸暂停低通气综合症入户调查及发病因素研究

11. 持续性ST-T改变临床意义的研究

12. 集菌涂片一步法检测脑脊液抗酸杆菌的研究

13. 脑血管狭窄支架植入术后短期内在狭窄的病因研究

14. 大鼠胃黏膜中ANP合成细胞的定位及ANP对5-HT分泌的影响

2009年获奖项目（14项）

1. 小型轧机生产大规格棒材技术研究与应用

2. 多功能膨胀珍珠岩吸声板研制

3. HRB500钢筋产品研制开发

4. 优质马铃薯规范化生产研究与推广

5. 承德风沙区桑树生态林建设及桑叶饲喂畜禽技术（省三等奖）

6. 高抗矮花叶病毒玉米新品种承玉15选育及推广（省三等奖）

7. 新特优蔬菜新品种引进应用及奥运蔬菜标准化生产基地建设

8. 膜联蛋白A5在宫颈癌发生发展中的作用及其分子机制研究

9. 莱姆病宿主动物与媒介分子生物学研究

10. Survivin和CD105在肺癌组织中的表达及其临床意义

11. 痤疮与性激素和雌激素受体关系及浸润淋巴细胞分类的研究

12. MenPs-EA偶联物的制备及其在荚膜多糖抗体检测中的应用

13. 黄芩茎叶黄酮抗痴呆药效学研究（省二等奖）

14. 腰痛宁胶囊全过程多途径质量控制新技术及应用（省三等奖）

2010年获奖项目（13项）

1. 转炉生产齿轮的研究与开发

2. 塑料摆锤冲击试验机的性能研究

3. 冀北山区日光温室无公害蔬菜生产良好操作规范研究与推广

4. 承德市规模猪场母猪繁殖障碍主导性病原分析及综合防治研究

5. 高产优质玉米新品种长城799选育及推广

6. 岛叶在颞叶癫痫中作用及其机制探讨

7. t(8;21)急性白血病诱导分化和凋亡的分子学机制

8. 何首乌饮对D-半乳糖所致衰老大鼠下颌下腺组织形态学改变的影响

9. 反复发作分泌性中耳炎患儿腺样体组织及外周血cd4+，cd8+细胞分布

10. 生黄合剂抗柯萨奇病毒性心肌炎的实验研究（省三等奖）

11. 电磁辐射对突触可塑性影响的分子机制及防护

12. 先经尿道切除膀胱壁段输尿管的肾切除治疗肾盂癌

13. 承德市环境应急监控指挥中心系统

2011年获奖项目（15项）

1. 含钒铁水钒元素在炼钢工序综合回收技术的创新与应用

2. 万吨级全系列钒铁生产工艺设计与创新

3. 纯橄岩生产白炭黑的方法研究

4. 萤石选矿废水深度净化及循环利用技术

5. 极早熟多用途玉米杂交种承单22号选育与应用

6. 桑叶提高畜禽生产性能及产业化开发技术研究

7. 保健型药用蔬菜及越冬蔬菜关键技术开发与应用——药用蔬菜及越冬蔬菜关键技术开发与应用

8. 河北道地中药材产业体系建设示范研究

9. CO_2缓释富氧秸秆发酵技术示范与推广

10. 血管紧张素Ⅲ型受体与心脏肥大的分子生物学机制相关性研究

11. 高脂喂养和罗格列酮干预对老年大鼠骨骼肌脂代谢影响及机制的探讨

12. 左甲状腺激素对干扰素引起慢性丙型肝炎患者抑郁症的影响

13. 黄芩茎叶总黄酮对大鼠心肌缺血／再灌注时心肌细胞凋亡及凋亡相关基因表达影响的研究

14. 介入治疗对老年急性ST段抬高性心肌

梗死预后的影响

15. 腕部挠神经浅支的临床解剖学研究

2012 年获奖项目（16 项）

1. 山区通村公路建设资源与技术标准优化研究

2. 高强抗震钢筋系列产品研究开发

3. 生物农药引进与推广应用研究

4. 燕山山地绿色果品生产技术集成开发

5. 食用菌有害生物绿色防控关键技术研究及应用

6. 承德市奶牛高效繁殖及产业化技术开发研究

7. 治疗风湿骨病系列药物深度开发（省三等奖）

8. 丝胶降血糖及保护糖尿病并发多脏器损伤的研究

9. 针刺治疗中风的疗效评价研究

10. 菩人丹超微粉对糖尿病视网膜病变的保护作用

11. 缺血性神经病的系列研究（省三等奖）

12. 混合串联支架术对冠状动脉多支病变患者临床结果的影响

13. 耐温抗盐型聚丙烯酰胺的合成与表征

14. 何首乌饮对 Rb/P53 细胞转导通路相关基因蛋白表达的影响

15. 肝硬化患者外周血 CD14+CD16+ 单核细胞表型与功能的研究

16. 肝纤维化模型的构建及中药强肝溶纤汤对肝纤维化防治作用的实验研究（省三等奖）

2013 年获奖项目（14 项）

1. 钒生产工艺优化及技术集成创新（省二等奖）

2. 利用含钒铁水直接合金化的应用研究

3. 耐久型沥青路面技术体系研究及应用（省三等奖）

4. 基于山区通行车辆特性的安保工程应用研究

5. 山杏叶绿色无公害饲料添加剂的研究及应用

6. 优质高产谷子品种承谷 13 号

7. 日光温室建造技术标准及配套绿色栽培技术示范研究

8. 承德市畜禽养殖业的污染防治与环境管理技术研究

9. 肺癌患者血清及黑素瘤细胞导致免疫沉默及灵芝多糖的拮抗作用（省三等奖）

10. 承德道地中药材质量标准研究

11. 院内分层次模拟情景心肺复苏培训模式及效果研究

12. 组蛋白乙酰化对白血病细胞增殖和分化的影响（省三等奖）

13. 补阳还五汤对脑缺血再灌注损伤后微循环变化作用的研究（省三等奖）

14. 血清标志物联合彩色多普勒超声在异位妊娠早期诊断中价值的研究

2014 年获奖项目（14 项）

1. 基于元素强化差异性的低成本炼钢工艺开发与应用

2. 提钒尾渣资源化及高值化利用（省二等奖）

3. 钒钛生产基础设备大型回转窑自动控制技术的开发与效能优化（省三等奖）

4. 东北民猪的引种繁育及生态养猪技术示范与推广

5. 三步法纯化分级菊苣中菊粉系列产品与果糖工艺技术研究

6. 山区抗逆玉米新品种承单 20 号选育与推广

7. 优良水稻新品种及绿色防控新技术开发与推广

8. 潮白河流域（承德段）氮污染源解释及其流域环境承载研究

9. 绿色荧光鼠介导的肢体移植后嵌合体的变化和免疫宽容关系

10. 口腔、咽喉恶性肿瘤的临床研究

PTTG 和 bFGF 在喉鳞癌组织中的表达及其相关性研究

环氧化合酶 -2、β - 连环蛋白及 Survivin 在舌癌中的表达及相关性的研究

11. 呼吸、血液系统疾病的临床研究

甲型 H1N1 流感肺炎危险因素的病例对照研究和免疫血浆临床疗效的队列研究

As_2O_3 联合 VPA 对 NB4 细胞血管新生的影响及其机制探讨（省三等奖）

12. 素馨花环烯醚萜苷类化学成分及其代谢产物抗 HBV 作用的研究

13. 吸烟状况对急性心肌梗死溶栓前后 CRP、TNF-α、IL-1、IL-10 表达的影响

14. 道地中药的研究与应用

赤雹根总皂苷对类风湿性关节炎的治疗作用及机制研究

灯盏花素对大鼠心肌缺血再灌注 JAK/STAT 通路作用研究

2015 年获奖项目（15 项）

1. 自蔓延燃烧合成氮化钒铁技术及其产业化

2. 含铬型钒钛磁铁矿高炉冶炼关键技术开发（省三等奖）

3. 科研 / 检测机构污水治理技术研究及工艺系统开发

4. 河北省北部山区坡地水土资源协调利用技术研究

5. 冀北山区抗逆玉米新品种方玉 46 选育与推广

6. 养殖新技术在畜牧业生产中的研究与应用

无公害生猪综合生产配套技术研究及产业化开发

规模化奶牛场（小区）消毒技术研究与示范

7. 瘠旱山地山楂矮密优质丰产栽培技术研究

8. 外周血生存素的表达与胃 . 结肠癌生物学行为相关性研究

9. 针刺治疗脑中风的临床应用及效果评价（省三等奖）

10. 老年急性冠脉综合征的介入诊疗特征及对预后的影响

11. 黄芩茎叶总黄酮预处理对缺血损伤大脑微血管和神经元的预防保护作用

12. 预维护智能诊断专家系统的研究与推广应用

13. 不同年代肾结核发病率、并发症和治疗方法的比较研究

14. 丝胶对 2 型糖尿病并发神经病变的保护作用

15. 急性冠脉综合征患者 PCI 术前后血清中 VEGF 浓度变化的研究

二、承德市科技进步二等奖

1989 年获奖项目（11 项）

1. 自行式单轨氧化铝加料车

2. 推广锅炉节能技术，发展生产，节省能源，减轻污染

3. 挖孔扩底桩基设计施工

4. TYH 系列远红外烘干炉

5. QXR-01 型自动多路润滑装置

6. CD-2 系列高保真立体声多用电声乐器音响放大器

7. 化纤（丙纶）黄麻簇绒地毯

8. 拉舍尔提花袜

9. 医院大输液针剂生产流水线及质检一体化系统

10. 水稻模式化栽培

11. 日光温室春番茄早熟丰产栽培

1990 年获奖项目（14 项）

1. WTJ6 积放式悬挂输送机

2. GJW- Ⅱ型胶乳高速机械稳定性测定仪

3. HST-1 型高压断路器开断电流记录装置

4. 军品热熔粘结涤纶絮片

5. 新型贝氏体球墨铸铁磨球

6. 20MnSi 冷轧带钢

7. 冷拔方形、矩形无缝异型钢管

8. 涤美绸

9. 纺织染色废水净化及回收技术研究

10. 承德水滦河流域水资源规划

11. 冬季塑料暖棚养猪技术

12. 落叶松种和种源选择研究

13. 直肠癌根治术中会阴部人工肛门的疗效观察

14. 烤瓷和铸造新技术在口腔修复中的应用

1991 年获奖项目（12 项）

1. GMS 高速埋刮板输送机

2. CDG9640D 型 50 吨低平板半挂车

3. JSm-8 系列时间继电器

4. 燃料重油在橡胶加工中的应用

5. XS- 甲板鞋

6. 油松种子园的建立与经营管理技术的研究

7. 华北落叶松种子园的建立与经营管理技术的研究

8. 承德市环境保护补助资金使用效益分析

9. 承德市风景区山地阳坡（N90°）生境评价及植被的恢复途径

10. 水稻新品种（系）比较试验

11. “天桥山”牌蛋鸡系列配合饲料

12. 中成药生产中的乙醇气体灭菌法

1992 年获奖项目（13 项）

1. 矿用高强度圆环链用钢 23MnV 的研制

2. 承钢钒钛型高碱度烧结矿的研制

3. 阶梯及诱导辊道应用研究技术

4. PLZ 系列电视字幕叠加系统

5. 冀东北山区万亩春玉米杂交制种优质高产技术

6. 水稻壮秧稀植技术研究与推广

7. 冀东北山区苹果乔砧矮化密植早果早丰配套技术研究

8. 冬季塑料暖棚饲养畜禽配套技术推广

9. 生长育肥猪复合促长素

10. 山羊正鞋面革

11. 承德市大气监测优化布点方案的研究

12. 乳突根治术腔真皮移植术

13. “清血搜毒丸”治疗淋病的临床研究

1993 年获奖项目（9 项）

1. 油田输油管线发、收球装置

2. YCCH 系列电机机座、端盖低压铸造工艺及设备研制

3. LJ-1150 型磁控溅射离子镀膜剂

4. WTJ3 积放式悬挂输送机

5. 微机控制 125kg 积放推式悬挂输送机

6. 日本落叶松全光喷雾嫩枝杆插育苗技术开发研究

7. 高效节能日光温室及冬季黄瓜栽培

8. 人间脑内部微血管构筑——组织化学显示法研究

9. 承德市区域卫生规划实施的研究

1994 年获奖项目（10 项）

1. SNP 型变压器

2. TGS532 埋刮板输送机

3. 色织标志领带绸

4. 多菌种酿酒新工艺

5. 十万亩玉米“四合一”栽培模式技术开发

6.《承德市环境质量报告书（1986—1990 年度）》

7. 金莲花冲剂

8. 中西医结合治疗气滞血淤型不孕症的临床研究

9. 甘露醇和中药排气汤防止腹部术后肠粘连梗阻

10. “锥颅血肿抽、碎吸术”治疗高血压脑出血

1995 年获奖项目（8 项）

1. 清产核资信息处理系统（省三等奖）

2. QHC190 高效节能单筒冷却机

3. 油母页岩代替黏土和部分白煤产生水泥

4. 承德地下水水质调查评价

5. 大豆新品种冀承豆三号的选育

6. 牙种植技术的临床研究

7. 金黄丸治疗胆囊炎病的临床研究

8. 愈风宁心冲剂的研制

1996 年获奖项目（9 项）

1. ATJ150 地面积放拖链输送机

2. 20 吨炼钢转炉倾动和氧枪升降交流变频调速系统

3. 钢渣处理及应用

4. 细胞工程在大豆育种上的应用技术研究

5. 燕山东段半干旱区农业生态优化综合经济技术研究

6. 粉砂地层打井防涌砂防淤堵综合措施试验研究

7. 市区园林病虫害及天敌普查和防治研究

8. CT 定位立体定向手术治疗颅内疾患

9. 复方葛根粉治疗大块软组织缺损及骨外露

1997 年获奖项目（7 项）

1. 输送机 CAD 网络系统

2. 磁团聚工艺推广

3. 玉米姊妹交种的引进、鉴定与改良及制种应用

4. 落叶松伐根萌生新株成林技术研究

5. 引进吸收日本红富士栽培技术及劣质苹果品种改接红富士技术

6. 野罂粟生物碱单体分离、结构改造及镇咳平喘活性研究

7. 心脏直视手术再灌血浆、心肌组织氧自由基及超微结构改变观察

1998 年获奖项目（6 项）

1. 全泥氰化提金尾矿水电解处理闭路循环工艺技术研究与应用

2. 直筒式回转窑

3. 五级旋风预热器

4. SDBF 型链斗输送机

5. 山区公路小桥涵 CAD 系统

6. 白砂密系列制剂治疗肛门湿疹临床研究

1999 年获奖项目（8 项）

1. 冀北山地三倍体山羊引种及栽培试验研究

2. 松毛虫脊茧蜂对油松毛虫自然控制效用研究

3. 承校 87-1 谷子新品种选育及推广

4. 玉米粗缩病发生规律及防治技术

5. 非小细胞肺癌组织与血液中 T 淋巴细胞亚群的对比研究

6. CT 引导内置入放射性核元素治疗脑瘤的研究

7. 中药除痫丸治疗癫痫的临床研究

8. 对贫困山区小学进行碘缺乏病意识教育模式研究

2000 年获奖项目（22 项）

1. 电动自行小车式输送机（省三等奖）

2. 玉米弯孢菌叶斑病发生规律及防治技术（省三等奖）

3. 股四头肌及髌骨关节临床解剖学研究（省三等奖）

4. 400MPa 新Ⅲ级螺纹钢筋——20MnSiV

5. 2.0mm 热轧中宽薄带钢

6. 消除高速公路护栏板“横折”缺陷新技术研究及应用

7. 早熟抗病高产玉米新品种承单 14 号选育

8. “牛皮蝇防治示范县”项目

9. 河北省承德市城市地下水资源综合研究

10. 滋水镇心饮治疗心律失常的临床研究

11. 承德市全死因调查研究

12. 中药鼻窦灵胶囊治疗慢性鼻窦炎的临床研究

13. 女性膀胱颈部梗塞的诊断与治疗

14. 体外循环心脏直视手术眼压变化的临床研究

15. LAM-I8G 检测对结核性胸腹膜炎的诊断价值

16. 肱骨外上髁炎的系列研究

17. 骨痂散治疗骨折临床 X 线研究

18. 中药抗炎通管汤为主治疗输卵管阻塞性不孕症临床研究

19. 胎儿脐带绕颈的 B 超诊断与胎先露入盆骨的关系的研究

20. 液氮冷冻术治疗超短型巨结肠的研究

21. He-Ne 激光照射加药物注射治疗颈椎病

22. 中药牵茴胶囊对全胃肠运动作用的开发研究

2001 年获奖项目（15 项）

1. WFJ3 封闭轨积放式输送机（省三等奖）

2. 压力蒸汽灭菌效果指示胶带

3. 高产承玉 4 玉米新品种选育、推广和应用

4. 承德接坝区农林牧持续发展及其产品深加工技术研究

5. 电镜下人胎盘滋养细胞的凋亡形态及 DNA 缺口末端标记（省三等奖）

6. 急性心肌梗死患者血浆 C 型利钠肽内皮素浓度变化及临床意义研究

7. 肋骨肌瓣环替代气管和肋骨、骨膜肌瓣气管、食管成型的系列实验研究（省三等奖）

8. SIL-2R 测定对肺结核、肺癌临床诊断的研究

9. 柏倍洗剂治疗肛肠疾病的临床与实验研究

10. 淋比消浓缩颗粒抗泌尿系感染临床研究

11. 抗结肠炎胶囊治疗慢性非特异性溃疡性结肠炎的研究

12. 白血病骨髓细胞低密度脂蛋白受体实验与临床研究

13. 小儿包皮环套机械手术应用研究

14. 软坚消膨汤治疗肝硬化腹水的临床研究

15. 上颌窦纵切口经唇龈沟填塞术腔止血研究

2002 年获奖项目（11 项）

1. 造纸废水的处置及循环利用

2. 鲁梅克斯牧草饲养猪、牛、羊实验研究及贮存加工利用技术研究

3. 蔬菜工厂化育苗技术示范

4. 应用聚合酶链反应对心血管疾病患者血清肺炎衣原体 DNA 检测及意义

5. VEGF 在 db/db 自发性糖尿病小鼠颌下腺表达的研究

6. 水囊肛管防治直肠吻合口瘘等并发症的临床研究

7. 静注 50% 葡萄糖溶液治疗急性皮炎湿疹时血浆渗透压变化的观察

8. 复合皮修复烧伤晚期创面对功能恢复的研究

9. 单宁酸—金属盐联用媒染微血管的研究（省三等奖）

10. 活血通腑胶囊对慢性肾功能不全氮质血症临床干预

11. 替环滴耳剂的研制及临床应用

2003 年获奖项目（11 项）

1. 系列玻璃电熔炉

2. 雾灵山地区野生樱花微体快繁与资源保护

3. “三位一体”沼气综合利用技术

4. 承德市陆生脊椎动物的研究

5. AgNOR 和染色体检查在胸腔积液诊断中的应用

6. TLL 联合 IL-2、IL-4 局部过继免疫治疗膀胱癌的实验研究

7. 具有血管紧张素 II 受体拮抗活性的异喹啉衍生物的合成

8. 临床疑难病变的超微病理学诊断及部分病例免疫组化、分子病理学对比诊断研究

9. 慢性非传染性疾病防治管理系统

10. 耳蜗电图对梅尼埃病诊断的临床研究

11. 髌骨骨折空心拉力螺钉组合张力带固定的实验研究及临床应用

2004 年获奖项目（17 项）

1. 高温空气燃烧技术在中宽带钢加热炉上的应用研究

2. 板坯连铸机双浇高效化工艺研究及应用

3. 高抗玉米矮花叶病新品种承玉 5 的选育、推广与应用

4. 高吸水树脂在农业上的应用示范

5. 库区飞蝗生态综合治理技术

6. 头皮复合移植修复烧伤整形创面临床研究

7. 应用 QCT 探索骨质疏松症诊断及分级诊断标准

8. ER、PR 及 P- 糖蛋白在肺癌肿的表达及其临床意义的研究

9. 皮肤血管炎血小板活化和内皮细胞损伤研究（省三等奖）

10. 地塞米松诱导细胞凋亡治疗急性坏死病胰腺炎的实验研究

11. 四角圈簧根帽附着体在可摘义齿修复中的应用

12. 心电图 V7V8V9 导联 Q 波正常值的研究

13. 老龄大鼠嗅球形态和功能变化及其与嗅觉障碍的关系

14. 抗炎解热镇痛新药——黄芩茎叶总黄酮的研究

15. 高危型 HPV 感染的尖锐湿疣潜在恶变倾向的研究

16. 新生儿死因分析与干预措施研究

17. 抗癌中药莱利康颗粒药效学研究

2005 年获奖项目（14 项）

1. 回转窑提钒“单位”产能翻倍工业技术

2. 低热值煤和高炉煤气混燃扩容研究

3. 轴类零件极值尺寸主动测量仪

4. 木兰一号选育

5. 2BXSM-1D 型马铃薯多功能播种机及抗旱高效配套栽培技术开发

6. 神经根型颈椎病解剖因素研究（省三等奖）

7. 阿西美辛固体分散体的研究

8. 缬沙坦治疗高血压性蛋白尿的研究

9. 分泌性中耳炎患儿腺样体中 CD45Ro、CD20、PCNA、BCL-2 的研究

10. 承德市农村生活饮用水卫生及水性疾病研究

11. 中药活血化瘀，清热散结加雾化吸入治疗结节性声带炎的临床研究

12. 子宫全切阴道延长术

13. 中药加小剂量化疗治疗晚期恶性肿瘤技术临床应用研究

14. 承钢企业资源计划系统

2006 年获奖项目（16 项）

1. 超声波含气检测仪的研制（省三等奖）

2. 超大超重罐体类货物运输设施的研究

3. 抽油管电磁无损探伤装置

4. A 级绿色食物苹果系列标准

5. 生态水稻高产高效生产技术集成化研究

6. 猪胸膜肺炎放线杆菌病防治技术研究

7. 野罂粟生物碱镇痛作用及其机制研究（省三等奖）

8. 脐血库建立钓研究

9. 格子状角膜营养不良患者 BIGH3 基因突变的研究（省三等奖）

10. 心脑血管系统中药注射液临床配伍分析研究

11. 公众救助人员院外急救普及培训的研究

12. 肺癌中抑癌基因 PTEN 和 VEGF 表达及临床意义的研究

13. ECFR、p53 在 db / db 自发性糖尿病小鼠颌下腺的表达

14. 中药“AC 胶囊”加化疗治疗中晚期恶性肿瘤临床应用研究

15. 早期亚低温对家兔持续性心肌梗死影响的研究

16. 三磷酸胞苷二钠促进局灶性脑缺血大鼠突触重塑研究（省三等奖）

2007 年获奖项目（18 项）

1. 围多公路软土地基处治方案研究
2. 铝电解槽自动计量系统
3. 磁电涡街流量计
4. 万亩无公害时差蔬菜标准化综合配套技术开发与示范
5. 马铃薯优质高效测土配方施肥技术研究与应用
6. 优种绒山羊繁育及舍饲配套技术研究
7. 滑子菇、双孢菇、香菇速冻加工技术及设备研究与示范
8. 国审高产多抗广适应性新品种“冀黍 1 号”的选育与应用
9. 玉米新品种佳禾 5 号研发与生产应用
10. 肝纤维化形成过程中形态学与血清 HA、LN、IV 型胶原相关性的实验研究
11. COX-2 和 VEGF 在乳腺癌中的表达及临床意义
12. 相对穴及临床应用（省三等奖）
13. LN-R、VEGF、MVD 在胃腺癌中的表达及意义
14. 翼外肌、翼内肌痉挛及钙离子导入治疗翼外肌痉挛的肌电研究
15. 妊娠滋养细胞肿瘤中 E-cadherin、p53 和细胞增殖的研究
16. 孕妇死亡现状与对策研究
17. 急性肺栓塞导管介入治疗临床研究
18. 经伤椎椎弓根内固定治疗胸腰椎爆裂性骨折

2008 年获奖项目（17 项）

1. 桥面水泥混凝土铺装层力学分析及实验研究
2. 便携式发动机不解体故障检测仪的研制
3. 负载钛酸酯催化剂的制备机器在高沸点酯合成中的作用研究
4. 50mmHRB400 钢筋新产品研制开发
5. “早大白”优质专用型马铃薯种薯研究与应用
6. 优良园林植物和野生景观植物引种、驯化及应用研究
7. 开发利用冷水资源养鱼技术研究与示范
8. 益生康对肉鸡营养代谢与免疫功能调控作用的研究
9. 大肠癌中微血管形成、MMP-7、TIMP-1、VEGF 及其受体表达的意义
10. 口腔溃疡胶浆的临床研究
11. 双斜位 X 线片显示股骨距的基础与临床研究
12. 磁共振弥散成像和血管成像在急性脑梗死诊断中的对应表现及价值的研究
13. DNA 修复基因多态与食管癌风险、分期及淋巴结转移的相关性
14. 组合针法对躯体性亚健康状态干预作用的研究
15. 承德市公共场所实行卫生监督管理量化分级研究
16. 夏连杞贞胶囊治疗 CAG 癌前病变胃阴亏损型临床研究
17. 骨外固定器的临床应用研究

2009 年获奖项目（18 项）

1. 山区公路填方土石混填路基夯实技术研究
2. 智能化运输和集散控制系统
3. 鲜食枣新品种“月光”引进及开发
4. 隆化县养牛产业技术开发研究
5. 应用 3S 技术检测草原资源与草畜平衡技术试验示范
6. 人股骨头 BMD 与生物力学及股超微结构相关性研究
7. 萃取精馏法分离醋酸 / 水的研究

8. 褐藻多糖硫酸酯的提取与应用的研究

9. 放疗诱导体外培养人肝癌细胞凋亡的研究

10. 投入式虚拟现实系统中视觉仿真技术的研究

11. DNA 异倍体和端粒酶活性联合试验诊断恶性胸水

12. 补肾调冲中药治疗卵巢早衰的临床与实验研究

13. 降阡酶对外周动脉闭塞和静脉血栓性疾病治疗的研究

14. 心肺复苏后多脏器功能障碍综合征 24 小时内左室功能变化

15. 承德市区妇女生殖系统支原体感染的调查分析及干预措施的研究

16. Avellino 角膜营养不良在共焦显微镜下的形态学特征学特征

17. 基质金属蛋白酶 -2、VEGF 在血管瘤不同分期中的表达

18. 耻骨上经膀胱前列腺摘除术后止血方法的研究

2010 年获奖项目（15 项）

1. 150 吨转炉一次除尘设计改进

2. 表面工程技术制造石油钻井泵陶瓷缸套

3. 两步法精炼技术生产钒铝合金

4. 错季双孢菇高产栽培技术研究与应用

5. 提高牛奶生产水平综合配套技术示范与推广项目

6. 富硒山楂生产技术规程

7. 测土施肥专家咨询系统研究与应用

8. 贫困山区巨大儿相关因素与干预措施的研究

9. 治疗溃疡性结肠炎中药——结肠康的研究

10. 补肾壮督通络法治疗腰椎间盘突出症的临床研究

11. 胃癌及癌前病变生物学行为及相关性研究

12. 尸检病例肺水肿病理形态学与 ET-1、TNF-a 和 SP-B 表达的研究

13. 血管内皮生长因子基因多态性与非霍奇金淋巴瘤的关联研究

14. 热河黄芩产业化技术开发

15. 山楂叶总黄酮对高脂饮食所致大鼠血管功能损伤的保护作用及 PON1 的关系的研究

2011 年获奖项目（16 项）

1. 液压组合式重型半挂车的研发

2. 基于 PLC 的无功补偿控制系统

3. 37Mn5 钢用途拓展技术工艺研究

4. 提高 3#、4# 回转窑一次渣焙烧转化率的研究

5. 土壤信息系统研发与应用

6. 冀北优质油葵高产栽培技术开发与集成

7. 承德市绿色香菇标准化生产栽培技术集成应用

8. 农村废弃物循环利用技术应用模式研究

9. 药用植物的开发及在旅游城市生态环境中优化配植的研究

10. 熄风通络化瘀汤对高血压病及其他危险因素干预

11. 再改良彼罗果夫截肢术修复前足缺损

12. 吸烟对健康人群肺功能及 IL-8、TNF-α 影响的研究

13. 周剂量紫杉醇同步后程加速超分割放疗治疗食管癌的临床研究

14. 检测、检验技术的研究与应用

64 排螺旋 CT 冠状动脉彩色编码技术对动脉粥样硬化斑块性质的研究

肝素抗凝血浆对乳酸脱氢酶活力测定的影响

15. 满药赤雹果抗炎镇痛活性及有效成分研究（省三等奖）

16. 基于 CAN 总线技术的射频卡水控系统（省三等奖）

2012 年获奖项目（15 项）

1. 中密度纤维板废水处理技术的研究

2. 转炉“双联法”冶炼含钒铁水的工艺创新

3. 4 万吨级 LBFG 玻纤窑炉电助熔自动控制系统研究

4. 山区重交通抗车辙路面结构与材料一体化研究（省三等奖）

5. 冀北春玉米病虫害综防增产技术开发与集成

6. 分离提取沙棘果油的方法

7. 日光温室根结线虫综合防治技术开发与应用

8. 燕山精品国光苹果绿色标准化生产技术开发与示范

9. 规模化连作菜地健康生态施肥技术及应用

10. 承德市耕地地力评价及施肥对策研究与应用

11. 强制性使用运动疗法治疗脑损伤偏瘫患者的功能影像学评价

12. 流行病学的调查与研究

公众及医护人员的脑卒中早期康复治疗 KAP 现状与干预对策研究

妊娠期糖尿病母婴危害与干预措施研究

13. 中西医结合治疗消化系统疾病的临床研究

肝欣饮治疗慢性乙型肝炎肝纤维化的临床研究

调强放射治疗联合周剂量紫杉醇治疗食管癌的临床研究

14. 上颌第二磨牙形态学研究

15. 关节镜下 Inlay 法重建膝后交叉韧带的临床研究

2013 年获奖项目（17 项）

1. 半钢炼钢中残余元素的控制与开发应用

2. 自动控制技术的研究与应用

FCC 汽油醚化评价自动控制的研究

出铝定量控制技术的研究

3. 高强度钢绞线用钢研究与开发

4. 畜牧兽医技术的研究与应用

生态有机猪标准化生产研究与示范项目

琼扩抗原简易制备法

5. 提取、加工技术在生产中的应用

从滑子菇中提取多糖和核酸的工艺研究

一种天然有机沙棘果酸及其加工方法

6. 玉米新品种的引育与推广

高抗丝黑穗病的高产、优质玉米新品种“承玉 358”的研究与开发

宽诚 60

7. 农林新品种的引进与推广

果树新品种引进及优质高效综合生产技术集成示范

优良大豆新品种引进及推广应用

8. 水保、水文技术的研究与应用

冀北山区强风化岩坡面水土流失治理技术研究

承德市山洪灾害水文预警研究

9. 农残生物降解技术在生产高端农产品中的应用

10. 纤维桩固位力影响的实验研究

11. 灵芝多糖拮抗肿瘤患者血清和肿瘤细胞上清对单核巨噬细胞免疫抑制作用研究

12. 肿瘤疾病的诊断与治疗

厄罗替尼联合 SurvivinsiRNA 对人肺腺癌细胞 A549 增殖的影响

AFP 联合人肝癌抗原等检测在原发性肝癌诊断中的价值

13. 道地中药材黄芩的研究

黄芩茎叶总黄酮对大鼠心肌缺血再灌注 JAK/STAT 通路的作用研究

黄芩茎叶总黄酮对 Aβ 致大鼠学习记忆损伤的影响及机制研究

14. 颅脑疾病的临床治疗与护理

双侧脑室外引流并腰穿置管治疗全脑室系统出血铸型

循证护理在颅内动脉瘤术前术后护理中的应用研究

高压氧治疗重型颅脑损伤的临床、BEAM、CT的观察

15. 噻托溴铵粉吸入剂对稳定期COPD患者夜间低氧的临床疗效研究

16. 心血管疾病的临床诊断治疗

非瓣膜性心房颤动患者血清纤维蛋白原、C-反应蛋白水平的变化和临床意义及阿司匹林的影响

多层螺旋CT静脉造影术对下肢深静脉血栓的诊断技术研究

17. 骨科疾病的临床诊断与治疗

髓腔内自体骨支撑并外固定支架治疗粉碎骨折的临床研究

低增生性骨髓增生异常综合征的实验诊断研究

2014年获奖项目（16项）

1. 粉末冶金连杆材料及裂解加工技术研究

2. 特殊钢的研究与开发

高端钎具用钢的生产技术研究与开发

含铬型钒钛磁铁矿高炉冶炼关键技术开发

高压锅炉管用钢的研究与开发

3. 高效丰产关键技术在农业、林果业生产中的研究与应用

京东板栗优质高效关键技术体系研究与应用

冀北山区反季节胡萝卜高效技术集成与推广

脱毒马铃薯节水与丰产栽培技术研究与应用

4. 计算机技术在现代农业中的研究应用

潮白河流域土壤有效磷空间分布特征及施肥对策研究与应用

农药监管操作系统研究与应用

5. 农业新品种的选育、引进及相关技术的研究与应用

草莓新品种引进及配套技术研究

和玉1号玉米新品种的选育及应用

优质滑菇“早生2号”食用菌品种选育

无公害反季滑子菇生产技术规程

6. 花椒生物碱的提取及其抗微生物、抗氧化作用研究

7. 瘠旱山地林果业综合技术研究

瘠旱山地核桃高接换优综合配套技术研究

瘠旱山地聚流节水植被恢复技术研究

8. 恶性肿瘤的临床研究与治疗

超低位吻合保肛术治疗低位直肠癌的临床研究

碘125植入内放疗治疗甲状腺癌及对肿瘤坏死因子影响研究

9. 骨外科疾病的临床研究与治疗

自体骨髓移植在腱—骨愈合中的作用研究

股骨颈中轴线尾端在股骨外侧定位点的解剖学研究及其临床意义

腓肠神经营养血管蒂逆行岛状皮瓣临床应用研究

10. 心脑血管、血液系统疾病的检验与研究

Urantide对动脉粥样硬化发生的作用及机制研究（省三等奖）

TGFβ 和CTGF与心肌纤维化的关系及药物干预作用

凝血四项试剂在日本希森美康全自动血凝仪上的比对测定临床研究

11. 脑部疾病的临床研究与治疗

脑梗死早期系统化康复治疗的观察研究

承德地区癫痫规范诊疗效果研究

12. 消化、感染性疾病的临床研究

Mayo评分与Child分级在原发性胆汁性肝硬化患者中的临床应用研究

运用干预措施防控布病发生的策略及方法研究

13. 儿科疾病的临床研究与治疗

危重早产儿应激反应早期干预研究

开展早产儿腹部观察及处理预防早产儿坏

死性小肠结肠炎的临床研究

14. 改良冷牙胶侧方加压技术对侧支根管充填的研究

15. 新健胃片质量控制方法研究及应用

16. 承德市环境质量综合信息管理系统

2015 年获奖项目（17 项）

1. 冶炼新技术在钢铁生产中的研究与应用

钒铁合金冶炼技术集成创新及应用

2500 立方米冶炼钒钛磁铁矿高炉节能环保新技术

2. 冶金新工艺的研究与应用

HRB500E 高强钢筋工艺研究

微合金化出口钢的工艺开发和规模化生产

3. 冶金装备检修工具的研发设计与应用

4. 高产耐旱玉米新品种宽诚 298 的选育与推广

5. 农业新技术在生产中的研究与应用

畜禽粪便和农业废弃物生产有机肥的循环利用技术研究与应用

承德地区主要农作物杂草种类调查及防除技术研究与推广

6. 承德市滦河水域水功能区纳污能力及污染物入河控制研究

7. 农业新技术、新品种在生产中的研究与应用

山区设施农业高产高效生产模式研究示范

中高海拔林区林下穴栽香菇技术研究

植物激素在保护地蔬菜生产上的应用与研究

黑木耳新品种新技术集成应用

8. 畜牧业配套技术的研究与应用

蛋鸡健康清洁养殖技术集成与示范

日本和牛与蒙古牛杂交改良效果研究

山羊传染性胸膜肺炎灭活疫苗临床应用研究

9. 眼袋矫正术中行下睑静脉交通支保留的临床研究

10. 乙型肝炎病毒基因型与原发性肝癌的相关性研究

11. 黄芩茎叶黄酮神经保护和抗痴呆作用研究

12. 黄芪注射液减轻大鼠脑缺血再灌注海马神经细胞凋亡的机制研究

13. 智能信息化在现代医院管理中的应用实践研究

14. 骨科疾病的临床研究与治疗

带旋髂深血管蒂髂骨瓣治疗股骨头缺血性坏死临床应用研究

改良式股骨头干互动三维闭合复位 DHS 加防旋螺钉内固定治疗股骨颈骨折

有限切开加自体腱移植治疗膝关节韧带损伤的临床研究

15. 新技术、新方法在临床治疗中的研究与应用

纳米银与金扶宁联合促深Ⅱ°烧伤创面愈合作用研究

碳酸氢钠脓腔冲洗治疗真菌性腹腔脓肿的临床应用研究

流动性纳米复合树脂充填Ⅴ类洞微渗漏研究

16. 消化、呼吸、儿科系统疾病的临床研究

酒精性肝纤维化大鼠模型的建立及机制的研究

承德地区新生儿社区获得性脓毒症晚发型的临床及病原分析

17. 传统中医中药在临床中的研究与应用

益气健脾活血通络方治疗膝骨关节炎的临床研究

中药熏洗联合穴位针刺灸疗治疗外阴瘙痒疗效观察

中药针刺割治三法结合治疗面瘫后遗症临床研究与应用

三、承德市科技进步三等奖

1989 年获奖项目（17 项）

1. SYQ-Ⅱ型液压制钎机

2. 自动控制预加水成球装备

3. 高密度聚乙烯管

4. 建筑装饰用冷拉方钢

5. 单斜连续热解特级碳酸镁

6. 多功能防寒服

7. 承德市地方标准高铬合金抗磨铸铁技术

8. 52克／平方米凸版纸地方标准

9. 改进型煤原料配方、增加型煤品种、促进型煤发展

10. 承德市农村能源区域规划

11. 欧洲报春和多花报春引种栽培研究

12. 导数光谱法测定腰痛宁胶囊中士的宁的含量

13. 输卵管生理盐水氧气造影超生显像法

14. 88-1型多功能组合式骨折牵引架研究

15. 微机在医疗统计药械管理中开发应用研究

16. 加强档案管理，为企业经济服务

17. 承德市地方标准、修订工作细则（试行）

1990年获奖项目（20项）

1. 河北省地方标准DB/1300 J31 2-89高铬铸铁衬板技术条件

2. CBY手动液压托盘搬运车

3. TBC-1.5型农用自卸半挂车

4. BCC型烟尘测试仪

5. JYZ-200自动界面张力仪

6. LJ-2500/10000N机械拉力试验机

7. 金属压型板

8. 埋刮板输送机产品质量分等地方标准

9. JZK400真空挤砖机

10. 仿麻绸

11. 最新印刷制版材料阳图型PS版

12. 铬鞣黄牛软正鞋面革

13. 水稻硅磷钙肥的研制及肥效研究

14. 大白菜模式化栽培技术

15. 承德市农村庭院经济调查研究与发展对策

16. 综合防治松毛虫技术的研究和应用

17. 微机在虫害预防预报中的应用研究

18. 雏鸡饲养研究

19. 抗咽炎口含片研制及临床观察

20. 静注潘生丁——穴位按压对冠心病诊断价值的研究

1991年获奖项目（24项）

1. 柴油机起动灵

2. CDG9360W型25吨凹式平板半挂车

3. CDG9370TGC型30吨管材半挂车

4. CDG5250GYY型轻燃油运输车

5. 相变式太阳能热水器

6. 迷琪袜

7. 涤棉提花仿麻色织细纺布

8. 生态农业研究

9. 山楂丰产技术研究

10. 提高干旱阳坡造林成活率加速绿化的试验研究

11. 应用组织培养技术培养报春花再生植株快速繁殖研究

12. 红富士等苹果新品种引进利用

13. 山杏资源开发利用研究

14. 速育精在猪传统育肥法上的推广应用

15. 奶牛隐性乳房炎诊断和防治研究

16. 简易池塘流水养鱼开发试验

17. 膨润土沸石复合蛋鸡饲料添加剂

18. 大骨节病患儿几项生化指标的观察

19. 膝关节镜新技术的临床应用（外科）

20. 黄连素抗实验性心律失常作用处观察

21. 课题管理在医疗质量管理中的应用

22. 关于承德市纺织工业发展方向及对策的研究报告

23. 微机辅助企业财务管理系统

24. 承德市钒钛资源综合利用战略研究报告

1992年获奖项目（14项）

1. 高速轻型斗式提升机

2. 轻型螺旋输送机

3. DCH-Ⅱ型矿用粉尘采集器

4. CDG5180GYY型轻质燃油运输车

5. 城郊热杂果资源技术开发

6. 地膜玉米栽培技术

7. 猪瘟免疫系统程序改革试验

8. 雪韭引种试验

9. 专用系列面粉

10. 细胞分裂素赤霉素

11. 应用抗体捕捉酶联免疫吸符法（ACELISA）检测麻疹特异性 IgM 抗体

12. 国产钼靶软 X 线机乳腺摄影放大器的研制

13. 消积口嚼片的研制及临床观察

14. CF-1 型全食管点片架的研制

1993 年获奖项目（13 项）

1. DC/DM-70 地层测试器地面控制装置

2. ZZ-1000 型镀膜机

3. 辊子输送机

4. FJF125 封闭轨反向积放输送机

5. SG 呋喃丹树脂材料

6. 华节牌汽油高效节油器应用技术

7. 工业企业提高工序一次投入产出合格率程序与方法

8. 吨粮田栽培技术研究及推广

9. 科技达标镇（甲山镇）

10. 科技达标乡（上谷乡）

11. 科技达标镇（承德市双滦区滦河镇）

12. 消症丸治疗子宫肌瘤的临床研究

13. 财务管理信息系统

1994 年获奖项目（22 项）

1. YGL200 摇辊螺旋机

2. 全密封悬臂梁传感器

3. 微波防盗电脑狼狗

4. 高档缎地提花里子绸

5. 旧轧辊堆焊新技术研究

6. 煤粉膨化珍珠岩工艺研究

7. 紫岩琉璃燕翅瓦研制

8. 无菌大袋包装天然浓缩果汁、山楂汁、安梨汁

9. 绿禾杏乳精

10. 山地果园旱作栽培技术研究

11. 森林资源档案微机管理及数据更新技术的研究

12. 冀北坡耕地改造利用技术

13. 鸡减蛋综合症疫苗使用效果的试验研究

14. 滦河电厂周围地区大气环境现状评价研究

15. 河北省承德市“城市区域环境噪声标准”适用区域的划分

16. 颈复康冲剂挥发油 β-环糊精包结物的实验研究

17. 脊髓灰质炎人群抗体水平调查研究

18. 高级磁疗保健寝具

19. 巴豆油所致的腹泻过程中狗小肠电活动的改变

20. 承德市人体肠道寄生虫流行病调查

21. 冠心病发作时间与人体节律关系的观察

22. 商品保本保利期管理通俗办法

1995 年获奖项目（13 项）

1. 玻璃纤维布韧性防水层接头

2. 高耐磨人造金刚石锯片

3. 木钻钻痕检验技术

4. 2,4- 二羟基蒽醌

5. 百万只鹅业综合开发

6. 冀北山地应用稀土提高林果产量的试验与推广

7. 承德入河排污口调查评价

8. 中药直结肠滴注给药治疗高热和过敏性哮喘的研究

9. 承德县 120 名百白破血清学效果研究

10. 多功能穿刺留置针在上呼吸道急症中的临床应用研究

11. 蛋白输入在肾病综合征治疗中的作用

12. 电子逍遥枕治疗失眠、高血压、脑血管硬化、颈椎病的临床研究

13. 宝得康冲剂

1996 年获奖项目（6 项）

1. 6102 连杆

2. 烧结配料微机控制系统

3. 话汉通二笔汉字输入法

4. 年供销一体化计算机管理系统

5. 承德物候研究

6. 氟哌酸栓剂的药物动力学研究

1997 年获奖项目（13 项）

1. 高炉料车卷扬变频调速系统

2. 新型阻燃、隔热、保温多用版（拼装式蜂窝夹芯墙板）

3.GAG2 系列二线制静压式液位变速器

4.5.50-17 轮胎

5. 东部油气田泥页岩结构特征、理化性能及其相互关系研究

6. 液压和气动缸筒用精密冷轧管

7. 链篦机铲料板挡料墙

8. 弧形键轧机联轴器

9. 承德市区土地定级估价研究

10. 承德市城市供水水源研究

11. 畜产品深加工综合技术——牛血浆提取白蛋白新产品研究

12. 骨髓精提取骨髓健骨奶粉研制

13. 段层套管理药法治疗脊柱疾病

1998 年获奖项目（13 项）

1. 杂交二三代绒山羊横交及其后代选育提高技术研究

2. Φ3.85 增湿塔

3. 以山楂为原料研制开发干红八珍御酒

4. 纯正栗蓉研制

5. 石燕散治疗小儿厌食症临床研究

6. 成人骨头缺血性坏死的 X 线诊断及中药治疗

7. 参芪抑癌注射液治疗中晚期肝癌临床研究

8. 镍钛形状记忆加压骑缝钉在膝内外翻矫治术中的临床应用研究

9. 降脂冠心冲剂的制备、药效学及临床应用考察

10. 宫糜膏治疗宫颈糜烂的临床研究

11. 川芎头痛散治疗血管性头痛临床研究

12. D-X 液透入治疗乳腺增生病

13. 逐步到位法结合中药熏洗整复陈旧性肩关节脱位

1999 年获奖项目（10 项）

1. CSZY-3 型光栅智能液位计

2. 承德市地面水检测点位布设及其检测功能研究

3. 马铃薯田间作业机械化机具研制

4. 马铃薯贮藏（块茎）病害种类调查及综防技术研究

5. 止痛化瘀酊治疗闭合性软组织损伤临床研究

6. 弱激光刺激骨折愈合生物效应的研究

7. 中药“降脂减肥丸”系列方药治疗高脂血症及减肥临床应用研究

8. 硒蒜实验研究

9. 五种方法治疗尖锐湿疣疗效判定及择优

10. 中国农村消除碘缺乏症干预措施研究

2000 年获奖项目（21 项）

1. 移动式装仓机

2. DTS.DTL 地面推式输送机

3. 利用尾矿再造设配减少资源流失技术

4. 水平式、短行程、线性刻度金属管浮子流量计

5. 新 S9 变压器

6. 燕山板栗新品系鉴定及砧穗配套技术研究

7. 肉羊杂交优势利用和羔羊肉生产的研究

8. 承德市避暑山庄蚊幼虫种类分布及生态习性的研究

9. 降压散穴位贴敷治疗高血压临床研究

10. 老年钙化性心脏瓣膜病的临床特点研究

11. 肝导胶囊治疗原发性肝癌临床研究

12. 河北省三个不同碘区人群甲状腺激素及抗体检测研究

13. 排石胶囊治疗尿路结石病的临床研究

14. 活血降脂胶囊治疗高血脂症临床应用研究

15. 中药“神炎灵”系列方药治疗周围神经病的临床研究

16. 结节性红斑与硬红斑原位抗原研究

17. 颞肌筋膜瓣在上颌骨修复中的临床应用

18. 肾衰胶囊治疗慢性肾功能衰竭临床研究

19. 快速免疫比浊法测微量白蛋白排泄率对糖尿病肾病的早期诊断

20. 防治后缺碘地区儿童智力结构及社会生活能力研究

21. 黄鳝胶囊治疗脑血栓临床研究

2001 年获奖项目（18 项）

1. 坐标式数控火焗切割机

2. YZG 正弦高效节能三相异步电动机

3. 野生大豆细胞质及有益基因转移的遗传研究

4. 全国节水增产重点县建设

5. 承德农村家栖鼠生态环境研究

6. 老年哮喘发病与临床特点的初步研究

7. 慢性前列腺炎防治技术

8. 膨体聚四氟乙烯预防硬膜外粘连的实验临床研究

9. 辛香散穴位贴敷治疗外伤性迁延性昏迷临床研究

10. 龟甲胶囊治疗阳痿临床应用研究

11. 前列愈胶囊治疗慢性前列腺炎临床应用研究

12. 胫骨骨折骨痂形成临床 X 线研究

13. 阴痒灵洗液治疗外因炎、阴道滴虫症临床研究

14. 菊橘薄甘汤超声雾化吸入治疗痰症的临床研究

15. 瘀胀消口服液治疗伤后腹胀的临床研究

16. 利用显示子检查食道癌术后胃排空功能研究

17. 中药补气扶正法治疗变态反应性鼻炎的临床研究

18. 隆化地区气传致敏真菌调查

2002 年获奖项目（15 项）

1. 青藏高原燃油（气）锅炉提高出力的研究与改造

2. 补血草生物学特征及产业化繁育途径的研究

3. 农村新能源综合利用

4. CEA 和 TNF 检测对肺癌诊断价值的研究

5. 胶体磷酸铬间质内放射治疗脑胶质瘤的研究

6. 大剂量甲基强的松龙对缺血再灌注大鼠脑保护作用的研究

7. Brilliant 复合树脂嵌体、高嵌体临床应用研究

8. B 超双氧水造影在肛周脓肿治疗中的应用

9. 优生监测及提高人口素质的研究

10. 明目胶囊治疗糖尿病性视网膜病变临床研究

11. 益气温阳、活血利水治疗慢性心功能不全应用研究

12. 祛腐生肌散治疗外科感染临床研究

13. 消肿散瘀散治疗软组织肿胀临床研究

14. 蛇虫草胶囊治疗颈椎病研究

15. 颈椎失稳症的预防与康复治疗研究

2003 年获奖项目（17 项）

1. 电热双速玻璃退火窑

2. 高硅氧纤维及其制品

3. 承德接坝地区农林牧协调发展工程技术研究

4. 注册农产品——隆泉牌免淘大米质量优质化技术示范

5. 水稻北移气候条件的分析与引种

6. 森源牌食用菌质量优化技术示范项目

7. 急性呼吸道感染多病原体混合感染情况研究

8. PTEN 和 E-cd 在胶质瘤中的表达及临床意义

9. 颞肌——脑血管联通术治疗大面积脑梗死临床研究

10. 降低 QT 离散度对冠心病患者的心脏保护作用临床研究

11. 静脉康研制与临床应用

12. 软坚散结胶囊治疗早期肝硬化的临床研究

13. 中药面瘫胶囊治疗周围性面瘫的临床研究

14. 降脂保肝丹治疗脂肪肝的临床研究

15. 大骨节病患者的婚育调查及 SCE 分析

16. 胎儿睾丸的发育和组织结构研究

17. 坏死增生性淋巴结病诊断治疗

2004 年获奖项目（18 项）

1. 承钢煤气计量计算数据采集系统

2. 应用 HTAC 技术提高钢包烘烤效果的研究）

3. 塞北绿色明珠——塞罕坝机械林场科学营林系统研究

4. 波尔山羊杂交改良本地山羊及舍饲配套技术研究

5. 肉羊杂交改良技术推广

6. 肉牛高效快繁综合配套技术示范

7. 承德风景区旅游区鼠类调查防治研究

8. 颅内动脉瘤的显微手术治疗

9. 甲亢术后骨密度及骨代谢生化指标变化研究

10. c 型利钠肽与肝硬化食管胃底静脉曲张的关系

11. 冰、蟾牙髓失活剂的临床应用研究

12. 胶质瘤中 E-cd、MMP2、CD44V6 的表达及临床意义

13. 消石饮液对泌尿系结石的临床研究

14. 健康指导和社区干预对临界高血压作用的研究

15. 多功能医用护理盘的临床应用

16. 承德地区食源性寄生虫感染调查报告

17. 芦蜜灵在清洁肠道中的临床 X 线研究

18. He-Ne 激光照射加穴位注射辅经络调控治疗哮喘

2005 年获奖项目（16 项）

1. 12M2 圆形（TCS）氧化球团竖炉

2. 激振式疲劳试验机的研制

3. 电网优化运行计算机分析系统

4. 远程无线智能测控系统

5. 岔沟公路隧道漏水治理工程

6. 农村节柴社、节能吊炕的研究与应用

7. 承德县生态家园富民工程

8. 肉羊舍饲配套技术开发及示范

9. 认知行为干预与肺癌化疗治管的相关性研究

10. 甲状腺良恶性疾病鉴别诊断和恶性肿瘤早期诊断的系列研究

11. 自拟楂葛丹对冠心病心绞痛缓解期治疗的现代医学研究

12. 承德市 1995—2003 年八年间人身体健康状况调查分析

13. 承德市卫生资源配置的研究

14. 通便胶囊治疗便秘的研究

15. 肝炎一号胶囊治疗乙型肝炎临床应用研究

16. 盆腔饮液治疗慢性盆腔炎的临床应用研究

2006 年获奖项目（21 项）

1. 材料力学综合试验台

2. 杂环化合物的合成与应用

3. 承德市野生可利用植物资源分类研究与应用

4. 玉米新品种佳禾 2 号研发与推广应用

5. 硬粒高淀粉玉米新品种“宽城 1 号”的

选育

6. 刺槐林人工促进天然更新技术研究开发

7. 菌糠饲料开发利用

8.《坝上长尾鸡河北省地方标准》

9. 贫困山区围产儿出生缺陷网络监测与干预措施研究

10. SE-Bood 自酸蚀黏结系统的微渗漏试验研究

11. 雌激素受体亚型与子宫肌瘤相关性研究

12. 第二代抗环瓜氨酸肽（CCP2）抗体检测在类风湿关节炎中的价值

13. 中药 917 愈糖散胶囊治疗糖尿病的临床研究

14. 承德市结核病患病状况及治疗方案的临床研究及评价

15. 承德健康人群流行性脑脊髓膜炎带菌及流行病学研究

16. 烧烫宁的药物组成与配制方法及临床应用研究

17. 食品卫生监测大肠菌群快速检验方法研究

18. 硬膜外血肿的微创治疗

19. 灯盏花素对慢性肾衰——尿毒症肾功能改善的临床应用研究

20. 护患交流效果的分析与研究

21. 教育事业财务管理集成系统的研究开发与应用

2007 年获奖项目（19 项）

1. 智能化工业物流信息自动集成管理系统

2. 智能插入式电磁流量计

3. 煤矿企业定量装车系统

4. 智能化农业信息技术应用与示范

5. 酸枣改接大枣及无公害标准化生产试验示范

6. 承德旅游地区媒介生物防治研究

7. 国审高产优质抗病新品种“承谷 10 号”的选育及应用

8. 羊冷冻精液生产技术规程

9.《承德白鹤河北省地方标准》

10. 野生酸枣改接打造技术规程

11. 无公害香菇生产、加工技术标准

12. 中兴一号大豆品种选育

13. VEGF、bFGF 在高血压大鼠不同时期心肌细胞及血管内皮细胞表达变化的研究

14. Survivin 在大肠腺癌中的表达及其意义的研究

15. 止痉穴结合巨刺远取法治疗面肌痉挛－暨相关神经肌肉电生理研究

16. 补碘后缺碘地区儿童智力及相关因素分析研究

17. 行气利胆胶囊治疗及慢性胆囊炎临床应用与研究

18. 数字化二次点片技术在眶内异物定位检查中的应用研究

19. 中药补肾——活血通络治疗神经性耳聋、耳鸣的临床研究

2008 年获奖项目（19 项）

1. 简支整体式板梁桥（涵）防治纵向裂缝的设计理论分析研究

2. 轮胎嫁接再生新技术

3. 金属矿山地区灾害岩体声发射远程实时检测预警技术与装备研究

4.“吨谷一号”超高产谷子栽培技术研究与示范推广

5. 承德市苹果标准化生产及配套栽培技术示范推广

6. 承豆 6 号大豆新品种选育与应用

7. 高淀粉玉米新品种“绿马 201”品种选育

8. 马铃薯产业技术开发

9. 仁用杏“围选 1 号”良种选育及应用

10. 通心络胶囊预防冠状动脉支架术后再狭窄的临床研究

11. 输卵管妊娠治疗后生殖状态研究

12. 病毒感染与肺癌发病的关系研究

13. 承德市麻疹流行病学特征分析及控制策略探讨

14. 自拟乳癖汤治疗乳腺增生症

15. 活血祛瘀方治疗脑出血后遗症临床应用研究

16. 急性冠状动脉综合征患者测定餐后 2h 血糖临床意义的研究

17. 醒经丸配合针刺秩边穴治疗继发性闭经的临床研究

18. 中药鹿耳散治疗溃疡性结肠炎的临床研究

19. 组合式外固定架固定治疗股骨颈骨折

2009 年获奖项目（31 项）

1. 辽河油区油页岩资源普查与分析利用

2. 半精淑赛洛纺织技术与产品开发

3. 钒钛矿机冷烧结工艺研究

4. ZHY 型衣物连续烘干机

5. 山区万只肉羊无公害生态舍饲集约化养殖技术开发示范

6. 肉羊无公害标准化生产技术研究与应用

7. 油松花粉有效成分提取技术研究及系列产品开发

8. 玉米单交种佳禾 11 号的选育与推广研究

9. 柴胡皂角 -D 对酒精性肝纤维化大鼠的防治作用及其分子机制研究

10. 复方壬二酸配方的研制与临床研究

11. 自拟生津增效汤对食管癌放疗患者 T 淋巴细胞亚群、NK 淋巴细胞影响的研究

12. 玻璃酸钠、布洛芬与中药治疗膝关节骨性关节炎的临床研究

13. 中药复方肝欣合剂抗肝纤维化作用的临床研究

14. 中药“三藤汤”方药治疗类风湿性关节炎的临床研究

15. CK19.34βE 2、Ecadherin 在甲状腺乳头状癌组织中的表达及临床意义

16. 液体加压膨胀法配合手法推拿与单纯手法推拿治疗肩周炎疗效对比研究

17. 中药内服外擦法治疗黄褐斑的临床研究

18. 经皮高位快速气管切开术的临床研究

19. 鼻舒颗粒对鼻窦内窥镜手术影响的临床研究

20. 夏连薏英汤治疗 CAG 癌前病变湿热中阻型临床研究

21. 成人代谢综合征与高血压关系流行病调查

22. 高危人群行为学及艾滋病感染状况的研究

23. 新生儿接种乙肝疫苗后产生抗 -HBs 的水平探索

24. 甲胎蛋白与其他相关因子联合检测对提高原发性肝癌诊断率的研究

25. 库尔特 Act5diffOV 血液分析仪降低检测成本的方法研究

26. 中等强度有氧健身操对中老年女性血液流变学的影响

27. 重金属对男性生殖的影响

28. 双气囊扩张法治疗前列腺增生症

29. 草药向日葵根治前列腺炎研究

30. Stern 弹性（太极扣）附着体系统应用

31. 重金属对男性生殖的影响

2010 年获奖项目（26 项）

1. 高速公路隧道群营运照明系统节能研究

2. 循环流化床锅炉中秸秆与煤混合燃烧发电技术的研究

3. 中药预防舍饲犊牛腹泻的技术研究

4. 黄芩主要病虫害调查及防治研究

5. 野生变种——都山绣球的组培快繁与园林应用研究

6. 优质黑木耳“黑 A”食用菌品种选育

7. 承德市蔬菜绿色防控技术开发集成与应用

8. 油浸菇调味罐头系列产品开发及基地标

准化建设

9. 架子牛快速育肥技术规程

10. 一种环保节能高效果壳活性炭活化炉

11. 鉴别恶性与结核性胸液的实验诊断方法

12. 药物流产后生殖健康状况及干涉措施的研究

13. 爱克赛尔支架在狭窄的临床评价

14. 硬膜外应用亚甲蓝提高对晚期癌痛疗效的研究

15. 人工股骨头置换治疗老年粗隆间骨折的研究

16. 葳蕤月容组方治疗妊娠斑临床观察

17. 中西医结合治疗牙周病的临床研究

18. 同型半胱氨酸与深静脉血栓的关系研究

19. 等离子刀结合臭氧消融治疗腰椎间盘突出症临床应用研究

20. 研究探索幼年类风湿性关节炎的合理治疗方案

21. 心肺复苏不同预后患者凝血功能的变化及意义的临床研究

22. 腹针配合艾灸、TDP 治疗慢性盆腔炎的临床研究

23. 天麻素甲钴胺联合治疗顽固性耳鸣临床研究

24. 西医体外碎石后服用中药排石汤治疗泌尿系结石的临床研究

25. 慢性丙型肝炎病毒感染与 2 型糖尿病关系的研究

26. 欠发达地区农业科技服务新模式研究与应用

2011 年获奖项目（19 项）

1. 转炉提钒应用干法除尘技术

2. Master CAM 后置处理在数控机床加工中的应用研究

3. 杏仁脱苦废水的内电解处理技术

4. 动物产地检疫模式研究与推广

5. 水厂节水、节能新技术集成应用研究

6. 优质太空蔬菜新品种引进繁育及栽培技术研究开发

7. 无公害全日光露地黑木耳生产技术规程

8. 承德山区玉米种植结构研究与结构性品种引进推广

9. 西葫芦新品种引进及高效立体栽培技术开发与示范

10. 针刺治疗中风的疗效评价研究（省三等奖）

11. 公共卫生疫病的调查与研究

承德市职业卫生管理措施研究

学校水源、水质及水传疾病危险性评价和相关突发事件干预措施研究

新生儿疾病筛查网络建设与筛查结果的研究

12. 男男性接触者艾滋病高危行为干预及效果评价的研究

13. 中医中药临床治疗与研究

中医“五联疗法”治疗顽固性面瘫后遗症的临床应用研究

中药紫草油治疗牙周病的临床研究

14. 激光加药物治疗慢性泪囊炎临床研究

15. 长春瑞滨化疗所致静脉炎的预防

16. 研究探索小儿支气管哮喘分级管理及治疗方案

17. 肿瘤疾病的临床治疗与研究

肿瘤抗原致敏的树突状细胞诱导膀胱癌细胞体外杀伤作用的研究

肝癌淋巴细胞体外活化抗原表达和增值及细胞因子的研究

18. 急性脑卒中后抑郁和焦虑障碍发病相关因素的调查研究

19. 局部药液注射加针刀术微创治疗肱骨外上髁炎等慢性软组织损伤

2012 年获奖项目（18 项）

1. XJF-5.5 复合式冲击试验机

2. 钒微合金化在承钢 1780 线 Q345B 热轧带钢中的研究与应用

3. 一种生态渣透水砖及其制备方法

4. 畜牧兽医技术的研究与应用

畜禽养殖场规范化消毒技术研究

动物标本制作技术开发研究

5. 河北木兰药用植物科技示范园建设

6. “三优一体化”苹果生产新技术引进与应用

7. 一种噻二唑类希夫碱的合成与生物活性的研究

8. 口腔疾病的临床治疗研究与治疗

两、三焦点牵张成骨在颌面部缺损中的实验研究

弯曲牙的牵引矫治

9. 基层医院抗菌药物临床不合理应用干预措施研究

10. 尿激酶在亚急性期深静脉血栓中的应用价值

11. 微创技术在临床上的研究与应用

宫腔镜中隔子宫切除术后预防宫腔粘连的研究与应用

术后中药组方对腹腔镜保守手术治疗输卵管妊娠结局的影响

腹腔镜阑尾切除术难易程度评分系统的建立和应用

12. 骨科疾病的临床研究与治疗

针刀疗法加中药治疗腰椎间盘突出症研究

骨伤特效外治疗法应用研究

13. 自拟天露通脉汤治疗血栓性浅静脉炎临床研究

14. 公共卫生疾病的调查与研究

预防和控制食物中毒应用措施的研究

内蒙古高原南缘三趾跳鼠种群结构及其传播鼠疫危险性的调查研究

15. 反复发作性分泌性中耳炎患儿腺样体组织 Pcna，Cd4+，Cd8+ 细胞分布的研究

16. 中药熏洗联合白介素局部封闭治疗尖锐湿疣的临床观察

17. 消化系统疾病的临床诊断与治疗

经鼻空肠管进行肠内营养治疗慢性胰腺炎的临床观察研究

经颅多普勒超声检查在有机磷中毒治疗中的应用价值

18. 承德市环保业务物联网系统

2013 年获奖项目（18 项）

1. 高炉技术的开发与创新

冶金高炉高风温燃烧控制技术的开发与技术创新

高炉混喷节能技术的开发与创新

2. 特殊钢的研究与开发

含钒微合金化汽车用非调质钢的研究与开发

风电法兰、回转支撑用钢连铸圆坯的研究与开发

3. 自动控制技术的应用研究

天车无线物流系统的研究

裂解技术在汽车发动机连杆制造中的应用研究

4. 干旱山地金红苹果反坡埋捆覆草集流贮肥技术研究

5. 绿色防控技术的推广与应用

绿色滑子菇标准化生产栽培技术推广应用

冀北山区设施黄瓜有害生物普查及绿色防控集成技术研究与推广

6. 高产栽培技术的研究与应用

穗重型绿色水稻高产栽培技术研究与应用

春玉米地膜二次利用高产栽培技术应用研究

7. 双峰寺水库地质灾害危险性分析

8. 中西医结合在临床中的应用

中西医结合治疗对高血压性心脏病患者的临床观察

中西医结合治疗胚胎发育迟缓的临床研究

9. 应用 MIPPO 技术采用锁骨的 Saber 切口治疗锁骨骨折的临床实践研究

10. 传统中药的临床应用与研究

窦安汤治疗病态窦房结综合征的临床研究

萆薢渗湿汤加味内服配合鸦胆子外敷治疗结节性痒疹的临床研究与应用

11. 心脑系统疾病的临床研究

单硝酸异山梨酯合并尼索地平治疗不稳定性心绞痛临床研究

代谢综合征与脑梗死患者早期预后关系的研究

12. 利用酵母模型筛选抗朊病毒中药提取物

13. 呼吸系统疾病的临床治疗与研究

药物保留灌肠与静脉滴入治疗小儿呼吸系统感染性疾病的疗效分析

探究肺部真菌感染的防治

14. 中草药灌肠配合治疗犬细小病毒病的研究

15. 检测、检验技术的临床应用与研究

MSCTA 对成人冠状动脉解剖异常的影像学评价及与选择性冠脉造影的对照研究

绝经妇女血脂异常状况的研究

16. 金合金在短牙冠磨牙残根残冠修复中的应用研究

17. 经动脉介入治疗联合射频消融加体外热疗治疗原发性肝癌、转移性肝癌临床研究

18. 半野生黄芩规范化生产技术规程研制与应用

2014 年获奖项目（20 项）

1. 110 ～ 220 千伏输电线路并联间隙防雷优化及深化应用

2. 双联工艺冶炼含钒铁水的干法除尘工艺技术研究

3. 基于 SM 技术的 LF 炉生产模型综合开发与应用

4. 注水井管柱内测调仪下行阻力工程计算方法的研究

5. 低贫钒钛铁尾矿生产加气混凝土砌块技术研究与示范

6. 新型节能技术在大型钒钛矿烧结机点火炉中的创新应用

7. 高强气瓶用钢的研究与开发

8. 早熟高产玉米新品种承单 1171 技术集成与示范

9. 生猪饲养技术的研究与示范

无抗生素肉猪饲养管理技术规范

生猪标准化养殖技术集成应用与示范

10. 一种添加植物种子的杏仁饮料及加工方法

11. 富硒侧耳菌玉米芯主料配方研究

12. 冀北山区美国白蛾综合防治技术研究与示范

13. 颅内出血的临床研究与治疗

改良两点定位骨孔导向软通道微创介入治疗高血压性脑出血临床研究

颅内自发性出血外科治疗规范的研究

14. 中西医结合治疗溃疡性结肠炎

15. 中西医结合治疗产科疾病的临床研究

甲磺酸罗派卡因混合小剂量氯胺酮、舒芬太尼硬膜外镇痛对剖宫产术后患者的影响

中药治疗妊高症减少重度子痫前期及并发症发生的临床研究

16. 心脏系统疾病的临床诊断与治疗

常规多导心电图中将 avR 导联作为的节律导联在心律失常分析中的意义的研究

多巴酚丁胺联合极化镁液加环磷腺苷葡胺治疗顽固性心衰的临床研究

17. 中西医结合治疗骨科疾病的临床研究与应用

神经刺激器定位腰丛加坐骨神经阻滞用于老年病人下肢股骨粗隆间骨

微针刀疗法加中药治疗膝关节骨性关节炎研究

顽痹康汤剂治疗类风湿关节炎的临床研究

18. 一种金莲花颗粒的检测方法

19. 中西医结合的临床研究与治疗

组合针灸疗法对支气管哮喘治疗作用的对

比观察

中西医结合治疗顽固性腹水

中药溃疡灵外用治疗阿弗他溃疡（RAU）疗效的临床研究

20. 自拟温阳定痛蠲痹汤加减治疗原发性纤维肌痛综合征的研究

2015 年获奖项目（18 项）

1. 无机 / 有机絮凝剂协同作用处理选矿尾矿浆应用研究

2. 承钢发电机数据采集的研究

3. 炼钢综合配套技术的研究与应用

五氧化二钒代替钒合金冶炼含钒合金钢工艺研究

炼钢烟尘综合治理技术创新与应用

锻造用车轮用钢的研究与开发

轧钢加热炉应用新型组合式供热技术研究与创新

4. 新技术在输变电线路上研究与应用

带电安装 220 千伏线路避雷器的研究与应用

绝缘子并联间隙雷击故障指示器的研制

5. 聚丙烯共混填充聚乙烯波纹管生产技术开发与应用

6. 公路涎流冰综合治理关键技术研究

7. 佳禾 13

8. 林业、园林综合配套技术在生产中的研究与应用

冀北干旱山地集水造林配套技术研究

大树移栽病虫防治综合配套技术研究

月季在宽城满族自治县园林绿化中的引种、繁殖及应用的研究

9. 奶牛粪制备双孢菇培养料技术研究与示范

10. 种植业新技术在农业生产中的研究与应用

薄皮甜瓜嫁接抗病及优质高产配套技术研究与示范

种植业污染源普查成果及推广应用

11. 临床诊断、治疗技术的研究与应用

多层螺旋 CT 扫描在急诊复合伤诊断中的应用

护理干预在外科应用的临床研究

镇痛泵持续泵入曲安奈德治疗老年性腰椎管狭窄症的临床研究

12. 大剂量泮托拉唑联合奥曲肽在消化性溃疡并上消化道出血治疗中的应用

13. 三维适形放疗联合周剂量奈达铂及体外高频热疗治疗中晚期食管癌的临床研究

14. 中西医结合的临床研究与应用

益气摄津法配合微波照射治疗变态性鼻炎的临床研究

PPH 术 + 自拟消肿止痛汤坐浴治疗混合痔的临床研究

15. 超声介入治疗卵巢囊肿的临床研究

16. 丹红注射液对急性胰腺炎血 D-D 和 CRP 的影响及临床疗效观察

17. 健脾化湿颗粒对 IBS-D 患者的临床疗效及对血清 5 － HT 和 ET 表达的影响

18. 居室空气污染与儿童哮喘关系的临床研究

第六节 科技成果推广

一、工业科技成果推广

1989 年科技成果推广

推广纺织染色废水净化回用技术。

1991 年科技成果推广

承德地区工业科技成果推广 6 项：小氮肥综合节能技术；TS 系列冷却水处理药剂及两水闭路循环系统；500 毫升轻量罐头瓶；机应窑

综合技能技术；汽车高效节油器；子午线轮胎；晶体管高压静电除尘技术。

1992 年科技成果推广

省级工业科技成果推广 6 项：TS 系列冷却水处理药剂及两水闭路循环系统；利用微机电子技术控制冶金生产过程系统；高炉喷吹煤粉；钢渣处理及综合利用；机立窑综合节能技术；烧结配料微机控制系统。

承德地区工业科技成果推广 5 项：提高工序一次投入产出合格率程序与方法；综合改造锅炉；高效消烟节能炉（灶）；数控技术；数显技术。推广资金 0.8 万元。

1993 年科技成果推广

工业科技成果推广 7 项：SX-891 钢铁常温凯苏发黑剂；DIB-823 固体薄膜保护剂及应用技术；电机节能装置；数显数控技术；计算机辅助设计；锅炉整齐消烟节能助燃装置；非接触内磁式除垢器及茶炉磁水器。

1994 年科技成果推广

工业科技成果推广 6 项：电镀漂洗水无（微）排放技术；旋涡式冲击式锅炉烟气净化器；玻璃陶瓷水泥机立窑微机集散控制技术等。

1996 年科技成果推广

推广应用先进适用技术 12 项，推广省级以上重大科技成果 13 项均完成预计指标。

1998 年科技成果推广

全市工业企业推广科技成果 12 项，在全市 14 家企业推广应用 120 套 CAD 软件，提高机械行业的产品设计水平和速度。在宽城满族自治县 7 家铁选厂推广尾矿再回收利用技术，为企业年增利税 200 多万元。

1999 年科技成果推广

选取磁团聚技术、尾矿再回收利用技术及 CAD 应用技术等 10 项覆盖面较大的先进适用技术加以推广，其中 CAD 技术在承德市 30 余家企业应用，输送机集团和华一机械车库集团的工程技术人员上机率达到 100%，出图率达到 95% 以上，缩短设计周期三分之一以上，被确定为国家级 CAD 技术应用示范企业。

2000 年科技成果推广

全市引进转化高新技术及产品 35 项，实现高新技术技工贸总收入 0.6 亿元。露露集团“一种杏仁饮料制造方法”专利项目实现产值 8500 万元，利税 1200 万元；宽城北大岭铁矿磁团聚重选工艺项目实现产值 350 万元，利税 550 万元；国家专利工程试点企业承德输送机集团两个专利产品实现产值 300 万元，占企业总产值的 26%，实现利税 360 万元，占企业利税总额的 60%。推广工农业先进适用技术 38 项，省级以上科技成果推广应用率达到 80% 以上。

2001 年科技成果推广

主要是 CAI 技术的推广应用和示范，承德输送机集团和承德华一机械停车库集团两个省级 CAI 示范企业主导产业全部实现 CAD 设计，CAD 出图率达 95% 以上，10 个重点应用企业的 CAD 普及率达 80%，CAD 应用覆盖率达到 75% 以上，机械行业有 30 家企业普遍应用 CAD 技术，有效地提高全市机械行业产品的设计水平和开发速度。二是以轻工、建材、冶金行业为重点，推广应用先进制造技术、铁尾矿再选新工艺、水泥机立窑窑外分解技术等 10 多项先进适用技术，进一步提高传统产业的技术档次。其中通过传统熔炉改造，使华富玻璃集团的产品合格率由 70% 提高到 95%，热效率提高 5%。

2002 年科技成果推广

科技部推广“三位一体”沼气综合利用技术。全市累计新建“三位一体”沼气池 25813 个，达到计划任务的 103.5%，涉及全市八县三区 67 个乡镇，全市沼渣、沼液综合利用面积达 35.4 万亩，拥有综合利用户 20683 个，获综合利用效益 7267.6 万元。

2013 年科技成果推广

推动电子信息、先进装备制造、钒钛新材料、节能环保等领域科技创新成果。

2014 年科技成果推广

国家火炬计划项目：果壳活性炭产业集群共性关键技术研发应用Ⅳ取得阶段性成果，催化剂载体活性炭产品的主要指标达到国家优级标准，全市 30 家活性炭生产企业推广应用。由市科技局引进波兰技术并申报科技部支持的本特生态能源技术有限公司承担的国际科技合作项目——生物质能源高效直燃锅炉供暖系统Ⅳ投放市场，在全省推广。

二、农业科技成果推广

1989 年科技成果推广

省下达承德市科技成果推广：推广玉米模式化栽培技术 20 万亩；水稻规模化栽培技术 4 万亩；“星火鹅业开发集团”发展到三省区的四个地区，共发展鹅 150 万只，可实现产值 1000 万元，该集团加入“中国鹅业开发协会”。

承德地区农业科技推广 8 项，增产菌的推广应用、寒地节水稻栽培技术等，推广资金 5.7 万元。

1990 年科技成果推广

1990 年，地委、行署做出《关于大力推广 26 项农业常规技术的决定》，推广办设在科委。在地委、行署的直接领导下，各业务局配合支持，推广办先后制定《关于推广农业常规适用技术意见》《26 推检查验收办法》《26 推评比奖励办法》以及对科技人员有关政策、注重 26 推实施质量等意见。26 项农业常规技术是玉米高产配套技术、玉米移栽技术、水稻高产栽培技术、玉米套种、小麦套种、托尔油菜种植技术、脱毒马铃薯技术、旱作谷子栽培技术、地膜玉米技术、新农药应用、配方施肥技术、坡耕地改造技术、蔬菜高产高效技术、标准化造林技术、容器育苗造林技术、果树标准化栽培技术、山楂综合生产、果树蔬花蔬果技术、果树病虫害防治技术、畜种改良、饲料技术、人工种草技术、加速育肥技术、鹅业开发技术、节水灌溉技术、池塘高产养鱼技术。

1991 年科技成果推广

1991 年承德地区继续推广地膜玉米等 14 个去年效果好、影响大的项目外，增加水稻旱育稀植、小麦、蚕桑、板栗丰产技术等一批与农业产品结构调整、商品生产基地建设结合紧密的项目，如：玉米地膜覆盖栽培技术推广 50 万亩，水稻旱育稀植高产栽培技术推广 8 万亩，春玉米育苗移栽技术，优化配方施肥技术和稀土微肥施用技术推广 150 万亩，赤霉素、细胞分裂素的应用技术推广 2 万亩，“叶面宝”推广 40 万亩，“爱农”推广 4 万亩，冬季大、中、小棚鲜菜技术，河北省板栗良种在兴隆和宽城推广，苹果树低产园改造 5 万亩，冬季塑料暖棚饲养畜禽配套技术 20 万头，低产鱼塘改造高产技术 800 亩。机井挖潜测试改造技术 300 台套。全区 26 推各项任务指标均超计划完成，农业 12 项技术推广面积为 245.68 万亩，农技覆盖率由去年的 47.3% 提高到 60.8%。尽管遭受持续低温、干旱、风、雹等严重自然灾害，但据农业部门测算，全区粮食总产量仍达到 8.895 亿千克，比上年减产 4.87%。油料作物产量也达到 1000 万千克以上，全区 26 推比对照增产值 4.95 亿元，总增纯收益 2.39 亿元。

1992 年科技成果推广

省级农业科技成果推广 10 项：玉米地膜覆盖栽培技术 5 万亩，冀菜三号大白菜推广 0.2 万亩，晋菜三号大白菜推广 0.4 万亩，“叶面宝”在农林果菜上的应用 1 万亩，植物生长调节剂“爱农”的施用技术 1 万亩，赤霉素、细胞分裂素施用技术推广 1 万亩，小麦玉米病虫害综防技术 16 万亩，冬季塑料暖棚饲养畜禽技术 0.1 万只，饲料青贮技术推广 0.22 亿公斤，水稻旱育稀植高产栽培技术 5.5 万亩。

承德地区农业科技成果推广 12 项：冬小麦夏播栽培技术；玉米地膜覆盖栽培技术；春玉米育苗移栽技术；水稻旱育稀植高产栽培技术推广 14 万亩；优化配方施肥技术推广 100 万亩；稀土和微肥施用技术推广 45 万亩；叶面宝在农

林果菜上的应用推广70万亩；赤霉素、细胞分裂素施用技术；河北板栗良种；冬季塑料暖棚饲养畜禽技术；饲料青贮技术推广；井灌区管道灌溉综合技术推广5万亩。

承德市农业科技成果推广18项：紧凑型玉米及配套技术，推广10万亩；清水稻栽培技术2.2万元；小麦、玉米一体化种植高产技术3万亩；农作物优化配方施肥技术65万亩；植物生长调节剂“爱农”的施用技术5万亩；种衣剂应用防治病虫害技术，推广2万亩；承德白鹅养殖技术13万只；冀菜三号推广0.2万亩；晋菜三号推广0.4万亩；高效节能日光温室栽培技术推广0.025万亩；山楂原果贮藏保鲜技术15万公斤；ABT生根粉在农作物上的应用推广0.1万亩；果树疏花疏果技术推广4.5万亩；果树旱作丰产技术1.0万亩；苹果高接换优技术推广8万株；山杏嫁接大扁技术推广10万株；板栗高接优技术推广1万株；山杏定株扩穴提高产量技术推广10万亩。

1993年科技成果推广

1993年农业科技成果推广20项：水稻旱育稀植栽培技术推广6万亩；饲料青贮技术推广5000万千克；吨粮田综合技术推广2万亩；春小麦栽培技术推广2万亩；农作物优化配方施肥24万亩；小麦——玉米病虫害综合防治18万亩；水稻病虫害综合防治3万亩；清水稻栽培技术推广2.5万亩；农村沼气配套技术推广3500个；高效节能日光温室400亩；山地蔬菜栽培技术2400亩；食用菌丰产栽培推广100吨；大白菜优良品种栽培技术推广0.8万亩；苹果优质高产配套技术推广10万株；山杏嫁接大扁技术推广10万株；板栗高接换优技术推广1.0万株；肉牛快速育肥800头；肉兔饲养技术50万只；冬季塑料暖棚饲养畜禽技术65万头（只）；农作物生长调节剂的应用推广24万亩。

1994年科技成果推广

农业科技成果推广7项：ABT生根粉系列产品应用技术推广15万亩；省良田双千工程综合技术推广7万亩；虚实并存耕作技术推广3万亩；主要农作物种子包衣及配套技术推广2万亩；板栗疏雄增产技术推广2万亩；生物钾肥施用技术推广15万亩；鸡传染性法式囊病防治技术推广10万只。另外，1994年全市共下达先进技术推广任务28项，农业作物类12项，林果业7项，畜牧业7项，水利2项，另有24个储备项目。除部分项目因受灾未完成预定任务外，大部分推广项目均取得良好效果，总增粮食27886万千克，果品4148万千克，肉类529万千克，新增羊毛179万千克，总增纯收入44980万元，平均每个农民靠“26推”增收152元。水稻旱育稀植技术形成配套体系，1994年推广20万亩。

1996年科技成果推广

推广应用先进适用技术30项。

1997年科技成果推广

市级农业“26推”围绕十个特色农业产业化建设，下达推广30项实用技术。各项均按进度实施，全市农业技术覆盖率达到70%。

1998年科技成果推广

省级推广“承德县15万亩春玉米亩产790千克”农业科技成果转化项目通过省科委验收。年内配套安排的31个推广项目全面完成，重点项目进展顺利，通过农业技术的推广应用，农业纯收入1447万元。继续高举“26推”旗帜，充分发挥“全国农业科技成果推广试点市”和“农科教结合示范市”的作用，市级“三位一体沼气池建设”项目完成7034个，“牛皮蝇防治示范县”项目招标成功，隆化县应用阿微菌素进行牛皮蝇防治10万余头，同时促进丰宁、围场等县的防治工作。在此基础上，“公司＋农户”机制进一步完善，促进科技龙头企业的发展，1998年共兴办、壮大龙头企业52家。

1999年科技成果推广

推广农业先进适用技术32项，实施重大科技成果推广任务1项，即“北方香菇周年规模化生产技术”在全省17个县区推广700万袋。引进开发农、林（果）、畜（草）、鱼等新品种40余个，节水项目“北方贫水区水稻覆盖直播栽培技术”建立起一套完整先进的水稻节水栽培技术体系，年内示范田面积达7万余亩，在年内遭遇罕见旱灾的情况下，平均亩产仍达600公斤，亩增收节支241元，总增收益1730万元。围场满族蒙古族自治县建立马铃薯示范园，进行无基质马铃薯微型种薯工厂化生产工艺试验、晚疫病防治技术试验，年内项目区内共生产微型种薯100万株，生产种薯1.8亿千克，晚疫病防治面积达28万亩，亩增产100千克。农业科技成果推广以“全国农业科技成果推广试点市”建设为内容，继续以农业“26推”为基础，围绕12个特色产业和农业生态重点工程，着重抓好现有成熟农业先进技术的组装配套，通过不断完善“政府推动、市场引导、壮大龙头、加强培训”新的推广机制，促进科技成果的快速转化，推动农业产业化进程。在大旱之年，全市总增产肉类1761.07万千克、羊绒1.799万千克、鱼144.9万千克、食用菌403万千克、果品5753万千克，总增纯收益3.2亿元。期间，配合农业“26推”，创建并巩固科技型龙头企业52个，共实现增加值近2亿元。

2000年科技成果推广

4月23日，由市科委、市农业局共同在承德县双峰寺镇召开“水稻覆膜湿种技术”现场会，参加现场会的有各县区领导、技术人员及水稻种植大户的代表共30多人。“水稻覆膜湿种技术”是由承德县双峰寺镇农民借鉴地膜玉米技术，为解决水资源紧张与稻田用水矛盾而发明创造的，1999年通过省科委鉴定。该项目技术具有节水、抗旱、适用性强、投入少、技术简便、高产稳产等多项特点。年内承德县推广种植6万亩，在大旱之年平均亩产达580千克。

2001年科技成果推广

重点培育、引进优良品种60个，栽培作物品种结构向专用型、优质化方向发展。全市种植业种植面积超过万亩的新品种如水稻“五优一号”“富源4号”等达10个以上，良种覆盖率达95%以上。畜牧业三元杂交瘦肉型猪良种繁育和采用高新技术繁育优良品种有较大突破，全市三元杂交瘦肉型猪年饲养量达到20万头。隆化完成荷斯坦奶牛胚胎移植100例，完成人工授精用波尔山羊改良本地山羊200只。承德县完成波尔山羊胚胎移植230例。林果业引进优新品种30多个，红富士、乔纳金等果树优质品种在承德、兴隆、宽城等县推广。

以无公害生产为重点的提质增效技术开发发展势头良好，全市有省级农业名优产品28个。滦潮河上游粮菜无公害配套技术开发，通过应用高新技术，改造传统技术，加强生态控制和物理防治，使试验区水稻品种达到“AAA”级，项目区被列入农业部水稻无公害生产示范基地，应用无公害生产水稻面积达10万亩。

加强绿色错季蔬菜产业化配套技术研究，通过对蔬菜生产及贮运各个环节的技术开发、改进，形成一整套错季菜产业化经营技术，无公害蔬菜生产规模达54万亩，产无公害蔬菜4亿千克，总增收2.5亿元。围场、兴隆被省列为无公害蔬菜生产示范县，围场满族蒙古族自治县的“燕塞牌”时差菜及“金栏牌”马铃薯走红国内，跨出国门。山区高档优质苹果综合配套技术试验示范，“山庄牌”红富士苹果产量翻番达1.4万吨，兴隆“富兴牌”苹果带动全县苹果产业的发展。

2002年科技成果推广

抓科技防沙治沙示范，培育治沙产业。国家级治沙项目“燕山丘陵山地（丰宁地区）防沙治沙示范区”建设取得进展，进行中药材栽植、经济林种植、籽蒿丸衣撒播、林网格治理等多项试验，大面积种草12000亩，大面积秋季造林4000亩，项目区建生物坝1800米，建围栏4800米，绿化治理18000亩，占应治理面积90%。

2005 年科技成果推广

重点对“无公害时差蔬菜标准化生产”“规范化舍饲养羊”等 22 项集成化、标准化技术在全市集中进行推广。

2006 年科技成果推广

开展“送农业科技进十万农户专项行动”，在全市范围内每年组织千名农业专业技术人员深入到十万农户，推广 20 项以上集成配套技术，使承德市农业技术完成新一轮的换代升级。组织 1480 名技术人员，推广“蔬菜新品种及配套标准化栽培”“奶牛标准化饲养管理”等 24 项集成配套技术。

2008 年科技成果推广

全市制订 10 项主要农产品生产技术标准予以示范应用，围绕玉米、马铃薯、食用菌、中药材、蔬菜等产业，培育、引进特色动植物优新品种 50 个，开发具有自主知识产权新品种 9 个。

科技园区建设，创建省级“一县一业一园”现代农业科技示范工程，示范县 4 个：平泉县、围场满族蒙古族自治县、隆化县和宽城满族自治县。该工程建立核心示范区 3.5 万亩，覆盖农户 5 万户，引进新技术新成果 30 项，培训农民 25 万人次，推广应用新成果 80 项，培育壮大龙头企业 90 家。

实施“科技富民强县”专项行动，平泉县实施“食用菌特色产业循环经济配套技术开发与应用”项目，兴隆县实施“山楂无公害绿色标准化生产技术开发与应用”项目，两县成为国家科技富民强县试点县。兴隆县、围场满族蒙古族自治县、平泉县列为省级科技富民强县示范县。

2009 年科技成果推广

筛选“良种肉牛标准化养殖技术”“无公害养羊综合配套技术”“果树平衡施肥技术”等 21 项先进适用技术重点推广，继续实行项目首席专家负责制，每一个推广项目都明确一名市级专家负总责，每一个县级实施区配有具体技术专家，明确各项推广技术的核心区、示范区，项目技术人员全部下到示范村、示范区，进行技术示范、技术服务。

2010 年科技成果推广

全市重点推广“蔬菜标准化栽培技术”“良种肉牛标准化育肥技术”“苹果无公害标准化生产技术”等 20 项先进实用技术，重点建设科技示范园区 30 个，规模分别达 46 万亩和 587 万头。全市共建农牧业、林业等各产业科技示范园区 120 个，农牧业园区 80 个，林果业园区 40 个。

2015 年科技成果推广

贯彻《承德市 2015 年农业农村工作要点》（承发（ 2015 ）1 号）、《承德市 2015 年现代农业发展行动计划》《承德市 2015 年扶贫攻坚行动计划》，围绕林果、蔬菜、食用菌、中药材等特色产业发展，引进和采用新技术、新品种，提高农业科技创新能力。

主推香菇、滑子菇、双孢菇、杏鲍菇等食用菌品种，重点推广菌种标准化生产技术、双孢菇工厂化生产技术、杏鲍菇菌糠栽培双孢菇技术和食用菌温室大棚夏季降温技术，改顺季为反季栽培。新发展食用菌 2.4 亿盘，全市规模和总产量分别达到 11.8 亿盘（袋）、41.3 万吨。平泉县食用菌产业形成“刺槐林（农副产品）→食用菌→废料（栽培食用菌、有机肥、炭棒）→菌糠饲料→养殖→畜禽粪便→沼气池→沼渣、沼液→还林还田作肥料”的闭合式循环模式。改善农村生产、生活环境。示范推广优质砧木应用、茄子嫁接穴盘育苗、高温闷棚消毒、日光温室黄瓜集约化穴盘育苗、壮苗化学调控、轻简化吊落蔓、高效花果管理和水肥一体化、多功能秸秆腐熟剂、病虫害绿色防控等高效集成栽培技术和模式。

引进推广圆茄“农大 604”“甜椒冀研 16 号”“彩椒紫星”“农大 601”“布利塔”草莓、“京藏香”“京承香”等优特蔬菜新品种。全市蔬菜总播种面积 144.54 万亩（设施菜播种面积

53.73万亩），产量558.3万吨，产值87.1亿元。

在滦平县推广生物发酵饲料生产、优质猪饲养管理、早期断奶、抗体检测、标准化生产、疫病预测预报综合防治、生猪优良品种杂交繁育、生猪屠宰加工等8项技术。2015年，全县生猪饲养量达到85万头，实现总产值17.57亿元，户均增收1.2万元。在承德县应用三层笼养、玻璃钢鸡舍、网上饲养、暗光饲养、“益生康”添加、饲料配比、夏季风机水帘降温、罗斯308新品种引进推广等19项新成果，形成以中红三融畜牧发展有限公司为龙头，集种鸡饲养、雏鸡孵化、合同放养、饲料加工和肉鸡屠宰，生产、加工和销售为一体的产业链。建成3000万只肉鸡屠宰厂、20万套种鸡饲养场、4000万只的肉鸡孵化场和30万吨的饲料加工厂。

实施冀北山区山地苹果园土壤耕作模式及生产管理技术示范，山楂低产林降冠复壮提质增效技术，瘠旱山地山楂矮密丰产栽培技术，优质梨标准化种植技术集成示范与推广，设施优质葡萄关键技术的引进、集成及应用等科研项目。全市新增和改造经济林316万亩。

在粮食、蔬菜、林果种植等产业，推广喷灌、微喷、滴灌、过滤施肥系统等节水灌溉新技术。市水利局节水办与河北省水利技术试验推广中心实施“承德市农业节水模式化灌溉成本测算分析研究”项目，对水稻、玉米、食用菌、板栗种植等产业用水开展实时监测分析。承德市农牧局、滦平县农牧局与中国农大合作在滦平县大屯乡建设蔬菜智能节水与水肥、水药一体化示范区。承德市农牧局、隆化县农牧局与中国农大合作在隆化县创建冀北稻区水稻节水与创新技术中试生态示范区。

第三章 科技交流合作与普及服务

第一节 科技交流合作

一、国际科技交流与合作

1989年，承德市科委引进英国、荷兰、日本3个国家的专家3名到承，帮助3个企业解决技术难题7个。接待国外科技交流团组5个，就承德市化工产品、文物保护、环境保护、服装设计、机械制造等问题进行交流洽谈。聘请荷兰专家万·塞思特（Wan Seth），对承德市第二化工厂的产品五氧化二钒提纯、生产钒铁的新工艺、废水处理、铬的回收等方面进行技术指导和咨询。为市啤酒厂聘请英国啤酒专家莫里森，对啤酒厂改进啤酒质量和开发低醇啤酒进行技术指导，对该厂的现有工艺提出合理化改进建议，给出两个配方和增加微量元素锌的添加方法。为营子轻机厂第二次聘请日本专家福田新，就生产高档卫生筷子机提供技术咨询，提供一些技术方法，如刷漆，采用福田的方法刷两次便可达到该厂原方法四次的效果。福田还免费赠送该厂两台机器设备。接待法国ECTI国际技术交流顾问协会普瑞特夫妇就承德市轻化产品等问题进行洽谈。英国海外开发署署长海顿一行19人，对承德市"环境生态规划"项目进行考察，表示愿意在文物保护、环境改造等项目上与承德市进行技术合作。日本花甲协会专家山本来承德，山本在与针织一厂、工具厂、林业局等单位座谈中表示，将再派专家帮助承德市解决服装设计与制作、红富士苹果腐烂病防治等方面的技术问题。

1990年，承德地区安排执行引进7个国外智力项目，接待8名日本专家到承德地区短期工作。对接待单位提出的技术难题予以咨询。隆化县承担的水稻旱育稀植技术引进试验项目，经日本水稻专家原正市四次来承现场指导，该县河东村186亩试验田平均亩产达到665千克，比常规技术增产33%，亩节约生产投入53.66元，亩增效益268元，引起省、地各部门的重视，省科委和农业厅联合召开全省现场会，地区行署将该技术列入"八五"重点推广项目。

是年，共为全区引进国外专家和技术人员28人次，实施"水稻旱育稀植示范推广""毛呢新产品研制"等10个科技外事项目。为承德毛纺织厂邀请的两位日本专家，给厂里设计毛呢新品种和维修调试毛呢机械，在两位专家的指导下，该厂产品一等品率比上年提高11%，产量提高29.7%，增加经济效益100多万元。

是年，地区科委主持"万亩优质苹果生产示范区技术开发"等两个外事项目实施，制作"水稻旱育稀植技术"宣传录像片一部，组织隆化、滦平县技术人员编写《水稻旱育稀植技术手册》。

1992年，承德地区引进国外专家和技术人员24人次到全区进行技术交流和协作，完成10项重点外事项目。组织82名外向型管理干部和技术人员赴美国、日本等国家学习管理经验和专业技术。

1993 年，承德地区引进国外专家 7 人次。

1995 年，全市组织实施国际科技合作项目 3 项，即：围场马铃薯脱毒与墨西哥合作、丰宁奶牛养殖和奶制品深加工与波兰合作及桑蚕所彩色桑茧与乌克兰合作项目。组织技术出口 5 项，出口额96.4万美元。组织申报引进国外智力4项，执行 1 项，即平泉的灵芝栽培。征集招商引资项目 21 项，其中鸵鸟的养殖与加拿大方面达成意向协议，加方投资人民币 120 万元。组织审批 7 个技术考察团出国考察，选派出国研修生 6 人，并推荐承德市 5 个企业的 6 种产品到美国参加国际工厂直销洽谈会。

1996 年，市科技局党组印发《关于加强科委系统对外科技合作与交流工作的意见》，计划引进外资 20 万美元。

1997 年，承德市从乌克兰引进牧草种子 51 公斤，在隆化县建立牧草种子繁育基地。

1999 年，承德市引进到位国外资金 40 多万美元，共实施政府间科技交流与合作项目 4 项，分别与保加利亚、俄罗斯、墨西哥、泰国进行“大豆新品种选育及栽培技术”“马铃薯育种与栽培技术”“玉米小麦选育及节水灌溉技术”“碘缺乏症控制与预防”技术的合作，完成罗马尼亚油葵、鲁梅克斯牧草、马铃薯抗晚疫病材料、晶质玻璃精刻彩绘等引进项目的试验示范、推广工作。

引进优良大豆品种 13 个，马铃薯品种 7 个，玉米小麦新品种和育种材料 30 多个。学到马铃薯杂交育种、病毒检测、大豆育种、高产栽培及玉米小麦育种繁育等多项前沿先进技术。获得大量国际科技发展方针政策方面的信息。试验示范、推广效果显著，罗马尼亚油葵在承德形成种植优势，杂交制种 18 亩，繁种 770 亩，大田推广 12 万亩，总产达 600 万千克，未受灾地平均亩产达 170 千克，油葵与玉米相比，亩增收入 400 元。

2002 年，承德市与法国、俄罗斯、保加利亚、意大利等国建立长期合作关系，引进玉米、水稻、玫瑰花、果林苗木、牧草等优新品种和先进技术 70 多个，承德市进行试验推广，为调整全市产业结构增加项目和技术储备。

2003 年，市科技局组织申报政府间国际科技合作项目 6 项，在中医药加工及有效成分提取技术，食用菌规范化栽培育种、加工技术，光学晶体镀膜材料系列产品开发研究等方面进行合作。

2004 年，市科技局组团赴保加利亚执行国际科技合作项目，考察团先后对保加利亚共和国农业科学院农业生物技术研究所、内格瓦试验站、玫瑰及药用植物研究所、维托沙植物园、花卉生产及进口公司等进行了访问考察，就油用及观赏玫瑰种质资源创新、新品种选育，栽培生理与栽培技术，百合、鸢尾、万寿菊、翠菊等花卉的品种资源研究和利用，葡萄、草莓、番茄等作物的种质资源交流与杂交育种、组织培养与快繁、脱毒等方面进行了交流，并在互通交流科研信息、互派学者访问、共同召开技术研讨会、培训技术人员方面达成共识。

2005 年，承德市科技部门赴泰国进行“中药加工及有效成分提取项目”技术合作考察，承德颈复康药业集团与泰国东南亚泰中医药研究所达成金莲花研究的合作意向，泰国还与承德医学院达成互派中医中药研究生的意向。组织参加比利时弗兰省代表团对河北省访问中的项目洽谈活动。其中承德长城种业有限公司与比利时农艺生物科技公司针对专长谷物（玉米与稻谷）种子基因改造项目进行洽谈，并建立起长期的技术合作关系，提升全市种子产业的整体技术水平。

2006 年，市科技局与俄罗斯、墨西哥、日本等国在马铃薯病毒检测、玉米育种及栽培、公共医疗卫生等方面开展广泛合作。组团参加在俄罗斯举办的国际科技成果展交会，与各国专家就新一代高灵敏度固体传感器、超声波流量计等项目进行洽谈。承德市申报的“食用菌栽培、育种、加工技术和产品研发”“金莲花系列保健食品及中药的合作开发研究”两个项目列入中国与泰国

2006—2008年度开发计划，实现承德市国际科技合作在长期项目上零的突破。

2007年，一是中泰政府间长期科技合作项目立项启动，“金莲花系列保健食品和中药合作开发研究”“食用菌栽培育种加工技术和产品开发”两个项目在科技部立项启动。中泰双方专家进行互访就传统医药领域合作签署《谅解备忘录》和《互派研究生协议》。二是形成以科技合作促进经贸发展的新格局，通过与国外科研机构合作，将承德市的食用菌产品和传统中医药推出国门，产品出口获得突破。中国药材集团承德分公司年内向韩国出口5吨黄芩，获10吨葛根的出口订单。三是中—西（西班牙）科技合作迈出新步伐，组团参加第二届中—西科技合作论坛暨新产品新技术展示洽谈会。承德本特生态能源技术有限公司与西班牙艾尔讯有限公司达成共识，引进“空调智能控制系统的产品及技术”。承德五岳电子技术有限公司与西班牙英吉尼亚电子公司就射频读写技术签订合作意向和后续洽谈方案。

2008年，在国际科技合作活动中，以泰国法政大学泰药中心研究所专家索努克·苏恰塔那瓦尼（Somnuek Suchaitanavanit）为团长的三人代表团到承德市，考察列入第18届中泰科技联合研发项目：“金莲花系列保健食品和中药的合作开发研究”，代表团考察参观承德医学院中药研究所的提取、质量控制、制剂和药理实验室，颈复康药业集团的中药现代化生产线，承德御室金丹药业有限公司的中药生产车间及中国药材集团承德分公司中草药种植基地，与承德市传统医药领域专家进行学术交流和项目洽谈。

2009年，申报中国与斯洛伐克政府间科技合作项目：承德宇航人高山植物应用技术有限责任公司与德尔塔莱纳有限公司的“沙棘系列产品深加工与大果沙棘无性改良技术合作研发”项目。中国与波兰政府间科技合作项目：滦平县钒产品生产力促进中心与波兰克拉科夫理工大学的“生物质块状燃料供热炉”项目。

2010年，一是组织承德市本特生态能源有限公司承担的“生物质能源供热装备制造和热网建设运营技术研究”项目，列为2010年中波政府间科技合作计划，波方协作单位为波兰克拉科夫科技大学。二是申报科技部2011年国际科技合作计划专题项目。推荐承德万利通集团公司承担的“全钒液流储能电池系统联合研发”项目申报科技部专项，申请资金1000万元。三是组织申报2011年省、国际科技合作计划项目三项：围场满族蒙古族自治县双哲食品有限公司“果蔬深加工联合研发”项目、市生产力促进中心“智能化太阳能供热系统联合研发”项目、承德华富玻璃器皿有限公司“玻璃器皿无卷沿热爆口机合作研发”项目。四是开展中澳科技合作与交流活动。3月16—18日，接待澳大利亚新南威尔士大学教授玛瑞亚一行，省科技厅副厅长连小勇、国际合作处处长康健、承德市人民政府市长张古江会见并出席为玛瑞亚博士举办的欢迎晚宴。省科技厅副厅长连小勇、国际合作处处长康健参加与澳方关于“钒电池”项目科技合作座谈会，会上，万利通集团与澳方就在承德合资建厂达成共识。承德市平泉县希才应用菌科技发展有限公司、承德宇航人高山植物应用技术有限公司两家企业与河北省科技厅签订2010年省国际科技合作计划项目任务合同书，共争取资金20万元。

2011年，市科技局组织企业参加“第十四届中国（北京）国际科技产业博览会”、第八届中俄蒙科技展暨高新技术产品交易会，为企业搭建交流合作平台，推动重点产业的创新发展。

2012年，承德市与澳大利亚新南威尔士大学开展“全钒液流储能电池研发”项目合作。从德国引进航空航天级钒铝合金生产技术，加强技术联合攻关和成果转化。

2013年，市科技局组织承德市五岳电子技术有限公司等4家企业，赴京参加欧洲企业服务网络第一次在中国境内为拓展中欧中小企业间交流合作而举办的对接洽谈活动——中欧企业对接洽谈会，达成合作意向10项。筛选8家有科技风险投资需求的科技型企业与久银投资基金管理有限公司、英国劳莱德公司两家有实力的投资公司进行接洽，达成合作意向。

2014年，承德市科技局组织申报科技部国际科技合作计划专题项目两项：承德宇航人高山植物应用技术有限责任公司与斯洛伐克索尔卡有限公司共同承担的“沙棘果提取天然有机L-苹果酸技术合作研究”、承德天大钒业有限责任公司与德国科特纳公司共同承担的“钒铝、钼铝中间合金生产线技术合作研究”，分别获得国家科技部资金支持270万元和225万元。河北长城绿源食品有限公司和加拿大华龙有限公司共同承担的“天然有机板栗软罐头加工技术合作研究”项目，列入2014年省国际科技合作计划项目，获得省科技厅20万元资金支持。承德市丰宁驸马山庄生态农业综合开发有限责任公司与日本日环工程株式会社共同承担的“市政污泥无害化资源化处理合作研究”、承德市围场满族蒙古族自治县保承中药材种植有限公司与韩国降临贸易公司共同承担的“优质高效白芷、当归、防风等中药材种质资源引进及选育合作研究”2个省国际科技合作项目，顺利通过省科技厅组织的专家验收。

2015年，由科技局引进波兰技术并申报科技部支持的国际科技合作项目“生物质能源高效直燃锅炉供暖系统”列入国家国际科技合作专项，产品投放市场，在全省推广。组织承德市围场满族蒙古族自治县保承中药材种植有限公司申报与韩国的合作项目“中药材培育技术引进及仿野生规范化种植、加工关键技术联合研究”。组织承德天大钒业有限责任公司与德国科特纳冶金公司申报省国际科技合作基地。组织承德市绿天生物科技有限公司、河北民族师范学院、承德市农业科学研究所参加“中英农业高新技术研讨会”，研讨会有3个专题——土壤管理技术、精准农业技术和食品安全技术。组织承德市土壤肥料工作站等科研部门参加“中国—意大利农业论坛”，就“循环经济的废物利用”技术与意方专家进行深入洽谈。组织承德市颈复康药业集团有限公司等4家企业、河北民族师范学院、市农科所等有关单位参加“2015中国跨国技术转移大会”，一是了解京津冀国际创新协同发展状况和政策，二是追踪相关技术和产业发展动态，三是建立工作联系。承德市科技局与清华大学天津高端装备研究院、青岛橡胶谷生产力促进中心、潍坊国家级高新技术产业开发区进行交流，对以后开展合作进行深入的探讨。

二、国内科技交流与合作

1989年，市科委利用京津的技术优势，派人常驻北京大专院校和科研单位联系，为承德市引进人才和技术。市4个单位引进技术4项，创造社会效益1000万元。

1990年，承德地区组织地、县科委及部门领导先后到沧州、衡水等地区参观学习，结合全区实际，拟在全区开展乡镇科技达标活动。聘请北京市第一机床厂14名有技术、懂管理的专家到丰宁满族自治县燃气设备厂和木材厂进行技术诊断。

1991年，承德地区科委帮助国有、乡镇企业同大专院校、科研单位建立合作关系，寻求和建立技术依托单位36个，引进国内外专业技术人才32名。

1993年，市科委组织21个单位参加了在石家庄举办的展览会，共签定意向合同35项，总金额1000万元。

1994年，承德市与清化大学达成协议，在承德建立清华大学研究生院社会实践基地，暑期，清华大学19名博士、硕士研究生到承德市5家企业开展社会实践活动，共承担7项研究开发课题。

1995年，市科委组织国内协作项目14个，技术项目6个，联合项目8个，承德市投入3500万元，引进国内资金790万元，引进国内人才12人。

1996年，市科委党组印发《关于加强科委系统对外科技合作与交流工作的意见》。工作目标为：全委系统为企事业和有关单位引进外资20万美元，市外资金300万元，科技贷款100万元，引进技术合作项目15项，引进人才40人。加强领导，调动全体人员积极性，建立开放工作网络和工作制度，全委建立开放工作责任制和考核体系，抓住重点，克服盲目性，全委建立“大专院校科研单位朋友关系网、承德籍京津重点科技人员关系网、友好科委关系网”三网及“承德市建设难题及项目需求库、国内外先进技术库、重点行业技术源库”三库，改进接待工作，选好项目，对重点联系对象建立信息情况收集、分析、处理、反馈的工作机制，组织几次重大的开放活动10个方面提出举措。

1997年，市科委广泛开辟科技合作渠道，与20余家国家级大专院校、科研院所建立联系，召开企业协调会，到清华大学、电子部十二所进行洽谈，编辑驻京科研单位名录，收集汇总承德市一些企业需求项目，进京开展项目签约活动。

1999年，承德华一集团与清华大学合作建立车库研究所，大中型企业科技开发机构建成率75%，已有57家大中型企业中41家建有科技开发机构。引进转化省外技术35项，引进市外到位资金1890万元。为解决承德市技术人才缺乏问题，与北京博士后联谊会合作，在承德市建立“北京博士后承德研究开发基地”。年初与“北京博士后联谊会”建立长期协作关系，邀请其对承德市无线电元件厂、试验机有限公司等10余家企业进行考察，签订在承德市建立“北京博士后承德研究开发基地”的协议书，市科技局从国家科技部和厦门开发区聘请2名高级人才做承德市科技顾问，为承德市科技发展提供长期服务。

2000年6月30日，“北京博士后承德科技开发基地”成立大会在承德云山饭店举行，承德市委、市政府领导，北京博士后联谊会领导，12名博士后，市县区负责人，市直单位及有关企业的代表300人出席，市委常委赵曙光主持大会，副市长于树茂、北京博士后联谊会理事长王建华博士分别致辞，代表双方在基地合作协议书上签字。基地的主要任务是建立高层次人才库、博士后科技成果库、国外经济技术信息库、企业技术产品需求库，为全市企业提供信息咨询服务，不定期举办技术信息发布及技术洽谈，为来承德创业或进行产品孵化的博士后等高层次人才创造条件，提供服务。

2001年，市科技局加大培训力度，针对民营企业在知识产权保护、经济技术合同纠纷、现代企业管理等方面认知程度不足和处理能力较差的状况，举办培训班，聘请国家及省有关专家讲课。

2002年，市科技局与承德石油高等专科学校共同举办校企科技交流洽谈会，邀请清华大学202名博士后到承德开展承德科技行活动，清华大学博士后发布最新科研成果50多项，石油学校科技人员发布科研成果30多项，参会企业40多家，获取丰富的科研信息并就“巷道堆垛类机械停车设备电气自动控制系统”“液压自动检测台”等6个产学研合作项目签约。河北怡达集团与中国农业大学食品学院取得联系，为该企业跻身国家级农业产业化龙头企业及企业于2004年上市提供技术依托。通过上述方式，还为承德绿洲园林责任有限公司等10余家企业牵线搭桥，解决技术难题。

2003年，市科技局组织清华大学博士后联谊会与承德市企业开展项目对接活动，参加市政府组织的2003年赴京外联活动周活动，参加省科技厅组织的河北省院士联谊会联络员会议。组团参加第五届国际高交会，参展的项目6项，重点推介项目20项，签订利用外资技术合作项目9项，总成交额3.5亿元。

2004年，国内科技合作为基层企业服务，以北京博士后承德基地为依托，邀请清华大学博士后到承德市与企业开展三项活动：一是项目发布，由清华博士后发布项目成果 20 项，企业发布技术需求项目 8 项；二是成果洽谈、对接，签订合作意向 12 项；三是组织提高企业管理员技术创新意识和经营管理能力科技讲座。邀请全国 10 位自动化权威专家来承与市内 20 多家有关企业座谈交流。请宝钢负责自动化方面的总工和南京大学、浙江大学的两位博士生导师对市内企业的技术人员就产品开发、技术标准、信息自动集成系统等方面进行培训，同时考察几家企业。这次活动为企业提供一个和国内知名专家交流的机会，有 3 个企业聘请有关专家作顾问。组织召开承德市农业产业技术升级京承项目对接洽谈会，邀请中国农业大学、中国农科院、北京林业大学和北京市农林科学院等科研院校的 19 名专家，组织全市有关农业企业、科技、农业管理部门等 20 余人参加会议，这次会议有 50 项新技术、新成果参与洽谈，有 3 家农业企业签订 28 项新技术合作意向。

当年 5 月 28 日，清华大学博士后管理办公室、清华大学博士后联谊会与承德市科技局在承德石油高等专科学校共同举办清华大学博士后 2004 年承德科技行活动。清华大学 9 名博士后在会上发布技术成果，盛方电子有限公司、联创计控设备有限公司、承德荣视公司等 5 家企业在会上进行技术需求和难题招标发布。李飞等 3 名博士后分别作《“大北京”发展战略及承德市产业定位、机会分析》《网络存储现状及其发展趋势》《信息科学与社会发展》学术报告。组织仪器仪表领域专题座谈会。围绕该市打造“一个平台，两个基地”的发展战略，承德市科技局生产力促进中心、清华大学 20 余名仪器仪表专业的博士后和石油学校有关领导、科研人员进行座谈。与会人员就仪器仪表行业的发展趋势、承德市仪器仪表行业发展现状及新技术、新成果的转化与应用等问题进行充分探讨和交流。

2005 年，市科技局与北京博士后联谊会及清华大学、北京理工大学、中国农业大学、中科院北京分院等建立长期稳定的合作关系，市科技局组织清华大学博士后联谊会—承德博士后基地举办项目对接洽谈会，共发布成果 30 余项，签订合作项目 15 项，引进人才 60 多人次，解决企业技术难题 10 余项。组团参加河北省—中科院技术合作项目洽谈会，就仪器仪表、新材料、计算机及农作物新品种培育等 6 个项目与中科院有关研究所开展合作。

2006 年，市科技局组织承德市部分高新技术企业赴中科院自动化所进行技术交流和项目洽谈，就模式识别技术、智能机器人技术、语音交互技术等领域的 14 个项目进行磋商。邀请中科院有关专家到承参加中国（承德）国际旅游文化投资贸易洽谈会的科技专题活动，签订 3 个高新技术项目，开创企业与院校双向交流的省内先例。市科技局与河北农业大学开展技术合作，聘请该校著名果树专家李保国教授做长期技术顾问，引进其研发的具有 128 道生产流程的果树标准化栽培与管理技术，在承德市宽城满族自治县西岔沟村建立 300 亩精品果示范园，李保国教授的研究生定期进行指导，其果品注册“西富”牌商标，为新型冀北精品果产业的形成奠定基础。

2007 年，市科技局组织举办“天津—承德产业合作暨科技交流洽谈会”，全市 26 家企业与天津企业联合会组织的 10 家企业，在中药产业和仪器仪表产业合作方面进行交流洽谈。中电集团第十三所与承德市本特万达仪表有限公司就“MEMS 热式气体流量仪表开发”等 2 个项目正式签约。承德市科技局与天津市企业联合会就双方建立长期稳定的交流合作关系签署框架协议。

年内，市科技局组织召开清华大学博士后联谊会—承德博士后基地项目对接洽谈及成果发布会。11 名博士后就现代智能化光电仪器等 7 个领域的 16 项研究成果进行发布，全市 5 家企业与 6 名博士后就计算机无线抗干扰技术等 8 个合作项目签约。

年内，市科技局组织果树管理培训现场会，

邀请果树专家李保国等专家教授，现场为果农讲解苹果剪枝、病虫害防治和规范化施肥等技术，并与宽城满族自治县签订长期技术指导协议。

2008年，市科技局组织举办“京、津、承农业科技项目对接洽谈会”，邀请京津10名专家来承德，发布新技术和新成果，与承德市20家农业企业、农业技术部门达成18个项目合作意向。

2009年，市科技局组织筹备第三届京承农业战略合作论坛，促成承德市人民政府与河北农业大学签署《市校发展战略合作协议》。组织企业参加河北省（香港）高新技术产业专题招商会、第十二届中国北京国际科技产业博览会、第九届中国（承德）国际旅游文化投资贸易洽谈会暨京承合作推介会和冀东经济区高新技术成果暨科技合作洽谈会，推介高新技术项目，寻求技术合作，促成企业签订项目合作协议。承德市科技局与燕山大学电气工程学院签署《推进承德地方仪器仪表产业发展合作协议》。借助中国河北·国防民用科技成果展示洽谈会，承德市14家企业与中国十大军工集团、七大军工院校进行技术项目对接，达成合作意向27项，签约2项。承德新新机电设备制造有限公司与中国航天科工集团第二研究院37所签订的“PECVD航空航天防腐真空镀膜设备”项目合作开发协议，总投资3.5亿元。承德市联创计控设备有限公司与中国兵器集团公司山西北方兴安化学工业有限公司签订的“固体物料动态计量装置”项目联合开发协议，总投资1亿元。

2010年，市科技局组织召开京承科技合作座谈会，10月19日在承德召开京承科技合作座谈会，来自北京仪器仪表、生物医药、信息技术和投融资方面的22家企业、45位负责人与承德市生物医药、仪器仪表等26家企业负责人进行洽谈，座谈会由市科技局局长郑立志主持，市人大副主任竹广文出席会议并致辞。北京科技开发交流中心李建华主任介绍到承目的和中心情况、中心与河北省开展合作工作及下一步合作建议。市科技局董艳玲、董凤义两位副局长介绍承德市生物医药、仪器仪表行业发展情况，北京市和承德市有关企业做典型发言。会后，北京参会企业分仪器仪表和生物医药两个组，分赴隆化县北方中草药种植基地、御室金丹药业、金建检测仪器有限公司等相关企业考察洽谈。

2011年，承德市高新技术产业开发区与清华大学、天津大学、中科院自动化研究所等高校和科研院所建立长期合作关系。开发区邀请天津大学到承发布科技成果和科研项目共280项，20家企业与天津大学达成合作意向。针对承德市企业提出的20项技术需求以及清华大学博士后的最新研究成果，开展项目对接洽谈，签署《清华大学精仪系—承德市科技局科技合作协议》，双方就联合开展科技攻关、加强科研机构合作、建立科技成果推广转化基地、开展人才培训、建立人才和科技成果库、搭建校企合作交流平台、建立信息交流机制等问题达成科技合作协议。

为加快推进国家火炬计划承德仪器仪表产业基地建设，市科技局局长郑立志带领由科技局、开发区、承德石油高等专科学校相关人员组成的考察组赴辽宁（丹东）仪器仪表产业基地和沈阳仪表科学研究院考察学习，就承德市科技局与沈阳仪表科学研究院合作，在承德高新区设立沈阳仪表科学研究院承德分院，共同建立新产品孵化器、设立成果与产品展厅并定期召开科技成果发布会等事宜签订合作协议。把环首都绿色经济圈三县与北京知名高等院校以及科研院所的科技合作作为工作的重点内容，促成北京科技开发交流中心与滦平县政府签订《科技产业合作协议书》。承钢与中科院过程所共建的“钒钛资源高效清洁利用与产品工程联合实验室”取得专利28件。隆化县与中科院合作成立的“中科院老专家技术中心隆化工作站”，与中科院自动化所、过程所等科研机构开展技术对接。

2012年，市科技局组织河北（香港）投资贸易洽谈会，11家企业与中联办科教部、香港科研机构、投资促进机构代表进行合作项目推介洽谈。依托承德市生产力促进中心开展科技服务，与京津20所高校、科研院所合作，引进科技成果8项，开发与推广共性技术12项，帮助企业申报专利36件，服务企业300家，培训人员1500人。搭建企业与高校科研院所科技交流合作平台，与清华大学、中科院、西北有色金属研究院等21家高校院所建立全面战略合作关系。

2013年7月，市科技局在北京中关村国家创新示范区举办承德园区招商会和中欧企业对接洽谈会，邀请科研机构和相关企业到会，达成合作意向35项。11月份，由科技局牵头组织召开京承农业科技项目对接洽谈会，北京中科前方生物技术研究所代表和承德市各县区农业产业化龙头企业负责人、有农副产品深加工技术需求的企业负责人和技术人员共120余人参加此次会议，共有10余家企业与北京研究机构达成合作意向，将对先进农业技术成果进行引进、转化。推进与中国技术交易所、北京纵横合力科技发展咨询公司和中国资源综合利用协会中国尾矿技术创新战略联盟围绕技术交易市场建设、尾矿资源综合利用、中小企业融资等方面开展合作。并与清华大学、北京师范大学、中国传媒大学、北京航空航天大学、中科院、西北有色金属研究院、中国北方车辆研究所、航天科技集团等50余家科研单位建立联系，开展合作。引进铁尾矿渣生产高强微晶材料、光纤温度传感器、生物质能源锅炉、模糊图像处理系统、智能交通系统等技术合作项目300余项。借助“百家央企进河北”“百家院校进河北”活动，推动市政府与装甲兵工程学院、中科院过程所、北京中关村、北京科技交流中心签订合作协议。

2014年，承德市依托主导产业优势，推动京津冀协同创新，推进建设国家科技成果转化中试承接区。作为首批成员，市科技局加入国家科技成果转化促进联盟，与联盟签订《关于共建科技成果转化中试承接区协议》，在承德建设科技成果转化中试承接区，承接首都高新技术成果的落地与转化。

是年9月19日，“承德市科技局与承德银行战略合作签约仪式暨承德市科技型企业与承德银行投融资对接洽谈会”召开，承德市科技局与承德银行签订《科技金融全方位战略合作框架协议》，5家科技型企业与承德银行签订资金支持协议。承德银行将凤凰支行设立为“科技型企业服务特色支行”，专门为科技型企业提供特色化、全方位金融服务。

2015年，市科技局一是推进建设科技成果转化承接区，起草《承德市科技成果转化中试承接区实施方案》，与国家科技成果转化促进联盟签订《关于共建科技成果转化中试承接区协议》。二是加强与北京市科委的对接合作，“京津冀尾矿综合开发利用技术联合攻关研究院及示范应用平台”“京津冀蔬菜质量安全监测检测技术集成与应用示范”项目在北京市科委立项通过北京市科委在资金、技术、人才等方面提供支持，共同推动项目实施。三是与清华大学开展对接合作，达成合作意向。清华大学将与承德市共建产业技术研究院或工程技术研究中心，在优势产业领域开展重点项目合作。与清华大学联合举办的“清华专家承德行”，确定联合研发项目3个。四是与中关村管委会合作，签署《协同创新发展战略合作协议》，在共建中关村·承德协同创新共同体示范区的基础上，与北京中关村天合科技成果转化促进中心合作，建设“承德中关村天合京津冀高新技术转化中心”，落地承德市高新区。五是推动“环首都现代农业科技示范带”建设工作。滦平、丰宁和兴隆三县列入河北省环首都农业科技示范带核心区域，环首都三县谋划的重点工作列入河北省《环首都农业科技示范带建设方案》。承德市农业科学研究所“大果优质四季草莓新品种选育及种苗繁育”和承德市果桑站“承德经济林试验示范基地建设”，推荐为京津冀合作项目。

第二节 技术市场建立与发展

技术市场是从事技术中介服务和技术商品经营活动的场所。它以推动科技成果向现实生产力转化为宗旨，具体包括技术开发、技术转让、技术咨询、技术服务、技术承包；生产或经销科研中试产品和科技新产品；组织和开展技术成果的推广与应用等，技术覆盖面涉及所有技术领域。

狭义的技术市场概念是指作为商品的技术成果进行交换的场所。广义的概念是技术成果的流通领域，是技术成果交换关系的总和。技术市场的交换关系，主要是技术成果的生产者、经营者、消费者之间的关系。

技术市场是连接科技与经济的桥梁。在促进科技与经济的结合，增强科技事业的自我发展能力，加快科技的社会传播与普及，增强企业的活力，促进科技人才的流动，发展商品经济等方面都具有重要作用。

一、技术市场建立

1986 年 4 月，正式建立“承德地区常设科技市场”。1989 年设技术市场科，为事业科室。2002 年 1 月，根据承字〔2002〕4 号文件撤销技术市场科。2006 年 9 月，市科学技术局的内设职能科室增设政策法规体制改革科（即民营科技企业与技术市场管理办公室）。

1989 年承德市成立承德市技术市场管理办公室、承德县技术市场管理办公室，设立承德市技术合同登记处，在承德县和双滦区分别设立技术合同登记站。当年签订技术交易合同 47 个，登记合同金额 81.97 万元、技术交易额 36.27 万元。4 月新成立的“TIPS（指高新产品）中国国家分部承德中心站”，收集国内外技术、经济信息近 10 万条。发行信息刊物 53 期，发布各类信息 7800 条，为承德用户向外发送信息 300 多条，进行信息咨询服务 400 多人次。

二、技术市场发展

1990 年，承德地区组织征集全区 26 项研究开发的新成果、新技术和新产品，参加省第五届科技交易会，签订技术交易合同和意向性协议 26 份，总金额达 414.75 万元，地区科委获“优秀组团奖”，参展项目获金奖 2 项、银奖 2 项、铜奖 1 项。在大会设立的三个特别奖中承德地区夺得 2 项。11 月，在国家科委举办的全国“七五”期间“星火计划”成果博览会上，全区送展的 6 个产品全部获奖，其中，金奖 4 项、银奖 2 项。

年内，承德市技术市场工作向农村转移，承德市科委向各县（区）科委转发 5 月 27 日《河北省科学技术委员会刘希伯（副主任）在全省农村技术经济服务合作组织研讨会上的讲话》。强调农村技术经济服务合作组织是适应农村经济发展的新生事物，介绍外省建立发展农村技术经济服务合作组织的主要经验，提出河北省发展思路，要求各级科技部门深入研究探索发展农村技术经济服务合作组织的有效途径。

1992 年，承德地区地、县都建立健全技术市场管理机构，配备专职工作人员，为提高技术市场管理人员的素质和管理水平，与承德市科委联合组织为期 7 天的技术市场培训班。批准成立各类技术贸易机构 11 个，技术交易额达 334.67 万元。组织 6 个单位 9 项技术及产品到乌鲁木齐参加省统一组团的“七五”期间优秀星火技术及产品交易会。承德市科委技术市场科向县区发通知成立“农业科技成果推广协作网”。

1993 年 5 月 25—29 日，承德地区组织 11 个参展项目参加华北第二届暨河北省第七届技术人才交流交易会，达成意向协议 5 项，交易额 35 万元，展出项目获金奖 3 项、银奖 2 项。受省科委委托的技术市场培训班于 7 月 14 日正式开班。

1994年，全市技贸机构发展到310家，从业人员3080人，技术合同成交额1200万元，民营科技型企业120家，从业人员3985人，技工贸总收入4000万元。大中型企业科技开发机构发展到27家，开发新产品50项，企业增加经济效益1000万元。举办第三届避暑山庄文化艺术节，邀请2家大专院校和科研单位的科技人员举行三场信息发布会，发布项目信息2240条，签订合作项目82项，协议引进资金16474.5万元，合同引进资金6928万元。

1995年，全年技术贸易机构仍维持上年度的310家，技术合同成交额完成1500万元，建立厂办科研机构27家，民营科技型企业发展到125家，比上年度增加5家。技工贸总收入5000万元，技工贸收入达到百万元以上的有3家，即宝励普乐电子有限公司、承德县外贸粮油食品公司和一撕得铅笔有限公司。

年内，在“河北省第九届技术交易会暨第六届发明展览会”上，承德市20个单位35个项目参加展交活动，签订正式合同16项，合同金额198万元，意向协议42项，协议金额580万元；订货合同18项，合同金额18万元。8项报奖项目6项获金奖，2项获优秀奖，承德市获优秀组团奖。

1996年9月21—30日，市科委组织承德市辖区内各相关单位参加在北京举办的星火计划实施十周年暨“八五”农业科技公关成果博览会。张国强、李海瑞、高建成被评为参加河北省星火计划实施十周年暨“八五”农业科技公关成果博览会优秀工作人员。

1997年，围场北方马铃薯蔬菜批发中心、宽城满族自治县农业开发办公室、宽城满族自治县种子公司、鑫鑫源科技有限公司、承德市围场鹿苑酒厂被评为1997年承德市技术市场金桥奖先进集体。平泉县食用菌总公司、宽城满族自治县啤酒厂、丰宁满族自治县森林蔬菜食品加工厂、隆化县利国养牛有限公司被评为1997年承德市民营科技企业先进集体。兴隆县北营房镇、平泉县食用菌总公司被评为河北省青年星火培训基地。

1998年，承德市成果转化的中间环节——技术市场更加活跃，全市技贸机构发展到360家，技术合同登记额达到3000万元，承德市平泉县被列为“河北省农村技术市场试点县”。

1999年，技术合同成交额达到0.5亿元。组织民营科技企业、技贸机构参加1999年（石家庄）全国专利技术发明博览会。

2000年，全市技术贸易机构重新认定登记300多家，技术合同登记额达2464万元：民营科技型企业发展到153家，技工贸总收入达5亿元。

2001年8月6日，在承德市召开“技术市场、民营科技企业管理工作研讨会”，各县区科技局主管技术市场、民营科技企业工作的局长，市直技贸机构、民营科技企业负责人35人参加会议。同时，河北省技术合同认定登记管理业务培训班在承德举办，河北省各技术市场管理人员，承德市技术贸易机构、民营科技企业及各县区科技局负责人共110多人参加，中国技术协会常务副会长赵绮秋给学员授课。

2002年，市科技局组织露露集团、围场天源药业公司等企业参加中国专利博览会、高新技术博览会。

2003年，科技局成立承德市生产力促进中心，属事业单位，下设管理咨询、网络资源服务、综合业务等部门，为中小企业提供信息咨询、诊断、培训、技术人才引进、技术市场、项目包装等项服务。该中心当年完成ISO9000认证贯标工作，年底进入国家专业生产力促进中心行列，县级生产力促进中心也在创建之中，围场满族蒙古族自治县和平泉县分别成立马铃薯专业生产力促进中心和食用菌生产力促进中心，围场满族蒙古族自治县在省“县域特色经济生产力促进中心建设”项目招标中中标。

2004年，承德市生产力促进中心通过ISO9000质量管理体系认证，中心主要工作职能是在全市企业和大专院校、科研单位之间建立起长期合作的桥梁与纽带，为企业的发展提供技术咨询、技术培训，成果转让、人才交流等服务。

年内，市科技局针对全市重点行业进行深入的调研、座谈，在制定《关于进一步加强全市人才工作的实施意见》中提出一系列留住人才、鼓励科技人员技术创新的政策，对《承德市科学技术奖励办法》《承德市科学技术奖评审工作实施细则》、承德市"科技十佳"评选标准等进行重新修订，加大奖励额度，承德市科学技术市长特别奖的奖金额度由过去的个人奖2万元提高到5万元，集体奖提高到10万元，市科学技术奖、"科技十佳"奖金也相应提高，市政府2004年共拨出52万元用于科学技术奖励，是上年的5倍多。承德市科技专家库实现第二批185名专家入库并进行培训。

2005年，市科技局组织并参加技术成果洽谈会，邀请天津北方技术交易市场、清华大学博士后联谊会、中国农科院花卉研究所、中国医学科学院药用植物研究所等科研单位参加。市政府分别在天津、北京举办承德市投资环境说明暨项目推介会。会上市科技局组织承德中药材标准化种植基地、中药材GAP研究中心、承德市智能化仪器仪表行业等单位参加项目、成果洽谈，北方技术交易市场与承德市科技局就开展津、承中药产业合作达成意向。与天津北方技术交易市场联合组织召开天津——承德中药产业交流合作洽谈会，会上来自天津中医药产业的15个企业的代表与承德市中药企业负责人，针对促进津承中药产业资源互补、药源地建设、新药开发、技术交流等方面的项目进行深入洽谈。

为促进全市高新技术产业的发展，市科技局牵头组团参加中国国际高新技术成果交易会（简称"高交会"）。全市共有20个高新技术企业的项目在大会参展，有10个项目被列入河北省重点推介项目，共签订利用外资、技术合作项目10项，总成交额1000多万美元。

2006年9月7—14日，市科技局组织部分企业参加"2006年中国—俄罗斯年第一届中国·哈尔滨国际科技成果展交会"。10月11—17日，市科技局组织有关企业参加深圳第八届"国际高新技术成果交易会"，签订利用外资、技术合作项目6项，总成交额6500万元人民币。

2007年9月24—27日，承德市政府成立副市长于素伟为组长、科技局局长郑立志为副组长的领导小组，参加第十七届全国发明展览会，签订技术转让项目1项，7个项目达成合作意向。参展项目获金奖2项，银奖5项，铜奖8项，承德市科技局获河北省优秀组团奖。10月31日—11月1日，市科技局组织10家仪器仪表企业组成的参展团，参加在天津滨海国际会展中心举行的第二届中—西（西班牙）科技合作论坛暨新技术、新产品展示洽谈会。参展团签约技术转让项目1项，3个项目达成合作意向。

2008年，市科技局组织企业参加在廊坊举办的"2008河北省高新技术产业展"，承德市展团获得"2008河北省高新技术产业突出贡献奖"。为政府机关、事业和企业单位提供ISO9001质量管理体系认证咨询14家，代理科技查新咨询项目25项，技术合同认定额206万元，在河北技术市场网上发布科技信息3600条。

2009年11月4—5日，由副市长张建国带队，各县区、高新技术产业开发区及24家高新技术企业组成的承德市代表团，参加河北省人民政府主办的首届"中国河北·国防民用科技成果展示洽谈会"。

2010年，全市申请成立承德市院士工作站。3月，经申请省委组织部和省科技厅批复同意，承德市科技局设立院士工作站。7月，合作科参加河北省在北戴河召开的"河北省院士联谊会第六次会员大会"。

是年5月27—31日，组织企业负责人参

加第十三届中国（北京）国际科技产业博览会，推荐参展项目6个，招商项目20个。承德平泉希翼绿色能源制造有限公司的参展项目“UGE磁悬浮垂直轴风力发电机及风光互补系统”被河北省科技厅评为最佳展示奖。

2014年，市科技局与北京技术交易促进中心、中国国际技术转移中心等单位就推进技术市场建设，促进科技成果市场化等问题进行交流与探讨。组织承德市代表团赴北京参加第十七届中国北京国际科技产业博览会，接待洽谈约700人次，达成意向协议10多项。

2015年，市科技局组织推进承德市技术交易市场建设，技术市场服务场所和网上服务平台建成。同时，将各县区科技成果交易市场和孵化器的建设工作纳入科技工作年度考核目标之列，督促建设工作的开展。

第三节 科学技术普及

一、地市合并前科学技术普及活动

1989年，承德市科委组织科教管理函授学习，有140人结业。举办《中华人民共和国技术合同法》培训班两期，100人参加培训。举办四期科技人员外语培训（英、日语各两期），培训80人，结束的两期中有19人获省科技人才交流中心结业证书。为承德医学院、承德大学、承德石油高等专科学校、化工二厂、食品厂、啤酒厂、肉联厂等20多家企、事业单位进行仪器采购、安装、调试、实验室化验室筹建服务。

1990年，地区科委与地委组织部联合举办两期科技副乡镇长培训班，共培训168人，占科技副乡镇长总数的78%，培训内容包括科技方针政策及科技体制改革，科技副乡镇长职责任务，科技计划管理，“星火计划”，科技成果推广等。开展技术中介服务一次，技术咨询三次，为围场满族蒙古族自治县河东罐头厂、郭家湾乡鞭炮厂、隆化县三十家子乡天然色素厂等乡镇企业提供产品新工艺质量检测标准、包装样本以及新产品服务，组织发展全省科技、经济信息网网员10余人，为全区提供科技信息1257条，接待技术咨询716人次，引进新技术13项。

1991年，承德地区“星火”培训、“绿色证书”培训与“26推”项目实施相结合。为保证培训工作按计划完成，为各县拨付星火高层次培训班经费3.5万元，为农科教统筹试点丰宁满族自治县职中拨付试验经费1万元，为全区科技副乡镇长培训提供经费1.3万元。全区共举办“星火”高层次培训班149期，为农村及乡镇企业培训技术和经营管理骨干5668人，县科委单独办班10期，联合办班50期，培训2101人。

1992年，承德地区科委组织10个单位的11名厂长、经理及专业技术人员参加省统一组织的高新技术外向型人才培训，取得结业证书。为农村及乡镇企业培训技术和管理骨干7700人，完成项目跟踪普训84728次。

1993年，承德地区科委“星火”高层次培训完成2900人。项目跟踪普训6万人次。

二、地市合并后科学技术普及活动

1994年，承德市科委开展各级各类技术培训，围绕农业“26推”组织培训班4733个，培训师资12028人。普训农民105656人次，绿证培训5155人，“星火”培训完成10422人次，完成省任务的261%。

1997年，承德市科委举办科技培训115万人次。

1998年，全市农民技术教育培训得到加强，通过星火培训、科技下乡、电波入户等形式，共培训师资3384人，“绿证”1.2万人，技术骨干1.03万人，普训农民81万人次。农业科技宣传重点是"26推"，开展以"26推"为主题的科技宣传月活动，各县区都采用科技大篷车，赶科技大集，组织科技培训和科技明星现身说法等形式，把科技带给千家万户。如兴隆县组织由农业局等13个单位参加的"十下乡"活动，历时25天，行程1600多千米，走遍全县20个乡镇，科技演出23场，技术咨询8000多人次，发放明白纸4万多份，直接受益者达6万多人。

1999年，全市科技人才培训，1.5万农民获"绿色证书"、农民技术骨干培训15.5万人次，普训农民81.5万人次，农业科技入户率达到84%。

举办民营科技企业微机入网培训班，组织民营科技企业加入河北省科技信息网。省科普工作示范县兴隆县经两年努力通过验收。在双桥区冯营子乡开展科普示范乡镇工作，组织实施"利用果园空闲地种植中草药""山地蔬菜微喷微灌""立体养鱼"等科普示范项目。

2000年，开展一年一度的科技下乡和城市科普宣传周活动。

2001年，承德市有注册种养业农产品商标12件，存在销售规模小、知名度低、市场占有率不高的问题，为此承德市科委组织实施"注册农产品质量优化技术示范项目"，培育农业名牌精品10余个，提高承德市农产品抢占市场能力。平泉县承德绿源绿色食品有限公司的"森源牌"食用菌通过名牌打造，扩大基地范围达16个乡镇近百个村，年生产各类食用菌1800万盘（袋），总产量达1.8万吨，产值近亿元，通过采用先进工艺和新设备进行产品深加工，其年加工能力达9000吨，销售收入达4000万元，"森源牌"产品打入国内超市并远销海外。隆化隆泉米业公司的"隆泉牌"免淘大米，通过扩大优质稻和生态稻种植面积、引进优质品种和改进生态米加工工艺等手段，生产商品生态米1.8万吨，销售额达1.08亿元，"隆泉牌"免淘米在国内具有较高知名度，被全国农技推广中心授予"爱比美"生态食品标识和河北省名牌产品。

2002年，不断引进培育优新品种，关键技术开发，增加农业技术、品种储备。年内共引进蔬菜、食用菌、水稻、林果、畜牧等优新品种51个，引进肉用波尔山羊纯种68只，生产颗粒和细管冻精3万支（粒），在隆化、围场两县十个试点进行冻精、鲜精配种试验，改良羊达2万只，繁殖成活率达85%。

年内，抓技术创新试验示范体系建设，全市起步建设的县区级以上重点农业科技示范园区有11个，规划建设规模33316亩，计划总投资20842万元，完成投资5880万元，引进新技术、新成果62项，新品种357个，成为科技成果的转化示范基地。园区建设形成"园区＋龙头＋农户"、政府搭台企业经营、股份制合作、承租反包等多种运行机制，创造高科技观光园区、农业生态科技观光园区、科技示范结合产业化园区等多种类型，发挥多功能示范引导作用。9月20日，市科技局在宽城北局子农业科技园区召开现场交流会，交流园区建设经验，提出具体改进措施，推动各县区农业科技园区建出特色。

年内，为加大科技成果鉴定、科技奖励评审、科技项目招标等工作力度，完善科研立项专家评议制，着手筹建承德市科学技术专家库，经过筛选确定320名专业技术人员作为承德市科学技术专家库的第一批入库专家，举办首期市科学技术专家培训班。

2004年，市科技局与组织部、人事局、发改委及农业各部门联合开展各个层次的科技培训，在落实科技人员待遇、加大奖励力度，鼓励科技人员领办、创办企业等方面提出具体的政策措施，确保科技人员队伍的稳定和全市整体科技素质的提高。

2005年，市科技局通过招投标的形式推动农业科技传播站的建立。全市建立9个不同形式的科技传播站，平泉食用菌等6个技术传播站被列为省级示范单位。组织开展“送农业科技进10万农户专项行动”，当年组织“无公害越夏硬果番茄高效栽培”等实用技术培训1200期次，培训农民70余万人次，召开全市食用菌标准化生产和苹果标准化及配套技术示范推广等多个现场会。建立示范村476个、示范园（场）200余处，示范面积120万亩，农业先进技术普及率达92%以上，良种普及率达95%，促进全市农业增收10多亿元。

2006年，加大全市农业科技的普及，一是农业科技传播站建设活动：重点建设由农业企业和农业社会化服务组织主办、专家指导、联接农户的科技传播站，进行高层次技术人才的引进和新技术新成果的转化应用。全市建成18家传播站，吸引省内外技术专家50多人参与传播站建设，形成市县农业科技传播的辐射网络。二是“一县一业一园”农业科技示范工程。围绕各县区特色产业发展重点建设科技示范园，全市建立产业科技示范核心园区11个，辐射带动建立各类园区基地30万亩，围场马铃薯、平泉食用菌两个产业科技示范园被列为第一批省级示范园。

2007年，市科技局组建各类中介服务组织120多个，参与农民10万余人，技术培训3000场次，培训农民50余万人次，组建各类技术传播站18家，直接带动15万余农民增收6亿多元。

2008年，市科技局制定承德市科学技术专家管理办法，确定、审查入库专家条件和推荐程序。现有入库专家628名，具有承德市科学技术专家资格证书。对参与承德市科技评审的市外专家经过推荐、填表、审核，有98名合格的市外专家进入专家库。年内在滦平县大屯乡召开全市“农业科技培训暨无公害蔬菜生产技术现场会”，有100人在滦平县昌盛蔬菜生产园区参观学习，西方种业公司张福林、杜云海博士等市内外专家现场为农民推介培训新品种、新技术。

年内，举办承德市“森源杯”农民科技知识竞赛活动，收到农民答卷12000份，配合知识竞赛组织编印《承德市农业科技实用知识1000问手册》，向农民发放6000份。联合市林业局举办“2008年全市果品大赛”，有苹果等8个参赛树种，12个系列、312个样品的干鲜果品参赛，集中展示承德市科技兴林、兴果取得的新成绩。

2009年，全市送科技入户16万余户，发展规模农业科技示范园区27个，完成培训农民75万人次。发放技术手册2000册。市科技局邀请市农业局总工孟昭云、市农业局植保站站长任自忠、蔬菜站站长王玉宏等6位专家，于7月30—31日在围场满族蒙古族自治县克勒沟镇、腰站乡，隆化县张三营镇，承德县岗子乡召开“优质马铃薯规范化生产研究与推广”“优质高效测土配方技术研究与应用”等推广转化示范现场会，对农民提出的农业技术问题、信息需求进行解答，并向农民发放农业技术指南和宣传资料。

年内，市科技局组织举办全市工业、农业、医药卫生系统科研管理与专家讲座培训班三期，邀请承德医学院院长张树峰、承德市中心医院副院长郭靖涛两位专家就预防保健知识等进行讲解。市科技局就科研立项、科技成果鉴定和科技奖励评审等有关知识进行培训，共有300人参加培训。

2010年，市科技局组织申报省级科普基地3家，获得审核认定2家。争取天文科普城项目，活动经费3万元。为兴隆县和丰宁满族自治县中小学争取国家科技部配备电脑教室2个，电脑40台。配合科技推广和农业科技示范园区建设部门组织技术人员精心编写3万份技术材料，编制技术宣传小册子1万余册，共培训农民30余万人次，培养科技示范户8000余户。

2011年，市科技局组织开展全市科技活动周活动，联合市委宣传部、市科协等18个单位围绕宣传党和国家的科技方针政策、节约能源资源、促进创新创造和普及科学知识等重点开展10个专题的科普宣传活动。各部门在活动中共制作横幅标语、宣传知识展板700块，发放各类知识宣传单 60 万份、科普宣传画 3 万张、科普图书 1.6 万册，免费发放技术光盘 1 万张、药品 2.3 万盒，为群众义诊 6 万人次，解答群众咨询 9 万人次。支持双桥区西大街办事处开展科普进社区活动，给予资金 4 万元，帮其建立科普画廊和橱窗。为兴隆县创建国家级科普基地争取省科技厅 200 万元资金支持。

年内，市科技局联合市国税局、地税局共同举办“承德市落实研发费用加计扣除政策培训会”，相关企业、县区科技管理人员、科技研发中心相关人员共 100 人参加培训会议。围绕加计扣除政策的落实，组织专家召开鉴定会，为承德苏垦银河连杆股份有限公司等 4 家企业出具项目鉴定意见书，共核算企业研发费用总额 1048.57 万元。

年内，完成一年一度的科技统计和科普统计工作。在“五一”《中华人民共和国防震减灾法》实施纪念日、“5•12”全国防灾减灾日和“7•28”防震减灾宣传周、11 月 1 日《中华人民共和国突发事件应对法》实施纪念日等重点时段，集中开展宣传活动。通过承德科技信息网，河北地震信息网等网站，刊登防震减灾法律法规、案例、防灾避震知识的文章、信息，广泛宣传防震减灾知识。制作《中华人民共和国防震减灾法》宣传板报，防震减灾知识问答等宣传单，在市中心广场进行免费发放，向老百姓普及防震减灾知识。选派技术人员深入学校开展防震减灾知识讲座。充分发挥防震减灾示范社区和示范学校作为宣传阵地的示范作用。

2012 年，市科技局联合市委宣传部、市科协、教育局，农牧局、水务局、卫生局等 19 个单位，举办“携手建设创新型承德——科技服务基层、科技改善民生”为主题的科技周活动，发放宣传资料 1.5 万份，咨询群众 300 人次，展出挂图 3000 张，展板 100 幅，送图书、科技新产品、节育用品价值 20000 元。拟订《承德市市级科普基地认定办法》，下发《关于开展首批承德市市级科普基地认定工作的通知》，经过专家评审，有 10 家企业单位获评。

2013 年，市科技局组织 2013 年度科普统计调查，完成全市 231 个单位、462 份数据的收集、汇总等工作，编印发放《国家、省、市推进和鼓励科技创新相关政策摘编》，为企业税前加计扣除研发经费 1900 万元，为高新技术企业减免税收 2000 万元。

2014 年，市科技局联合市工商局在高新区开展以“保护•运用•发展”为主题的宣传活动，共向企业、高校和市民发放宣传材料 2000 多份，大力宣传《中华人民共和国专利法》《中华人民共和国商标法》等相关的法律法规。

是年 5 月 17—24 日，在隆化县举办第 14 届科技活动周，市县 23 个单位（部门）、企业参加集中宣传活动，共组织开展 30 多个专题 110 多项科普宣传活动。

年内，市科技局组织“中国梦•科技梦•承德梦”大型科普知识及“科技创新•绿色崛起”主题活动，在全市各县区、高新区及高校内巡回展出，为群众和青年学生送去丰富的科技知识和先进的科学理念，此项活动被省科技厅确定为 2014 年科普重点活动年。

2015 年，市科技局进一步贯彻落实国家创新驱动发展战略和《中共河北省委河北省人民政府关于深化科技体制改革加快推进创新发展的实施意见》，举办“承德市创新方法推广与应用培训班”，聘请河北工业大学副校长、国家技术创新方法与实施工具工程技术研究中心主任、河北省制造业创新方法工程技术研究中心主任檀润华教授讲课，培训内容以技术创新的过程与方法为题，就创新的规律性、创新内涵、创新过程、TRIZ 理论、工程实例、如何推进企业技术创新等方面进行培训，全市各县区（开发区）科技主管部门的领导和工作人员，驻市高等院校、科研院所和部分企业负责科技工作的领导和技术人员参加培训。

是年1月16日，市科技局到兴隆县李家营乡开展科技服务“三下乡”活动，向李家营乡赠送《无公害蔬菜生产技术及高产高效种植模式》《承德市农业科技实用知识1000问手册》等科普图书400册，现场发放务农常识、疾病预防等方面的科普宣传资料2000多份。

是年5月15—24日，在科技活动周期间，市科技局与市科普工作联席会议成员单位共同开展“科技创新及科普知识大赛”“消防安全伴我行”等专题科普宣传活动。《承德市科技创新政策法规知识大赛》列为2015年省级科普重点活动项目，获得5万元资金支持。大赛收回有效答题卡2000多份，共评出一等奖55名、二等奖110名、三等奖220名。在全国2015年科技活动周“万名科学使者进社区（农村、企业、军营）”活动中，承德市41名专家和科技工作者获得先进个人表彰。

第四节 科技创新服务

一、工业科技创新服务

1989年，承德市科委把拥有国内市场80%的微机控制悬挂输送机产品和运输输送机械、电子称重系列产品作为支柱产业，优先发展重点支持。筹建“承德市总工程师联谊会”，探索工业科技体制改革新的组织形式，申请参加联谊会的有71个单位、94人，对于沟通政府和科技人员之间的联系，增加总工程师之间的交往，交流企业科技管理和推动科技进步的经验，从理论和实践结合上研究讨论依靠科技进步促进经济发展的经验和路子。

1990年，承德地区科委先后走访调查轻工、化工、煤炭、建材、冶金、矿山、机械电子、乡镇企业、计经委等部门和部分地县属企业，召开企业主管部门科技负责人座谈会。

1991年，承德地区科委组织创建3个科技先导型企业和6个乡镇企业星火示范点。列入省级“星火科技示范企业”试点的兴隆县兴京糖果厂和宽城满族自治县龙须门陶瓦厂，于当年通过省级达标验收。

年内，按照全区“八五”期间要有70%以上的工矿企业普遍建立起技术开发组织的规划，地县科委分别抓1～2个试点企业，督促工矿企业尽快建立起名副其实的技术开发机构，组织开展企业技术诊断工作。于7月上旬，聘请北京市第一机床厂14名有技术、懂管理的专家到丰宁满族自治县燃气设备厂和木材厂进行技术诊断。

1992年，承德地区钢铁水泥总厂等14个国营企业建立科研所等技术开发机构，帮助企业寻找、建立大专院校、科研院所等技术依托单位19个。开发地级以上新产品25项。承德商业机械公司达到科技先导型企业标准。宽城龙须门镇陶瓦厂、兴隆县皇苑食品厂等2个企业达到星火示范企业标准。

1994年，全市申报通过省科委认定的高新技术企业5家，高新技术产品达15个，市高新技术产业开发区有进区企业33家，高新技术企业13家，年设计新增产值12.99亿元，新增利税3.1亿元。丰宁高新科技产业园区基础设施投入达1367万元，5家企业进区，完成技工贸总收入100万元。

1995年，全市申报通过省科委认定的高新技术企业8家，高新技术产品17个，市高新技术产业开发区有进区企业76家，高新技术企业13家，高新技术产品15个，全市高新技术技工贸总收入完成2.2亿元。为加速承德市高新技术改造传统工业的步伐，市科委会同经贸委对承德市相关的重点企业调查摸底。在5个企业试点，承德输送机总厂的“计算机辅助设计系统”、承德县化肥厂的“硝基苯催化法替代铁粉还原法生产对氨基酚”两个改造项目进行顺利。

年内，利用高新技术改造传统产业，承德市在微电子技术改造机械、化工、建材等传统产业，用声像工程技术改造医药、食品、饮料等行业，应用新材料、表面处理新技术或节能降耗新产品改变现有产品结构，推广CAD、CAM的应用技术等四个方面率先突破，根据实际采取名牌嫁接、高技术产品开发、提高关键技术等方法迅速提高改造率。在民营科技型企业发展上，全市确定道义支持、政策扶持、政府推动“三点方针”，促使民营科技型企业新经济增长点发展壮大。5个利用高新技术改造传统产业的试点单位得以实施，民营科技型企业新增10家。

1996年，全市“四百工程”实施，新增高新技术企业10家，认定高新技术产品14个，市级高新技术产业开发区达到“七通一平”，年内新增进区企业15家，达到110家，完成技工贸总收入1.98亿元，全市完成高新技术技工贸总收入3.6亿元，达到省要求占地区生产总值比重2.7%的指标。

1997年，组织实施市级以上重点科技攻关项目20项，开发省级以上新产品48项，发展民营科技型企业150家，全市53家大中型企业有38家建立科技开发机构，建成率达到60%。

1998年，承德市高新技术开发区利用优惠政策，吸纳80多家企业注册，高新技术企业24家。引进的小型水处理设备、电厂烟尘脱硫装置、维晶铸石等高技术项目，增强了承德市高新技术产业后续发展能力。年内实现技工贸总收入3.2亿元。全市民营科技型企业达到180家，技工贸总收入2.5亿元，年技工贸总收入超百万元的达30多家。

1999年，通过河北省认定的高新技术企业18家，全市共有高新技术企业61家，高新技术技工贸总收入完成14.5亿元。民营科技企业发展190家，民营科技企业技工贸总收入达到3亿元，实现利税0.6亿元。

市科委组织实施智能化立体停车装置、汽车减震器、抗狼疮散、智能液位计等高新技术项目加以扶持并取得明显成效，抗狼疮散项目列入国家星火和新药基金计划，生产线投产，可实现产值近亿元。推动省级高新技术产业开发区建设特别是扶持开发区建立高新技术创业服务中心，使其成为开发区高新技术产品孵化器，为开发区提供后续高新技术成果。

2000年，承德市改革科技计划管理办法，引入竞争机制，对重大项目面向社会进行公开招标。工业企业技术创新示范中标企业华一机械停车库集团的技术中心为省级技术中心，中标后完成创新创收项目9项，组织在研项目4项，新产品产值占总产值的50%，到年底签订合同250万元，新产品占200万元，新开发产品的利润率达到30%以上，远高于老产品的3%～5%。

2001年，全市科技工作重点向民营企业转移，重点支持华联工控、本特万达、荣视电子、金建、五岳电子等以智能化仪器仪表产品和机电一体化设备生产为主的民营科技型企业，由科技人员领办、具有自主知识产权的项目，在市场竞争中逐步显露出优势。

2002年，市科技局为优势产业搭建技术创新平台。将克罗尼、本特万达、金键、华联工控等企业整合在一起集中组织高新技术产业化项目，与承德石油高等专科学校联合，利用其具备较为完善的试验设备及拥有高级人才的有利条件构建为企业集中进行产品开发、中间试验的技术平台，实现各种资源共享。是年，承德市年销售收入千万元以上的仪器仪表生产企业达7家，液位计、流量计、非金属材料试验机等产品占国内市场份额50%以上，为承德市成为集研发、生产、销售为一体的智能化仪器仪表生产销售集散地打下基础。

2003年，全市新认定高新技术企业8家，高新技术项目 8 个，高新技术工贸总收入 30.8 亿元。审批和认定民营科技企业 26 家，全市入统民营科技企业161家，企业资产总额超10亿元，年创工业总产值近8亿元，年技工贸总收入达8.5 亿元。市科技局组建承德市智能化仪器仪表产品开发及中试基地平台，解决承德市仪器仪表生产企业新产品开发、中试、技术升级及成果孵化、技术人才引进等方面的难题。制造业信息化重点抓 ERP 系统应用工程示范企业，露露集团、承钢集团、金建公司分别投入 1000 万元、2000 万元、100 万元用于 ERP 系统的开发应用，提高企业管理水平，资金利用率提高 15% 以上。

市科技局加大对民营科技企业支持力度，专门成立民营科技企业管理办公室，简化审批手续。制定并出台《市科技局关于扶持民营科技企业发展的有关规定》，起草印发《关于开展创建市级民营科技产业园区活动的通知》，对创建园区的模式、设立条件、管理与扶持等内容做出明确规定。

2004 年，全市重点加强智能化仪器仪表基地建设培育：组建承德市智能化仪器仪表工程技术中心，帮助生产企业进行新产品开发、产品中试、京津科研成果的孵化及转化，产品性能及质量测试、技术人才引进等服务。

市科技局与承德石油高等专科学校共同投入 30 万元资金用于购置检测仪器设备和改造厂房，该项目在省科技厅确定的 6 家工程中心招标中标，获省资金资助 30 万元，市财政也给予连续 3 年 60 万元贴息支持，奠定平台启动的基础。筹划组建北京博士后承德开发基地，在市高新技术开发区，可入驻企业 50 ～ 60 家。为推进高新技术产业特别是智能化仪器仪表产业发展，市科技局与市发改委、中小企业局共同研究、制定政策，拟出台《关于促进高新技术产业发展的决定》，与市高新技术产业开发区联合创建智能化仪器仪表开发基地。

2005 年，全市认定高新技术企业 35 家，高新技术技工贸总收入增长 15% 以上，年达到 40.5 亿元。科技服务环境进一步优化，智能化仪器仪表研发基地、省级中药材 GAP 研究中心、承德市生产力促进中心等科技创新服务平台的创建为全市高新技术企业提供技术咨询、产品中试、项目包装等多项服务，推动承德市高新技术产业的发展。

年内，市科技局为扶持智能化仪器仪表行业，与承德石油高等专科学校联合组建市智能化仪器仪表科研开发及产品中试基地，成立虚拟技术中心、承德市仪器仪表技术学会，并支持 3 家企业建立完善企业研发机构，市仪器仪表行业有 15 家企业年销售收入超过 1000 万元，年开发新产品达 20 项。

承德市信息产业园建设进入规划实施阶段。承德市高新技术产业开发区开展“园区再造”工程，通过建立科技创新基金增加科技创新投入，通过建设科技创新平台，完善创业孵化中心，加强与科研单位、大专院校的联系，引进消化吸收科技成果。利用现有孵化器 12800 平方米的面积和在孵的 68 家企业，转化科技成果累计 80 多项，在孵企业 2005 年实现销售收入 1.5 亿元。科技进步推动高新技术产业开发区的发展，2005 年实现高新技术产业增加值 6 亿元。颈复康药业集团、承德本特公司、新新电子公司、科达仪表有限公司等企业在开发区成长壮大并形成规模。

年内，利用高新技术改造提升传统产业，全市完成重大高新技术改造传统产业项目 10 项，主要在制造业信息化领域进行。其中全市有近 50 家机械、电子企业推广应用 CAD 技术，华一集团等 4 家企业被列为省 CAD 应用示范企业，企业的新产品开发速度提高 50% 以上，企业在招投标过程中竞争能力也得到大幅度提高，CAD 应用企业数量居全省第 7 位。包括承钢、露露集团在内的 4 家企业投入资金 6000 万元，完成企业的 ERP 系统，露露集团、金建检测仪器有限公司两家企业被列为河北省制造业信息化示范企业。

ERP系统的应用，使企业的管理水平得到显著提高，如露露集团流动资金下降50%，节约流动资金6000万元。全市ERP应用水平居河北省第6名。

年内，全市重点在智能化仪器仪表、冶金矿山、中药、蔬菜、食用菌等5个产业，扶持相应科技基地的创建完善工作，为依靠科技创新推动特色产业集群发展奠定基础。

2006年，承德市创建克罗尼仪表有限公司和承德石油高等专科学校的工程技术中心及承德市智能化仪器仪表虚拟工程技术中心，为全市30多家仪器仪表企业提供各种技术服务，对整合仪器仪表产业技术、人才、市场信息等资源发挥重要促进作用。

年内，在市高新技术产业开发区南区征地500亩筹建仪器仪表产业园区。基地内集聚具有自主知识产权、技术水平高、规模较大的仪器仪表生产企业，形成以流量计、液位计、非金属材料试验机、电子轨道衡等产品为代表的产业集群。经科技部批准，承德仪器仪表产业基地被认定为“国家火炬计划承德仪器仪表产业基地”，承德热河克罗尼仪表有限公司、承德新新电子有限公司等6家企业同时被认定为该基地的首批骨干企业。

2007年，全市完善国家仪器仪表特色产业基地建设，资源整合凸显成效。智能化仪器仪表产业是全市六大支柱产业之一，全市共有仪器仪表生产企业125家。按照基地建设实施方案，组织实施15个国家仪器仪表高新技术项目，其中国家火炬计划项目3项，国家和省科技型中小企业技术创新基金项目4项。重点加强基地创新服务平台建设，创建热河克罗尼和承德石油高等专科学校共建的省级企业技术中心。以承德本特顺达仪表公司为主组建“承德大水流量检测站”，为全市及周边地区提供流量计检测、评价等科技服务。

年内，制定《承德市仪器仪表产业集群及其中小企业公共技术服务体系发展规划》，提出创建“一个共性研发平台、三个开放重点实验室、一个融资担保机构（或风险投资机构）”，完善“一个生产力促进中心、一个孵化器、一个行业共性技术检测中心、一个协会”，逐步打造“七个公共技术服务平台”的发展思路。仪器仪表生产企业生产系列产品达20多个大类，300多个品种，销售收入超亿元的企业有2家，超过5000万元的有6家，全市仪器仪表行业的销售总收入、市场占有率、产品的技术水平在河北省均处首位。

2008年，围绕钒钛钢铁、仪器仪表、装备制造、食品和中药等特色产业，市科技局组织实施高新技术引进及产业化开发项目10项。“钒生产工艺优化及技术集成创新”“河北道地中药材产业体系建设示范研究”为省重大技术创新项目，“黄芩规范化种植关键技术研究”列入国家科技支撑计划。是年新认定高新技术企业4家，到2008年底全市有高新技术企业19家，高新技术产品20项。承德市联创计控设备有限公司生产的“微量连续精密配料生产线”和承德金科科技开发有限责任公司生产的“氮化钒铁”被河北省科技厅认定为“河北省自主创新产品”。

年内，承德市科技型中小企业创新基金额度达到300万元，对本市8个项目进行借款支持。建设承德市高新技术特色产业基地3个：国家火炬计划承德仪器仪表产业基地、滦平县钒产品特色产业基地和承德县高新电子科技产业园。建设科技创新平台7个，其中，省级中心平台2个，即河北省仪器仪表工程技术研究中心和河北省中药新辅料工程技术研究中心；市级中心平台5个，即承钢钒钛产业研究中心、食用菌产业技术研发中心、马铃薯产业技术研发中心、蔬菜产业技术研发中心、种子产业研发中心。建设科技服务平台2个：承德市大水流量检测站和承德市生产力促进中心，提高科技服务水平。

年内，围绕矿山资源综合利用技术和环境综合治理，全市实施“节能减排技术成果集成推广和应用”“承德钒钛磁铁尾矿生态环境综合整治技术示范与推广”和“矿山生态修复与重建关键技术研究与示范”等项目，优先开展钒钛铁精矿品位提高及节能降耗技术和回水循环利用技术研究，通过应用磁选—浮选技术，精铁矿的选出率达到57%～63%，实现选矿节电5%～10%，回水利用率达到80%。承德新新建材的“矿山固态废弃物再利用技术”形成处理尾矿砂80万吨、生产免烧砖4亿标准块、复合材料井盖5万套的生产能力，成为承德市最大的新型墙体材料生产基地之一，实现矿山固态废物零排放，建立示范模式。对矿山生态环境进行综合治理，完成350个“绿色矿山”披绿建设，绿化矿山面积231.64公顷，植树339万株。

2009年，市科技局重点组织实施“钒钛磁铁矿钒提取技术创新及钒微合金钢研发”和“全钒液流储能电池系统开发和集成化应用”2个河北省重大科技创新专项，获得河北省科技厅资金支持520万元。组织实施国家和省科技型中小企业技术创新基金项目12项，争取资金520多万元。组织安排市本级重点产业技术创新项目8个，总投资8.86亿元，落实财政专项资金510万元，项目全部完成后可新增销售收入28.5亿元，利税6.24亿元。加强高新技术特色产业基地建设，提升产业创新发展能力。承德国家钒钛新材料高新技术产业基地获国家科技部批复认定，“河北（隆化）钛产品特色产业基地”列入河北省区域特色高新技术产业基地。承德市高新技术产业开发区创业服务中心被核准认定为省级科技企业孵化器。申报河北省第二批创新型试点企业4个，申报高新技术企业6家。编制《承德市仪器仪表产业发展规划》。

年内，加强承德钒钛磁铁尾矿生态环境综合整治技术示范与推广和矿山生态修复与重建关键技术研究与示范，通过应用磁选—浮选技术提高精铁矿的选出率，尾矿提磷技术形成年产4万吨的生产能力，磷矿品位达到34%～37%，矿山中水回用技术的应用达到80%的节能效果。承德新新建材的矿山固态废弃物再利用技术建成干选和湿选两条生产线，日处理尾矿沙3000立方米，形成干选日产200吨20%铁粉和湿选日产50吨51%～52%铁精粉，日产80吨40%钛精粉的生产能力，再造后的固态废物生产新型建材技术研究完成工艺设计和设备选型，开始进入批量试生产阶段，为铁尾矿综合利用，实现矿山固态废物零排放建立示范模式。

2010年9月10—11日，“首届中国（承德）钒钛产业创新与发展高端会议”在承德召开，会议由科技部、中国科学院、中国工程院、河北省人民政府主办。河北省科技厅、承德市人民政府、河北钢铁集团有限公司承办的“首届中国（承德）钒钛产业创新与发展高端会议”在承德市隆重召开，来自国家有关部委和河北省的领导、国内外的钒钛产业协会、两院院士、钒钛产品研究与应用领域的32位钒钛技术权威专家学者、12家钒钛生产企业负责人、41家传媒机构和应邀嘉宾150人参加会议。国家发改委、中国工程院和英国、俄罗斯、南非、澳大利亚等国的11位国内外专家在大会上做专题报告。会议通过“首届中国（承德）钒钛产业创新与发展高端会议共同宣言”，向7位院士颁发“承德国家钒钛新材料高新技术产业化基地顾问”聘书，形成向国务院报送的《首届中国（承德）钒钛产业创新与发展高端会议专家建议书》。承钢集团与中国科学院工程研究所共建“钒钛资源高效清洁利用与产品工程实验室”等4个项目签约。

年内，市科技局以矿山生态修复与重建关键技术研究与示范项目促进“百矿披绿”工程实施。以市政府名义出台《承德市“百矿披绿”工程实施方案》，确定100个矿山先行进行披绿试点，制定《承德市绿色矿山规划》，加强重点矿区生态环境的恢复治理，指导和督促矿山企业采用筑坝建库、改造河滩造田等举措，实施尾矿造田工程，大量栽种沙棘、刺槐，以恢复植被。有效控制水土流失和土地沙化，避免引发各种地质灾害。协同国土、环保、林业等部门共同选址，尾矿库全部选择在两山夹一沟之间，委托有关专业单位进行地质灾害危险性评估，要求选矿企业对尾矿库进行梯级使用，逐层逐年进行绿化复垦。利用尾砂制砖替代黏土砖，实现尾沙的二次开发利用，经统计全市有利用尾砂制砖企业10家，承德新新建材有限公司利用尾砂生产的新型墙体材料型号齐全，市场畅销。

2011年，在市科技局的努力下，“承德国家钒钛新材料高新技术产业化基地”通过国家科技部复核，形成以双滦区、隆化县、滦平县为核心区，以承钢、万利通、金科、钛通矿业、建龙特种钢、天大钒业等为骨干企业的钒钛新材料产业集群。基地现有钒钛生产企业18家，省级企业技术中心2个，生产力促进中心1个，累计组织实施各级各类科技计划项目40项，开发高新技术产品16项，申请国家专利64项，授权专利30项。国家火炬计划承德仪器仪表产业基地以承德市高新区为主基地，研发智能化运输和集散控制系统、钟式冲击试验机、系列玻璃电熔炉等新产品。建设承德高新区技术创新与公共设计平台，为承德市仪器仪表和装备制造业100多家中小企业提供网络化的产品设计和开发环境。

年内，以国家实验区名义申报科技部的“铁尾矿资源化利用及生态修复关键技术集成与示范”项目落户平泉，项目总投资5.3亿元。围绕全市创建国家环保模范城市总体要求和节能减排重大科技需求，开展新技术应用研究与中试示范。重点开展“生物质能源供热装备制造和热网建设运营技术研究”“水源热泵新工艺技术研究”“矿山尾矿库生态修复及综合利用”“抗生素废水微波催化、氧化深度技术研究”“社区服务信息网络平台关键技术研究”等项目，通过技术创新推动节能减排工作开展。

2012年，围绕平泉县创建“国家可持续发展试验区”，市科技局组织开展涉及经济社会与生态环境的38项指标和44个示范项目的建设，重点谋划和实施国家863项目“氟石膏基胶结料的产业化示范工程技术研究”等科技含量高、能促进可持续发展的科技项目。

年内，市科技局围绕节能减排重大科技需求，开展新技术应用研究与中试示范，重点开展“生物质能源供热装备制造和热网建设运营技术研究”“水源热泵新工艺技术研究”“矿山尾矿库生态修复及综合利用”“抗生素废水微波催化、氧化深度技术研究”“社区服务信息网络平台关键技术研究”等项目，在全市铁选行业全面推广先进的变频节电技术，引导承德市企业技改转型，山庄集团、龙鸿热力、城市污水处理厂减排工程通过市验收。举办“承德市落实研发费用加计扣除政策培训会”，组织专家召开鉴定会，为承德苏垦银河连杆股份有限公司等5家企业出具项目鉴定意见书，企业总计研发费用920.59万元。

2013年市委、市政府成立专门班子组织申报创建国家级文化和科技融合示范基地。通过科技部牵头组织的答辩，谋划和组织实施“基于避暑山庄文化的承德数字旅游综合服务平台建设”“承德避暑山庄及周围寺庙虚拟现实系统”“特种电影放映系统的开发及在乡村科普教育中的应用”“阳图热敏CTP版材”“旅游与商务LBS服务平台”等10多个文化科技创新项目。

年内，针对承德市高新技术企业规模较小这个实际，采取重点培育、政策引导等措施开展高新技术企业认定工作，推动高新技术企业发展。承德市有效期内高新技术企业达到22家，比上年增加6家。年内全市申报认定第一批科技型中小企业180家，年末达到300家。全市共安排中小企业技术创新基金1060万元，市财政通过“拨改投”方式累计安排科技型中小企业技术创新基金3000万元。

年内，科技创新创业服务平台建设步伐加快，全市共建成各级各类科研服务机构58个，其中国家级示范生产力促进中心 2 个，国家级科技企业孵化器 1 个，省级重点实验室（工程实验室）4 个，省级工程技术研究中心（企业技术中心）26 个，市级工程技术研究中心 30 个。全市企业孵化器总面积超过 5 万平方米，毕业企业 49 家，在孵企业 62 家。河北省钒钛工程技术研究中心（承钢公司）钒钛磁铁矿冶炼、冶金提钒和化工提钒三项技术处于国际领先水平。承钢公司省级工程技术研发中心采用世界首创“电铝热法”技术成功冶炼出航天航空终端用 55 钒铝合金，产品填补国内空白。

年内，承德市建成各类工业聚集区 15 个，其中，国家级高新技术产业开发区 1 个、国家级高新技术产业化基地 2 个。在此基础上，六沟、张百湾、凤山 3 个产业聚集区建设有序推进。

年内，市科技局加强对“承德国家钒钛新材料高新技术产业化基地”和“国家火炬计划承德仪器仪表产业基地”的科技指导和投入，充分发挥其辐射带动作用。建立承德市尾矿资源利用工程技术研究中心等 10 家市级工程技术研究中心和河北省锻造用钢工程技术研究中心省级工程技术研究中心。

2014 年，按市级领导联系 13 个重大产业工作的总体部署和要求，市科技局与发改委共同制定《承德市高新技术产业推进工作方案》和《承德市推进高新技术产业发展重点工作安排》。新认定 160 家科技型中小企业，推荐申报高新技术企业 8 家，有 7 家企业通过认定，复审企业 4 家。承德绿世界活性炭有限公司、承德广通信息网络有限公司、承德天成印刷器材有限公司 4 家企业被河北省科技厅、省委宣传部、省发改委、省工信厅、省财政厅、省文化厅 6 部门认定为首批河北省文化科技融合示范企业。

年内，依托高新区组建的承德市仪器仪表产业创新集群，市科技局组织申报河北省创新型产业集群首批试点。建成 3 家省级工程技术研究中心，6 家市级工程技术研究中心。国家火炬计划承德仪器仪表产业基地于 2014 年 1 月顺利通过复核。市科技局组织张百湾新兴产业示范区、六沟新兴产业聚集区创建省级高新区，申请以市政府名义上报省政府。承德石油高等专科学校与机械工业仪器仪表综合技术经济研究所共建承德仪器仪表技术经济研究所，就研究所投资 5000 万元在承德市高新区建设全国仪器仪表疲劳试验和可靠性试验中心、仪器仪表人才培训及信息集散基地等事项，达成合作意向。

2015 年，全市加快培育发展科技型中小企业，制订《承德市科技型中小企业成长计划》（承市政办〔2015〕5 号），将该项工作纳入各县区科技工作目标任务及评价标准。年内新认定科技型中小企业 237 家，在全市范围内开展科技型中小企业发展需求调研活动，撰写《科技型中小企业发展壮大之路该怎么走》调研报告。推动颈复康药业集团有限公司通过河北省“十二五”制造业信息化科技工程试点企业认定。

年内，围绕科研平台建设，坚持精准发力，加快推进创新创业载体发展步伐，体现在 4 个方面。

一是重点组织 6 家省级工程技术研究中心通过省科技厅等部门组织的可行性论证，正式纳入河北省科技平台建设计划。同时，落实奖励政策，对“河北省锻造用钢工程技术研究中心（建龙）”一次性奖励 100 万元。“河北省食用菌产业技术研究院”一次性获得省厅 90 万元的运行补助经费。

二是加强省级产业技术研究院建设。承德石油高等专科学校与机械工业仪器仪表综合经济技术研究所、天津大学精密仪器与光电子工程学院等联合申报的“河北省仪器仪表产业技术研究院”，河北睿索固废工程技术研究院有限公司与北京建筑材料科学研究总院有限公司联合申报的“河北省尾矿综合利用产业技术研究院”2 个省级产业技术研究院全部在省厅立项，正式纳入省级产业技术研究院建设计划。

三是落实国家创新政策，执行企业研发经费加计扣除、高新技术企业税收减免相关规定。为企业税前加计扣除研发经费150万元，为高新技术企业减免税收1750万元。推进科技与金融结合，市科技局与承德银行、河北银行开展合作，支持科技型中小企业发展。凤凰科技支行授信2610万元，北汽福田等企业共获得河北银行5800余万元的抵押贷款。扶持重点企业筹备上市，培育"新三板"上市企业17家，挂牌上市3家，共融资5900万元。

四是开展众创空间培育工作。结合承德市实际，引导各县区、有关企业、高校开展众创空间建设。2015年，全市建成承德油专大学生众创空间、承德宽广众创空间等5个众创空间，创业导师达到65人。鼎盛文化产业投资有限公司申报的"区域文化创意产品关键技术研发及示范应用"项目，争取国家资金360万元。

二、农业、农村科技创新服务

1989年，市科委推行集团承包，建立农村全程科技服务体系。组织175名技术人员，参加13个农村技术承包集团。承包"玉米模式化栽培""水稻模式化栽培""地膜覆盖""水稻旱育秧""果树丰产""病虫害防治"等11个技术项目，把先进适用技术直接运用到农业生产中去。由11名农业技术人员和7名管理人员组成的双滦区7000亩水稻模式化栽培技术承包集团，签订承包合同，明确承包指标，制定奖惩办法和奖惩标准。承包技术人员采取旱育秧、早播早插、配方施肥等系列模式化栽培技术措施。

年内，市科委着重抓科技副乡（镇）长的选派工作，与市委组织部一起从机关、科研单位、大中型企业选拔政治素质好，身体健康、有专业特长的科技人员到乡镇担任科技副乡（镇）长。全市选派科技副乡（镇）长16个。科技副乡（镇）长的主要任务是抓乡镇科技工作，坚持依靠科技兴农，建立基层科技服务组织机构、抓科技服务体系、技术推广、乡土人才培训等工作。通过办培训班、函授、声像宣传、印发技术资料、现场表演等多种形式对农民进行农业、畜牧、水产、林果等方面技术培训，培训717场次，参加培训农民达128293人次。举办高层次培训班37期、培训559人次，现场表演28次，声像宣传36场次，发放技术资料40651份。围绕"玉米模式化栽培"和"水稻模式化栽培"技术的推广，培训680场次，印发资料30000份。将旱育秧、早播早插、配方施肥、病虫害防治等技术传播到农民手中。围绕鹅的开发项目，举办鹅孵化、饲养、人工授精、活拔毛绒等技术培训班，培训500多人次，收到较好的效果。

1990年，承德地区推广办组织7次230多人次深入县、乡、村、组、户调查研究，发现问题，督促检查。全年向地委、行署专题汇报5次，发简报7期、内参1期，其中3期简报受到地委、行署领导的高度重视，组织全区6县18个乡853户农民问答调查，并写出调查分析报告，撰写"26推"总体经济效益分析报告。

年内，承德地区组织地直各部门参与、支持"26推"，抓领导体系、推广体系、投入体系、服务体系建设。组织农口各局制定实施方案，编写培训教材1.2万册，组织3000多名科技人员开展技术承包技术服务。协调金融、供销等部门搞好物资配套供应。

年内，推广平泉县双向目标管理责任制、地膜玉米保险、技术服务体系建设，丰宁满族自治县一票否决制、任务上墙、建档立卡制，围场满族蒙古族自治县地膜玉米"五不盖"，兴隆县宣传发动、组织培训等典型经验，有力地推动全区推广工作的开展。

围绕"26推"安排研究试验、示范项目，如甜菜纸筒育秧、水稻旱育稀植、托尔油菜栽培技术研究，地膜玉米生态条件及配套技术实验研究等项目。边研究、边示范、边推广，投入产出并举，促进科技与经济的紧密结合。

年内，"26推"取得显著成效：一是26项农业常规适用技术推广任务按计划完成或超额完成，科技覆盖率由过去30%左右提高到47.3%。二是农、林、牧、渔各业获得全面丰收。据统计，全区粮食产量超过9亿千克，突破历史最好水平。增产粮食2.2亿千克、油料673.4万千克、果品1227千克、肉类894.6万千克，增加经济效益2.4亿元。三是各级党政领导科技意识增强。四是广大农民科学种田水平提高。

1990年，示范引进蚕桑、林果新品种，新农药，新作物新栽培技术。如甜菜纸筒育秧、水稻旱育稀植等。重点安排林、果、畜、蚕等优特产业开发课题，如次生林综合培育技术、油松、落叶松密度管理、粮食作物低温冷室研究等。

承德地区农业科学研究所承担的燕北冷深山区农林牧实用技术综合开发茅兰沟乡试点，年内，全乡推广地膜玉米10538亩，创造地膜玉米连作四年不减产的经验。基点村九神庙推广坡耕聚流覆盖果粮间作1000亩，两个项目成为全区的推广试点，省地分别在该乡召开推广现场会，先后有1000多人次到该乡参观学习。丰宁肉牛商品生产基地技术开发课题，全县推广快速育肥6520头，冷配改良15027头，青贮2760万千克，人工种草71015亩。隆化县七家乡农业综合示范区在26推中重点推广12项农业适用技术、累计推广面积达到40710亩，农业、果树适用技术普及率分别达到66%和72%。年内全区七个县科技副县长全部配齐，222个乡镇建立乡镇科委169个，配备科技副乡镇长215名，其中专职124名，科技助理120名，配备科技副村长997名。同时抓农村科技服务体系建设，坚持实行国家、集体、个人一起上的方针，鼓励支持县、乡、村、户组织建立多层次、多成分、多形式的科技服务体系。截止到年底，全区建立县、乡、村各级各类技术服务组织954个，形成科研、试验、示范、推广、经营和信息咨询等内容的综合科技服务体系。其中制种、山楂、肉牛、农田参等支柱产业实现产前、产中、产后全程系列化服务。

1990年，承德市成立农、林、水、供销、科技、金融等部门组成的科技兴农办公室，负责组织协调科技兴农工作，搞好农技、物资、资金配套提供。

6月25日，承德市科委向各县（区）科委转发5月27日《河北省科学技术委员会刘希伯（副主任）在全省农村技术经济服务合作组织研讨会上讲话》，阐述三个问题：农村技术经济服务合作组织是适应农村经济发展需要的新生事物，建立发展农村技术经济服务合作组织的主要经验、发展思路，要求各级科技部门学习研究探索其管理部门的农村技术经济服务合作组织的形式及发展。

1991年，承德地区共组织3245名科技人员深入农业生产第一线，围绕“26推”开展多种形式的技术承包和技术服务，承包农作物面积192万亩、林果193.6万株、畜禽防疫灭病224.8万头，签订各类技术承包合同2846份，组建各类承包集团178个，保证26推各项技术措施落到实处和技术经济效益的充分发挥。

重点抓宽城、丰宁、隆化3个县完整科技服务体系建设试点和7个科技示范乡镇，7个科技示范村，4个县、乡、村办科技服务组织及3个民办技术经济合作组织建设试点。完成科技服务体系建设试点宽城满族自治县，县、乡、村办及民办技术经济合作服务组织，分别达到32个、83个、135个和46个，全县形成多层次、多形式、多方位的科技服务站。乡级服务组织试点丰宁满族自治县波罗诺乡农业综合技术服务站，面向全乡农业生产提供系列化服务。产前统一调配良种，根据计划统一提供化肥、农药、农膜等农用生产资料。产中组织科技人员进行技术指导，多形式地开展技术咨询和技术培训活动。产后帮助农户销售部分产品。当年围绕全乡农业生产共调配良种3万千克，购进化肥70余吨、农药600多千克，共安排试验、示范和推广项目17个，培训农民2500人次。全区地、县、乡镇科委共同努力，在全区创建各类科技示范乡镇38个，科技示范村358个。宽城、丰宁、隆化3个县形成完整的科技服务体系。

1992年，承德地区193个乡镇全部选配科技副乡镇长，全部建立乡镇科委，全区2240个行政村，村村配备科技副村长。县、乡、村三级各类服务组织，各种试验、示范场站，培训场所进一步健全和完善，共有24个乡镇通过地、县组织的科技达标验收，平泉、丰宁、宽城、隆化4个县达到科技服务体系县标准。全区共组织3210名科技人员深入基层开展技术承包和技术服务。

特困村扶贫工作，年初即确定由一名副主任分管，由农业科具体负责，在经费十分紧张的情况下，仍挤出1万元用于扶贫工作，共筹集各方面资金12.35万元。完成围栏工程5500亩，引进良种450千克，建繁种田30亩，完成人畜引水工程两处，引进良种公羊10只、配备液氮罐一个，完成部门农建工程，改善生产条件，当年粮食总产量达71万千克，人均纯收入达300元。建吊桥解决学生上学难，安装动力电和翻修校舍等问题。

1994年，市科委会同市委宣传部、市科协开展以宣传《中华人民共和国科技进步法》为主要内容的科技宣传周活动，组织信息橱窗和近千人上街宣传，发放科技宣传印刷品3000余份。10月，市科委与市经济广播电台联合举办《科技信息之窗》栏目，结合承德实际筛选250多条适于承德市应用的先进适用成果信息，当年播发90条，收到良好效果。

1995年，农业“26推”下达推广计划35项，储备实验33项，通过技术推广，使粮食总产量达到12.26亿千克，肉禽产量16万吨。果品产量2.5亿千克，人均增加纯收入120元。选定承德县11个村为小康村建设重点示范村。帮助扶贫点丰宁满族自治县大滩镇三扎拉村购进小麦、莜麦优良品种2000千克，落实繁种田400亩。协助筹集以工代赈资金3万元，修建便民桥1座，建村办面粉加工厂，加强配套管理，提供捐资助教款3540元，通过科技扶贫，使该村人均收入由1992年的180元提高到现在的600元。

年初，在农村开展冬季科技大培训，全市共举办各类培训班2671期，培训205556人次，培训师资10321人次，培训村干部1046名，技术骨干7879名。在此基础上，星火培训规模大幅度提高，全年共培训83884人次，完成省下达任务的178%。

市科技情报所创办《信息与技术进步》刊物，出刊6期，提供各类信息和建议170余条。组织召开推广“绿风95”植物生长调节剂1万余亩新闻发布会。为平泉县酒厂引进啤酒瓶清洗技术。筹建承德市专利事务所的同时，为承德市代理申报专利20项。

1998年，全市农业以新品种引进、选育和解决关键技术为重点，共引进培育水稻、小麦、食用菌等新品种近30个，肉牛育肥饲料配方、牛皮蝇防治、母牛不育症治疗等关键技术的研究成功，带动肉牛产业的发展。农业高新技术产业重点抓农业高产高效实验区建设，区内引进国内外市场适销品种19个，引进中国农大华北联栋温室进行工厂化育苗1600万珠，生产蔬菜8000吨，产值760万元，农民增收600万元，重点实施农业产业化示范工程。

年内，组织食用菌，花卉、玉米制种，马铃薯等产业项目列入国家和省支柱产业。如食用菌产业以平泉县为基地向外辐射，全市食用菌总产量达到3万吨，产值8400万元。围场满族蒙古族自治县通过马铃薯生产加工技术的引进开发，马铃薯种植面积达40万亩，种植种薯面积达10万亩，总产量达6亿千克，实现总产值5.22亿元，全县每个农业人口平均从马铃薯产业中收入480元。

年内，抓好“一县一业”，组织马铃薯、食用菌、肉牛、水稻、林果加工等16个较大项目列入省山区开发贷款计划，争取贷款落实，扶持龙型产业和龙头企业，项目区内实现总产值 2.4 亿元，利税 0.4 亿元。

2000 年，承德市在八县三区兴建高科技示范园区，围场满族蒙古族自治县从品种引进、试验示范、新技术推广入手，建立马铃薯、时差蔬菜、玉米等主导产业的科技示范园和示范基地，示范园占地 700 多亩，示范基地共有 12 万亩，引进试验示范新品种 375 个，推广春玉米新品种增百斤技术、水稻覆膜湿种技术、棚室蔬菜优质高效技术、玉米机械化精量播种技术和无公害蔬菜生产技术等 13 项新技术，使全县“两高一优”作物面积达到 81.2 万亩，占总播种面积的 67.2%。隆化县的科技示范园占地 30 亩，划分示范小区、设置不同的工程设施和管理模式，建立 50 亩优质蔬菜生产基地和千亩无公害优质稻生产基地，为调整种植结构起到良好的示范作用。

年内，承德市山区经济技术开发工作着重推进山区农业产业结构调整，突出“扶壮龙头，名品兴山”战略，形成以产品加工、运销技术服务为一体的农业企业为龙头，以“企业 + 基地 + 农户 + 市场”的形式运作的农业产业化模式，逐步向产供销、种养加、贸工农、经科教一体化经营目标迈进。建立水稻、时差蔬菜、马铃薯、食用菌、肉奶牛、山杏、花卉、生猪生产 8 个具有承德地方特色的产业，山区开发项目区内产业化经营率达 35%。

年内，滦平县的花卉栽培面积达 710 亩，实现销售收入 1050 万元，带动旅游观光农业的发展，推进种植业结构调整步伐。山区小康科技示范村建设工程突出“一村一业”，重点发展小麦、玉米、蔬菜三种三收立体栽培和注重农业基础设施建设。

2001 年，由隆化县蔬菜站、承德光大蔬菜产销公司承担实施的“日光温室无公害高效益种植技术示范项目”，引进蔬菜、食用菌、中药材、葡萄等新产品 31 个，采用果菜间作、菌菜间作等生产模式，应用无公害生产技术，优化日光温室结构，建立示范基地 1000 亩，为 3 个百里长廊建设、生产绿色食品、实现优质高效提供示范样板。

2002 年，马铃薯产业是承德市两大农业龙型经济发展重点之一。与白俄罗斯开展合作，引进优质马铃薯品种 20 多个，引进先进马铃薯种薯病毒检测技术，提高马铃薯产业抗晚疫病育种、高淀粉育种及病毒检测水平，增加马铃薯专用型品种，实现马铃薯的优质高产，提高马铃薯精深加工能力和市场竞争力。

年内，结合行风建设开展 17 项优化科技工作环境活动。主要有：集中调研活动，把 5 月和 10 月做为集中调研月，由局领导带队分赴基层企业，针对科技如何与经济结合为经济建设服务等重大问题进行多项专题调研，在调研的基础上，以市政府名义出台《关于进一步促进科技发展“123 工程”的若干规定》，提出十条可操作、保落实、具有较强激励作用的政策措施。科技宣传活动，在市电台、日报社开办《科技纵横》专题栏目，通过宣传科技政策法规、报道重大科技动态、反映绿色增收、传播最新科技信息、介绍科技人员创业典型等。

科技下乡活动，以赶科技大集、组织专家报告团、展示新技术、新产品及举办科技宣传周等形式把科技送到厂矿农村。科技扶贫活动，为科技局包扶的滦平县涝洼乡大龙潭村找门路、跑项目、办实事，为其制定三年发展规划，在帮助其修路、筑坝、安装通信设施的同时，争取到“坡改梯”、结构调整示范项目承诺资金 10 余万元。

2003 年，全市以农产品特色产业为重点，以科研院所为技术依托，重点培训科技型龙头企业。绿源绿色食品公司的食用菌速冻加工关键技术及设备研究开发、河北怡达集团的山楂综合加工利用技术研究与示范列为国家、省重点支持项目。

2004 年，全市开展县域特色生产力促进中心建设。平泉县食用菌生产力促进中心以食用菌技术服务中心、食用菌研究所、承德绿源绿色食品有限公司为基础，以东北农业大学为技术依托组建，为全县4万食用菌农户和120家食用菌中小企业搭建平台，提供生产经营技术指导服务、信息服务和技术培训服务。围场马铃薯生产力促进中心以围场马铃薯研究所和农机研究所为基础，以中国农业大学、国家马铃薯研究所为技术依托组建，服务面向马铃薯中小企业和广大种植农户。成立马铃薯四强产业协会，建立马铃薯信息网站，为企业策划包装、引进新技术、新品种推广30项，并立项引资200余万元。

年内，河北平泉食用菌技术传播站正式开展运行，该站聘请中国农业大学、河北农业大学、中国科学院大学、中科实业集团（控股）有限公司、华南农业大学、河北省农林科学院等高校、研究单位的专家为技术顾问，其主要工作职责是食用菌行业的关键技术引进、开发、示范、传播服务。食用菌优良菌种引进选育、先进栽培技术、加工技术、废弃料处理技术的开发、中试、熟化。对广大菇农进行食用菌生产先进适用技术培训。进行食用菌生产现场技术指导，解决生产中的技术疑难问题。开展信息化形式的食用菌技术咨询、培训。传播站以服务食用菌产业为宗旨，建立企业为主，上联专家、下联农户的“专家+龙头企业+农户”运行机制，实行独立核算，自主经营的市场化运作方式，通过人才、技术、信息、资金的高位聚集，着重解决食用菌产业发展中存在的菌种、栽培技术、产后深加工、废弃料处理、市场开拓等方面的问题，为食用菌产业提供全程技术服务。

2005年，全市培育引进高产优质、专用型特色动植物新品种60余个，制定蔬菜、水稻、食用菌等40余个农业生产技术标准（规程）并得到应用，扶植壮大承德绿源绿色食品有限公司、隆泉米业有限公司等20余个科技型龙头企业，全市种植业主要农作物良种覆盖率达95%以上，蔬菜良种覆盖率达90%以上，畜禽良种覆盖率达80%以上，林果良种覆盖率达70%以上，农业先进适用技术推广应用率达98%以上。食用菌产业基地规模达1亿盘（袋），产量10万吨，产值5.5亿元。马铃薯产业基地规模达76万亩，产量达112万吨　，产值5.6亿元。蔬菜产业基地规模达100万亩，产量达290万吨，产值16亿元。种子产业在本地区建立种子生产基地5万亩，累计实现销售收入1.6亿元。

2006年，平泉县被科技部列为国家科技富民强县试点县，兴隆县被省科技厅列为科技富民强县省级试点县。

2007年，开展以下四方面“送农业科技进十万农户专项行动”：

一是印发《承德市2007年“送农业科技进十万农户专项行动”重点任务》，聘请近百名市内外专家教授和全市千名技术人员到农村，重点推广24项集成配套技术，推广“三牌两卡一证”管理模式（即禁用和推荐使用农药（兽药）牌、技术规程牌、技术指导标志牌，生产记录卡、技术服务卡和农户星级科技认证），全市农业技术完成新一轮换代升级。专项行动确定科技示范园区127处，科技示范村68个，科技示范户近5000户，开展科技下乡宣传活动120余场次，培训师资2055人，培训农民技术骨干6200多名，辐射全市60%以上的行政村。

二是培育壮大农业科技传播站。全市共建传播站18个，省级传播站达到7个，吸引省内外专家59人，技术人员401人，引进新技术、新成果7项，引进试验和选育玉米、食用菌、畜禽等各类新品种20余个，建立标准化种植基地2万余亩，推广先进适用技术20项。

三是推进“国家科技富民强县试点县”建设。组织推荐兴隆县争创“山楂产业国家科技富民强县试点县”工作，在省科技厅的支持下，获科技部批准。推进“平泉县食用菌国家科技富民强县试点县”建设，加强食用菌科技示范园区及标准化示范基地建设。采取“统一租地、统一规划、统一技术标准、统一政策扶持、统一原材料供应、统一技术指导、统一产品销售、分户生产管理”的“七统一分”管理模式，引入龙头企业，建立技术力量、研发力量、人才力量集中的食用菌产业科技示范基地。同时通过县乡财政、龙头企业入股的形式成立政策性金融担保机构。建立标准化科技示范园区 20 个，形成绿源、润龙、三棵树等规模龙头企业，企业销售收入达 4.5 亿元，户均增收 2400 元。其次，发挥食用菌技术研发中心作用。市科技局会同示范县和企业，把实施首席专家制和引进高层次人才作为重点任务，制定食用菌技术标准 13 项，选育出“森滑一号”等 2 个具有自主知识产权的新品种。通过实施“食用菌精深加工技术开发及基地标准化建设”和“食用菌绿色产品标准化技术体系研究与示范”等省级重点项目，建成年产 6000 吨的罐头产品生产线，开发出食用菌清水调味、肉酱罐头等 7 个品类 10 余种瓶型产品以及符合欧盟质量技术标准的油浸类罐头并批量生产出口。完成标准化菌种厂建设，共栽培食用菌 5350 多万盘（袋），其中滑子菇、双孢菇、香菇速冻加工技术顺利通过省科技厅鉴定。

四是实施“一县一业一园”科技示范工程，助推新农村建设。通过典型带动、政策引导、搭建平台、奖励先进等措施，全市 11 个县区全部启动“一县一业一园”农业科技示范工程，全市建各类示范园区 50 余处，园区、基地建设面积达 30 万亩，核心园区面积 2 万亩。吸引各类投资 1 亿多元，用于园区建设、新技术、新品种引进，形成“双九”“森源”“三北”等特色品牌，全市入园建设龙头企业达 15 家，省级龙头企业 3 家。

2008 年，市科技局组织市科技专家库专家赴基层巡回开展专题技术诊疗服务活动，专家到丰宁、隆化、围场、宽城、滦平、兴隆、承德县 7 个县进行“危重症治疗思路浅谈和心肺复苏新进展”“蔬菜大棚技术”等专题讲座。

年内，实施科技进村，开展“送农业科技进十万农户”专项行动，推广 21 项先进集成化技术项目，协调农口部门组织 329 名市、县技术负责人，125 名科技特派员，进驻 187 个村，12 个企业，培训农民 50 万人次，覆盖农户 25.8 万户。实施社会主义新农村科技示范建设，试点县、乡（镇）、村 26 个，农民平均增收 646 元。

2009 年，主要培育建立“河北农大承德农业科技专家工作站”，工作站地址设在承德市农业广播学校，聘请河北农业大学李博文等 15 名知名专家教授为驻站专家，服务承德果树、蔬菜、花卉、作物、植物保护、动物饲养、工程研究、经济贸易、环境保护等领域。制定完善《科技专家工作站实施方案》《科技专家工作站管理办法》《科技专家工作站章程》《科技专家工作站工作绩效评价体系》等工作站规章制度。培育蔬菜产业研发中心，以承德格林食品有限公司为主体，建成无公害标准化蔬菜生产基地 10500 亩、绿色蔬菜生产基地 1000 亩、有机蔬菜生产基地 500 亩。引进高级科技人才 2 名，培训企业技术骨干 15 名，成功研发乳酸菌生物发酵有机酸菜和西兰花、芥蓝等 5 个有机净菜新产品，“格林”牌蔬菜产品通过有机认证。

2010 年，市科技局从五方面开展农业创新工作。

一是推动平泉县国家可持续发展实验区创建工作。3 月，平泉县被认定为国家级可持续发展实验区。平泉县围绕“生态功能涵养区，产业发展生态化”主题，在壮大循环经济产业链等方面进行探索，制定《平泉县可持续发展实验区建设方案及考核细则》，列入县直相关部门的年度考核目标中，由可持续发展实验区办公室负责按月进行督导考核。以科技项目为支撑，加强与高校专家合作，着力解决可持续发展的关键技术问题。“可持续发展实验区建设——食用菌废弃料资源化利用技术开发与应用”项目列入省科技支撑计划，“氟石膏无害化处置与资源化利用关键技术研发与示范”子课题列入国家“863”计划，科技投入保持稳定增长，达到占本级财政支出比重1.9%，同比增长10%。实施八大示范工程：实施“循环经济产业链壮大工程、循环经济产业园区建设工程、生态环境保护工程、服务业提档升级工程、文化产业培育发展工程、城乡统筹发展工程、水源保障和节水工程、科技服务平台建设工程”，围绕八大工程开展34个大项目的建设，建设投资总规模达到21亿1387万元。

二是培育河北农大承德农业科技专家工作站。河北农大承德农业科技专家工作站完成全部建设内容。制定《河北农大承德科技专家工作站实施方案》《河北农大承德科技专家工作站管理办法》《河北农大承德科技专家工作站章程》《河北农大承德科技专家工作站绩效评价体系》。聘请刘孟军、孙建设、陈海江、王文江、刘俊峰、赵邦宏、申书兴、王益民、王余丁、杨利平、周大迈、曹克强、刘平、陶佩君、葛文光等各行业知名专家教授为驻站专家。购置完善办公设备，为专家提供工作环境。建立课题组，创建示范基地，聘请河北农业大学相应专家教授，成功引进优质大枣、优质苹果及其优化栽培技术，项目示范园区建设在酸枣、苹果资源集中，生态资源适合，群众积极性高的52个示范乡镇，示范区项目总规模18.6万亩，保收系数0.95，新增总产值2.41亿元，投入产出比为1:4:29。

三是组织实施科技富民强县试点县、农业科技园区示范工程建设。年内继续组织实施围场满族蒙古族自治县马铃薯产业国家科技富民强县试点县建设，完成兴隆国家富民强县试点县验收工作。争取平泉县食用菌、兴隆县山楂园区建设分别列为省级农业科技园区、省级山区特色产业科技园区。

四是完善农业产业技术研发中心建设，重点指导食用菌、马铃薯、种子、蔬菜等4个优势产业技术研发中心开展工作，聘请张金霞、金黎平、佟平亚、陈青云、李保国、王洁等专家，引进食用菌、蔬菜、马铃薯、玉米等新品种14个，开发食用菌、蔬菜深加工产品2项，培训基地农民1万人次。推动平泉县与中国农科院签订正式合作协议，建立国家食用菌产业技术研发中心。

五是开展科技成果和先进实用农业技术推广，在全市组织实施“科技合作创新、科技示范园区建设、农业高新技术产业化、新型农民科技培训、农业科技入户”等农业科技五大工程。2010年围绕农业重点产业，联合全市涉农业务部门，在全市重点推广“蔬菜标准化栽培技术”“良种肉牛标准化育肥技术”“苹果无公害标准化生产技术”等20项农业标准化生产技术及先进实用配套技术，共培训农民60万人次，建立重点科技园区30个，培养科技示范户1万户。实施国家首批科技特派员创业链工作，结合新农村、新民居、科技入户等工程的实施，全市重点选派110名技术人员作为科技特派员深入农村开展科技服务，“平泉县食用菌特色产业创业链配套技术开发与应用”项目作为科特派创业代表项目列为国家重点星火项目，并获得资金支持60万元。

2011年，全市以科技支撑新农村建设，强化农业科技推广工作。市科技局联合涉农部门，推广“蔬菜标准化栽培技术”“良种肉牛标准化育肥技术”“苹果无公害标准化生产技术”等30项农业标准化生产技术及先进实用配套技术，通过召开现场会、网络培训、电视讲座、赶科技大集等多种形式，建立园区、基地，培育示范村，示范户，培训农民50万人次，建立规模科技示范园区30个，推广规模达1000万亩次、1600万头（只）、2800万株。

年内，全市选派142名技术、管理人员为农业科技特派员，重点负责177个示范基地、示范园区、示范村、示范企业的帮扶指导工作。培育示范户2000户，培训农民15万人次，发展农产品标准化生产基地130万亩。发展成熟四种科技特派员工作模式助推承德农业转型升级。围场满族蒙古族自治县国家富民强县项目——马铃薯特色产业配套技术开发与应用项目通过省厅组织的中期评估。宽城满族自治县“生猪养殖产业配套技术开发与推广应用”项目列入2011年国家富民强县试点县建设项目。

年内，在园区建设方面，抓平泉食用菌、兴隆山楂等6个省级园区基地的建设工作，省级农业科技示范园区2个（承德县肉鸡、丰宁满族自治县奶牛）、省级山区特色产业科技园区4个（平泉食用菌、承德县蔬菜、兴隆县山楂、围场满族蒙古族自治县马铃薯），面积达20万亩。全市引进开发新技术、新品种60项，培育农业科技型龙头企业14家。成立由市委组织部、市政府督察室、市科技局、市财政局、市人社局、市统计局等部门负责同志组成的科技进步考核工作督导检查组，对县区科技工作进行实地初评和督导检查，参加考核的八个县全部通过科技部的考核。

2012年，全市围绕食用菌、林果等农业主导产业发展，开展“食用菌无公害栽培”“果树标准化栽培及病虫害防治”“肉牛、生猪、羊、蛋鸡无公害标准化饲养”等30项实用农业科学技术培训，培训农民技术骨干2万人，培训农民60万人次。启动“全市科技特派员农村科技创业服务行动及春季科技培训活动”，选派186名技术员进驻全市110个村、43个企业开展工作。在建省级农业科技示范园区、特色产业基地6个，分别为平泉食用菌、承德县肉鸡、丰宁满族自治县奶牛、承德县蔬菜、兴隆县山楂、围场满族蒙古族自治县马铃薯。

2013年，全市通过实施重点科技项目到园区、龙头企业驻园区、发展生产大户进园区、组织科技特派员下园区，推动农业科技园区和富民强县建设，承德市有国家科技富民强县建设试点县6个、省级农业科技示范园区（基地）7个。中国农大首个国家奶业体系试验示范基地落户承德市（丰宁）。

年内，全市共选派143名科技特派员，进驻全市110个村、22个企业开展服务，组织召开“承德市农业科技特派员工作现场会”，建立河北省省级脱毒马铃薯工程技术研究中心。推进食用菌、板栗、马铃薯等技术服务，特别是与中国农科院合作在平泉县建设国家食用菌产业技术研究院，完成一期品种改良中心建设。

2014年，全市建成9家省级农业科技示范园区和特色产业基地（试点），2家院士工作站：承德博亚和承德华净活性炭院士工作站。市科技局组织滦平县生猪科技园区、平泉县食用菌科技园区申报省级园区，获批“省级农业科技园区”。申报国家富民强县项目1项，“承德县肉鸡养殖产业配套技术开发与推广”，获得资金支持170万元。另外，承德市首家产业技术研究院“河北省食用菌产业技术研究院”通过省科技厅主持的建院论证会，获省厅100万元建设补助经费支持。

2015年，全市选派497名农业科技特派员到隆化、丰宁、平泉、滦平等贫困县针对畜牧、林果、食用菌等开展科技服务工作。46名列入省2015年“三区”科技人才选派名单，获科技部和省科技厅联合经费支持92万元（每人2万元）。科技特派员引进、推广新品种180个，引进示范推广新技术166项。服务企业、农民合作社207家，引导农民成立合作社5家，受援对象总增收46169万元。服务涉及71个乡镇，241个行政村，带动农户11645户。分两次组织15名特派员到河北科技师范学院参加省科技厅组织的为期一个月的培训。

三、医药卫生科技创新服务

2001年，市科委主动谋划“承德道地药材标准化高效栽培基地建设及现代化开发项目”，该项目被列入国家重大专项中药材规范化种植基地，成为河北省科技攻关标志性项目。

市科委一改以往单纯项目管理的方式直接组织实施，对承德市中药资源进行普查，建立隆化黄芩、围场金莲花、滦平串山龙、平泉甘草、兴隆北苍术及承德县北沙参6个道地中药材种植示范基地，示范带动全市种植各类中药材达5.6

万亩。

年内，市科委组织承德中药集团、承德药业集团、承德医学院、河北省中草药重点实验室共同参与各类道地药材新产品的研制开发和中草药市场建设工作。以全省唯一国家中药 GAP 示范基地身份派团参加在成都举办的“中医药现代化国际科技大会暨新技术新产品展览会”。

2003 年，全市承担国家和省规范化种植基地 6 个，落实种质资源保护区 5000 亩、种子基地 400 亩，完成规范化种植技术试验近百次，总结提出标准化技术操作规程和种子质量标准技术文件 6 个，在隆化举行现场会和专题讲座，为中草药规范化种植产业化打下基础。

2004 年，按照国家推动中药产业现代化的发展战略，市科技局以热河黄芩、柴胡等道地药材为主，抓好以建设中药材 GAP（中药材生产质量管理规范）生产基地为重点的特色中草药种植产业，建立 6 个符合 GAP 标准，各具特色的中药材生产基地，种植面积达 8 万亩，与北京中医药大学合作建立河北省中药材 GAP 技术研究中心，以中药材优良品种繁育、产品加工、质量检测为研究重点，为 6 个中药材基地提供生产全过程的技术保障。联合市农委、发改委、农业局、林业局等部门共同开展中药产业发展研究，在中药材规范化种植推广、中间技术服务、后期深加工及开拓市场诸方面各司其职，协力推进、联合打造优势特色产业。

2005 年，市科技局组织制定《承德市中药产业发展规划纲要》《关于承德市中药产业发展规划纲要的说明》《关于加快承德市中药现代化发展的意见》三个指导性文件，同时具体组织实施。

年内，承德市建成 6 个国家级中药材规范化种植基地，1 个省级中药材 GAP 研究中心，有 10 个中药企业通过 GMP（药品生产质量管理规范）认证。

2006 年，市科技局组织北京中医药大学教授为承德市承担国家和省项目的单位讲课，进行技术培训。邀请天津中新药业集团等 22 家中药企业来承，就在承德市建立中药材基地和新药开发、转让等方面进行洽谈。组织召开全市中药产业发展座谈会，就全市“十一五”中药产业发展目标和工作措施进行研究部署，提出“53151”中药产业发展战略。

年内，市科技局组织承德市农业局、林业局、农开办、扶贫办、财政局等部门共同对承德市中药企业的药材种植基地建设项目进行论证。到年底，承德市建立北方中药种质资源圃 50 亩，种苗繁育基地 100 亩，规范化种植技术示范基地 1 万亩，建成 6 个国家级中药材规范化种植基地，1 个省级中药材 GAP 研究中心，有 10 个中药企业通过 GMP 认证，中药规范化、标准化、无公害种植体系形成，中药产业集群初见端倪。《科技日报》2006 年 11 月 9 日于第三版全版刊登《在贫瘠中挖掘富矿——承德市打造中药产业现代化备忘录》的宣传报道文章，影响波及全国。

2007 年，“河北道地中药材产业体系建设示范研究”省级重大技术创新专项建设凸显成效。

年内，根据市委、市政府《关于加快承德中药产业发展的意见》，全市建立市、县两级中药产业现代化工作领导小组和办公室，形成联席会议制度。对农业产业示范园区中药产业项目予以资金重点支持，市科技局为重大技术创新专项落实匹配资金 200 万元，建立专家咨询机制，聘请中国医学科学院、中国国家药典委员会等单位和组织的 15 位教授组成专家咨询委员会，负责项目实施过程中的重大技术难题的解决，提供技术咨询和指导。

全市以中国药材集团承德药材有限公司为核心，以建设生产规模化、技术规范化、产品标准化道地中药材 GAP 生产体系。累计投入资金 480 万元，注册“热河黄芩”商标，与四县签订建立黄芩规范化生产基地协议，落实示范园 300 亩，完成种质资源圃和良种繁育基地建设工作。

承德中药材种植保有面积达13万亩，实现年销售收入1.66亿元。加快中药提取与生产体系建设，承德颈复康药业集团有限公司和北京大学药学部合作，依托企业工程技术研发和中试平台，通过上百次试验和提取技术工艺的调整改进，黄芩苷提取率由原来的12%提高到15%，打破保持20多年的含量上线。

年内，市科技局组织天津—承德中药产业合作交流洽谈会，天津中新药业集团、天津海泰投资公司、天士力集团等著名企业在承德建立黄芩、金莲花等规范化道地药材药源种植基地6万亩。

2008年4月27—29日，省科技厅副厅长廖波带领省科技厅社发处一行对承德市承担的省重大技术创新项目“河北道地中药材产业体系建设示范研究”进行中期检查。组建承德市中药现代化工作专家咨询委员会，联合承德颈复康药业集团等中药骨干企业，聘请中国中医科学院、中国中医科学院中药研究所、中国药材集团科技研发中心等单位的16名国内知名专家为成员，制定《专委会工作规则》。筹建承德中医药网站。

2009年，全市实施河北省重大技术创新项目“河北地道中药材产业体系建设示范研究”专项，完成4个子课题和2个相关课题的研究，在取得多项成果的基础上，按合同要求完成项目验收材料的准备工作。4个子课题为“中药材产业体系建设示范研究”“中药提取和生产体系建设”“中药新药研发体系建设”“中药现代化产业管理机制研究”。2个相关课题为“道地中药材‘防风’仿野生种植示范基地建设”“颈复康片研制开发中药材规范化种植体系建设”。

重点开展结合施肥技术、建立黄芩高产的施肥技术措施，总结规范化生产技术，完成热河黄芩GAP认证需要的全部硬件和软件建设，申请GAP认证。中药提取和生产体系建设，重点开展山楂叶总黄酮提取生产工艺优化，工艺路线的确定和设备造型，使山楂浸膏的年产量达到100吨，山玖胶囊年产量达到5亿粒，黄芩苷、黄芩素批量生产，达到设计要求。中药新药研发体系重点开展2种地道药材保健食品的研究工作，并完成申请生产批文的准备工作。服务与销售体系建设重点开展和完善黄芩、金莲花销售服务体系建设工作。管理运行机制体系建设重点开展校企合作方面的产业创新能力和体制、机制建设的调研工作。

2010年，市科技局组织“河北道地中药材产业体系建设示范研究”重大技术创新专项的验收工作。河北省科技厅委托承德市科技局邀请中国工程院院士肖培根、王永炎、吴以岭等11名国内著名同行专家组成验收组于7月23日在承德对项目进行验收。该项目历时3年组织实施，从中药规范化种植体系建设、中药提取和生产体系建设、中药新药研发体系建设、服务销售体系建设和中药现代化管理机制研究5个环节，对河北道地药材进行系统产业化研究，组建产学研结合、科工贸管一体的技术创新体系。

年内，推广建设热河黄芩、金莲花、山楂等多个道地药材野生栽培和规范化种植产业基地，开发、生产黄芩苷、黄芩素、黄芩茎叶解毒胶囊、金莲花片、山楂红曲胶囊等河北道地药材原料药、创新药物和保健食品，研究道地药材种植、提取、加工核心技术。项目的直接经济效益占承德市生产总值的0.28%，持续增长。项目累计增加道地药材种植面积10.46万亩，累计实现产值4.45亿元。

2011年，全市中药产业形成集生产、种植、科研、物流、销售为一体的现代中药产业体系。承德市承担的“河北省道地中药材产业体系建设示范研究”项目获河北省科技进步二等奖。承担科技部“十二五”重点科技支撑计划项目“华北地区黄芩规范化种植基地优化升级及系列产品综合开发研究”和河北省自主创新重大成果转化项目“中药挥发性成分提取分离与制剂技术系统研究及工程化应用”等重大项目。全市有颈复康药业集团、中国药材集团承德分公司等12家中药生产、流通的龙头企业，建立500亩以上中药材示范基地25个，人工栽培中药材面积达32.05万亩，开发利用200多种中药材，拥有10个国家知名品牌。

2012年，全市继续组织实施科技部重点科技支撑计划项目“华北地区黄芩规范化种植基地优化升级及系列产品综合开发研究”和河北省自主创新重大成果转化项目“中药挥发性成分提取分离与制剂技术系统研究及工程化应用”，围绕黄芩深加工工艺，使黄芩有效成分提取物纯度分别达到50%和80%。

以河北省中药材示范园区创建为重点，以黄芩、穿山龙、柴胡、板蓝根为主栽品种，以宽城、隆化为主要中药材种植基地，巩固扩大示范园区和生产规模。中药材产业基地建设达到35万亩，百亩以上种植专业户58家，中药种植专业村2个，黄芩种子繁育基地1000亩，规范化生产基地10000亩。

2013年，全市通过“抓龙头带基地”的方式，推动中医药产业实现跨越式发展，中药材种植总面积达到41.38万亩，种植面积居全省第一。

市科技局继续组织实施科技部重点科技支撑计划项目“华北地区黄芩规范化种植基地优化升级及系列产品综合开发研究”，重点建成承德市现代中药制剂工程技术研究中心。

2014年，由市科技局和承德医学院共同组建“河北省中药材产业技术创新战略联盟”，7月20日召开成立大会，省科技厅陈卫滨副巡视员出席会议讲话，联盟将围绕河北中药材产业的关键共性技术问题，坚持产学研联合，整合河北中药材产业优势，利用联盟内部的技术创新资源，实现联盟成员的优势互补和创新要素的系统集成，推动河北中药材产业的结构调整和技术优化升级。全市中药材人工种植总面积达到47.8万亩，总产量8.46万吨，销售额12.5亿元，种植面积居全省首位。

2015年，全市以热河道地大宗品种为重点品种，推广仿野生、立体高效复合种植模式。以无公害生产为基础，示范推广黄芪机械化栽培、苦参育苗移栽、柴胡玉米套种、果药间作等新技术。

开展中药材病虫草害综合防控、品种区域试验、土壤营养状况与矿质元素吸收利用调查分析、栽培技术试验示范等工作。

四、知识产权保护服务

1989—1997年，知识产权保护服务主要是对企业自主知识产权保护意识的培训，在科学技术普及章节中已叙述。从1989—2015年度各年度申报专利情况中看出随着社会的发展专利申请量逐年增加。

1998年，兴隆县企业科技进步的宣传重点是《中华人民共和国专利法》，除在市区和各县区进行上街宣传咨询活动外，市科技局抓露露集团、北大岭铁矿2个省级和11个市级企业专利工作试点，进行专利知识培训，提高贯彻执行《中华人民共和国专利法》和保护知识产权的意识，市专利事务所受理专利申请近50项，1997年以前代理的专利申请，有90%获得专利权。

市科技局参加由市政协组织的对承德市专利工作实施情况视察，考察新新电子公司及承钢集团等企业，提出加强和改进企业专利工作的意见和建议。

2002年，市科技局聘请国家知识产权局乔德喜司长，为参加全市科技工作会议的各级领导、企事业负责人及科技人员做关于加强知识产权保护的报告。市科技局局长郑立志为全市领导干部WTO（世界贸易组织）专题研究班做“加入WTO后知识产权对承德市的影响及对策”的报告。聘请省知识产权局专家到承钢集团举办知识产权培训班等，增强各级领导和企业的知识产权保护意识。

市科技局组织开展与知识产权保护相关的活动，于4月份和12月份与工商等部门配合分两次到承德市主要商场、超市和医药销售商店进行冒充专利行为查处活动，维护市场秩序，保护生产者和消费者的正当权益。

年内，全市专利申请量突破200件，露露集团的国家知识产权示范工程项目、承德输送机集团和新龙电子有限公司的重大专利技术实施均取得良好效益，全年共实现产值11.5亿元，利税1.2亿元。承德市有19个单位和个人在中国专利博览会、高新技术博览会上获第三届河北省发明创造优秀奖。

2008年确定承德避暑山庄实业集团、承德市新龙电子有限责任公司为专利试点企业，经过2～3年经验总结进行全市推广，成立承德市知识产权优势企业培育工程指导委员会，推荐承德市19家主导产业的优势企业申报河北省知识产权优势企业，推荐平泉县和围场满族蒙古族自治县为河北省知识产权优势培育县，增强企业知识产权意识。市生产力促进中心与北京品源专利代理有限公司合作成立“北京品源专利代理有限公司承德服务部”，方便承德市企事业单位和个人专利申报活动。邀请北京知识产权专家，对全市80家行政、企业领导等130人进行培训，以利于提高全市专利工作者的能力和水平。

2009年，市科技局贯彻《河北省人民政府关于贯彻国家知识产权战略纲要的实施意见》，为企业申请专利出具减缓（免）费用证明50个，审查发明专利资助项目14件。配合省知识产权局，对承德市佳佳超市、同仁堂药店等六家商店进行联合执法检查。确定围场、平泉县为知识产权优势县，承德新新钒钛股份有限公司等19家公司为知识产权优势企业，建立完善管理制度和知识产权管理办法等。承德医学院刘翠哲、刘喜纲的“大黄有效成分提取工艺与三黄速释制剂及其制备方法”获河北省优秀发明奖。

2010年，全市开展知识产权宣传与培训活动，围绕“4·26”世界知识产权日，组织宣传活动11场，发放《中华人民共和国专利法》等宣传资料3万份；举办“河北省知识产权优势培育单位第三期培训班”，组织承德市知识产权优势培育单位及部分企业知识产权管理人员参加，邀请5名国家和省级知识产权专家就专利法、专利法实施细则、专利文献、专利保护、企业知识产权战略等内容进行系统授课。

2011年，全市开展企业专利提升和消零行动，推进提升企业发明创新能力。围绕增加企业专利拥有量，储备核心技术，市科技局开展一对一量身服务，重点选取钒钛冶金、食品医药和装备制造等产业的20家企业，重点走访，征询企业需求56项，为承德新龙电子、承钢公司和避暑山庄实业集团建立企业专利战略，与国家知识产权局“高培人才”确立合作关系，避免盲目上项目重复研发，为全市重点产业明确发展方向、合理调配企业研发资源起到指导作用。实施“承德市企业专利管理体系和专利人才培养”“承德市企业专利管理示范单位建设”等项目，落实专项经费50万元，组织各类企业开展知识产权培训班16期，培训3000人次。完成专利质押贷款1150万元，列入省级试点建设。承德金科科技开发有限责任公司获得省级专利一等奖。

年内，市科技局联合工商、商务、质监等12个部门，举办全市打击侵犯知识产权和制售假冒伪劣商品专项行动大型宣传咨询活动，通过悬挂标语、展板展览、印发宣传材料、假冒物品展示、解答咨询和专人采访等宣传形式，不断提高广大市民对相关法律法规的认知程度、专利保护意识以及维权意识。本次活动各相关部门共发放各类宣传资料3万份，解答市民咨询325人次。

2012年，承德市专利授权量287件，其中发明专利授权量为45件，较2011年增长70%。开展企业专利提升和消零行动，帮助企业开展知识产权融资服务3项，评估专利1.4亿元，完成专利消零企业15家，完成专利权质押融资1000万元，申报省级商贸企业无假冒专利示范单位13家。邀请专家围绕重点产业龙头企业专利战略制定、专利挖掘等工作提出具体建议。引导企业规范管理，在承钢公司、新龙电子等10多家企业完善知识产权管理制度，明确成立一个机构、建立一套管理制度、制定一项奖励措施、开发一项以上新产品的“四个一”管理模式，通过运行使企业的专利申请量增加，部分企业专利产品的效益达到销售总额的60%以上。

年内，市科技局深入基层调研征询需求服务。采用到企业走访和发放调查问卷的方式对承德专利整体情况摸底调查，撰写并刊发《专利授权全省排位靠后，制约长远发展不容忽视》调研文章。提供专利申请咨询70人次，完成专利申请资助20项，申请省资助资金15600元。组织各类企业知识产权培训4期，培训人员1250人次，提升全社会的知识产权保护意识。

2013年，市科技局启动专利权质押贷款业务，帮助企业融资累计1100余万元，实施“专利清零”行动，全市累计完成“专利清零”企业44家。1—10月，承德市专利申请349件，专利授权253件。每万人发明专利拥有量为0.44件，比2012年增长22%，发明专利申请比例为30%，企业专利申请比例为49.2%，企业专利授权比例为60.8%。

2014年，全市专利申请474件，授权300件。市科技局组织5家企业的6项专利申报河北省专利奖，三项专利获得河北省专利优秀奖。申报省级专利资助项目共计359项，资助金额总计35万余元，承德市政府对14家专利运用、转化优秀企业进行奖励，奖励金额85万元，奖励额度同比增长一倍。

全年查出专利侵权案件2起，完成“专利清零”企业9家。推动交通银行、河北银行、中信银行、张家口商业银行承德支行专利权质押贷款工作。市科技局组织金龙建材家居广场实施知识产权保护项目。在承钢集团公司、承德天原药业有限公司等企业实施《企业知识产权管理规范》贯标试点工作，引导具备条件企业建立较为完善的知识产权管理体系和管理队伍，提高企业知识产权创造、运用、保护和管理能力。

2015年，承德市共申请专利796件，发明专利238件，实用新型专利448件，外观设计专利110件。专利授权494件，发明专利58件，实用新型专利342件，外观设计专利94件。万人发明专利拥有量0.71件。参加河北省知识产权局举办的知识产权培训班。组织颈复康药业集团有限公司、承德金科科技开发有限责任公司、承德天原药业有限公司3家企业3项专利申报河北省专利奖，颈复康药业集团获三等奖，奖金1万元，其余两项获优秀奖，市知识产权局获得优秀组织奖。颈复康药业集团等4家企业的4个专利产品被评为专利品牌产品。全年共有15家企业实现专利消零。全年申报省级专利资助项目399项，资助金额总计41.9万元。

年内，承德市科技局联合市工商局、市公安局与高新区、驻市高校和大型企业，利用“世界知识产权日”和“中国专利周”，开展《中华人民共和国专利法》《中华人民共和国商标法》等相关的法律法规主题宣传和普法宣教活动，发放普法宣传材料2000余份。

第四章 防震减灾工作

第一节 机构建设与演变

一、机构建设

承德地区1958—1993年设有地震办公室，负责辖区内的防震减灾工作。1993年承德地区、承德市合并后直到2002年，防震减灾工作一直由市科委地震办公室负责，负责宣传、贯彻国家、省、市防震减灾工作方针、政策，依法行政检查、督导，开展承德市辖区的防震减灾工作应急处置。

二、机构演变

2001年7月，承德地震办改称为地震局，性质为具有行政职能的全额事业财政拨款单位。11月，建设承德市地震局防震减灾指挥中心，中心位于承德市武烈路3号，面积91平方米，其中指挥大厅68平方米，设备间23平方米。总投资（含分析预报系统及网络系统）134.7万元。

2002年，在机构改革中，承德市人民政府将承德市地震局原来的科级（局）提格为副处级单位，编制由原来4人增加到8人。11月18日，平泉县机构编制委员会正式行文，设立县地震办公室，隶属县科技局，为股级事业单位，核编3人，设主任1人，经费来源财政拨款，年内人员全部到位工作。

2003年11月27日，承德市政府发布文件（承市政办〔2003〕189号文），成立承德市防震减灾领导小组。组长由副市长于素伟担任，副组长由科技局局长郑立志、市政府办公室副主任甄毓敏担任，成员由各相关单位负责人担任。领导小组下设办公室，与市地震局合署办公，办公室主任为耿树，副主任为张景余。2003年平泉县政府搬迁新址行政中心，专设地震办公室，这是承德市唯一单设地震工作机构的县。

2005年12月28日，承德市抗震救灾指挥部和防震减灾工作联席会议成立。

2006年5月，根据承德市编办文件（承市机编〔2006〕31号）精神，市编委审核批准承德市地震局为事业单位。

2007年，根据承德市人事局（承市人登〔2007〕45号）《关于承德市地震局参照管理机关人员登记的批复》，承德市地震局工作人员参照公务员管理体系进行登记。根据河北省机构编制委员会办公室关于加强县级地震工作机构建设的通知（冀机编办〔2007〕145号），11月5日承德市机构编制委员会办公室文件（承市机编〔2007〕163号），明确县区机构建设，除双桥区、营子区以外，其他8个县1个区均设立地震局，编制3人，经费列入县区财政预算。

2008年，承德市除双桥区、营子区外，其余8个县区均设立地震局，编制3人。

2009年7月23日，承德市地震局迁移至新的行政中心办公，办公条件、环境改善。

2010年4月23日，承德市人民政府下发文件（承市政办〔2010〕14号）批复，将承德市地震局职责划入承德市科学技术局，增设震害防御科和地震监测预报科。

2011年，承德市政府常务会议专题研究防震减灾工作，下发增加地震局机构人员编制和地震专项经费的会议纪要，以市政府名义下发《承德市关于加强防震减灾工作的意见》和《承德市地震安全性评价和抗震设防审批管理规定》两个文件。

2012年5月22日，承德市机构编制委员会下发《关于成立承德市地震灾害防御中心的批复》（承市机编〔2012〕19号），同意在承德市科技（地震）局成立承德市地震灾害防御中心，性质为局属事业单位，科级规格，经费形式为全额财政拨款，核定增加事业编制3名，核定科级领导职数1名。

2013年，各县区对防震减灾工作增加投入，宽城满族自治县增加编制4人，配备车辆和办公场所，其他各县也相应增加投入和人员，县区防震减灾工作基础夯实。

第二节 震害预防

一、防震减灾宣传

2001年7月，承德市地震局按照省局统一安排，开展“7·28”防震减灾宣传周，发放各种资料近500份。12月，组织学习宣传《河北省地震安全性评价管理实施办法》。

2002年，市地震局利用3月1日《中华人民共和国防震减灾法》颁布实施的契机，走上街头进行宣传。在市电台、电视台播放防震减灾知识，在当地报纸上发表专题文章。在市区繁华地带建立两个永久性宣传栏。各县区也分别建立防震减灾宣传橱窗，完善防震减灾知识宣传阵地。

2003年，市地震局利用《中华人民共和国防震减灾法》颁布实施五周年的时机，在“7·28”唐山大地震纪念日上街开展宣传咨询活动，展出展板10块。播放防震减灾宣传录音，发放宣传材料5000份，现场咨询100人次。在电台播放《承德市防震减灾工作动态》和《开拓新时期的防震减灾事业》等专题片。承德市电视台对宣传活动进行专题报道。在各类报纸、刊物上发表宣传文章10篇。对市区和各县区防震减灾宣传橱窗不定期更换版面。在地震行政审批进驻审批服务中心时，以“防震减灾要与快速发展的城市建设相吻合”为宣传主题，宣传地震行政审批事项内容以及承德市地震局的职能职责，提高防震减灾工作的社会显示度。在“避暑山庄肇建300周年”期间，向筹委会提供活动期间震情趋势报告。

2004年，市地震局按照“积极、慎重、科学、有效”的原则，开展防震减灾宣传工作，于《中华人民共和国防震减灾法》颁布实施日、“7·28”宣传周和全国法制宣传日，在《承德日报》上发表《浅谈抗震设防与管理》等署名文章，并分三期刊登防震减灾科普知识。

2005年，市地震局联合法制办等相关单位开展宣传活动，街头宣传咨询、悬挂宣传标语，向社会广泛宣传防震减灾知识，发放宣传资料3000多份。在《承德日报》宣传报道承德市防震减灾工作新情况、新动态。对所属各县区配备的宣传橱窗定期更换。

2006年，市地震局借纪念邢台地震40周年、唐山地震30周年契机，组织由法制办、市委宣传部等单位参加的大规模宣传活动，通过召开座谈会、组织街头宣传咨询、悬挂宣传标语等方式，向社会广泛宣传防震减灾知识。召开20多人参加纪念邢台地震40周年、唐山地震30周年座谈会。订购邢台抗震40周年及唐山抗震30周年纪念挂图、农村防震减灾和抗震知识实用手册，分别发送到各县区科技局。组织街头宣传，发放宣传资料5000多份。在《承德日报》刊登署名文章，宣传报道承德市防震减灾工作新情况、新动态，宣传《中华人民共和国防震减灾法》和配套的地方性法规。

2008年5月13日和14日，市地震局与承德人民广播电台、承德电视台、《承德日报》、《承德晚报》等新闻媒体联系，加强防震减灾宣传工作，通报地震情况和承德近期不会发生破坏性地震的预测，对社会上出现的地震传言向群众做耐心解释，通过新闻媒体等途径平息地震谣传。从2008年5月12日夜开始，承德市地震局坚持24小时震情值班和领导带班制度。局机关自发开展为灾区献爱心活动，捐款3000元。

在“三网一员”建设中，实现每个县设8个乡镇为“三网一员”联系员，全市共有79个防震减灾联络员。9月22—24日，对县区地震机构40余名负责人进行行政执法、“三网一员”建设和职能职责等培训。

2009年，从5月中旬开始，全市防震减灾知识“五进”（进社区、进学校、进企业、进机关、进农村）宣传活动启动，利用四川汶川地震纪念日、“7·28”防震减灾宣传周、《中华人民共和国防震减灾法》颁布日等，组织由地震局、法制办、市委宣传部等单位参加的宣传活动，召开《中华人民共和国防震减灾法》宣传贯彻实施座谈会1次，参加人数达100多人。组织街头宣传5次，发放宣传资料2万多份。

2010年，市地震局利用“5·12”防灾减灾日、7·28”防震减灾日，借助新闻媒体，深入宣传《中华人民共和国防震减灾法》，发放宣传资料500多份。向100个示范村发放地震安全民居宣传挂图。

2011年，“5·12”防灾减灾日，市地震局举办以“加强应急管理，做好科普宣教，为承德市‘十二五’规划保驾护航”为主题的防灾减灾日宣传活动，展出科普宣传展板5块，录制《中华人民共和国防震减灾法》条文录音在活动现场播放，利用广场大屏幕播放地震灾害公众自救互救常识视频，印刷各类科普宣传图册和宣传单10多种2万多份，免费发放给民众。5月27日，承德市地震局与承德中心台联合在承德师范学院进行地震知识讲座活动，向师生发放宣传资料1000余份，宣传光盘100余张。开展地震知识进承德广播电台“百姓热线”活动，让民众参与、主动受教育。

2012年，市地震局开展“5•12”防灾减灾日、“7·28”防震减灾日等防震减灾宣传周活动。请地震专家进社区、进学校专题宣讲。5月7—13日，开展防震减灾宣传教育专项活动周活动，以学校、社区为突破口开展“六进”活动，利用新闻媒体等开展防震减灾宣传活动。制作500张防震减灾宣传光盘，发放到全市大中专院校和中小学校。印制5000张宣传单及宣传手册，进行发放。明确200多名防震减灾助理员，组织业务培训，发挥他们在防震减灾工作中的作用。协调承德市教育局和承德市科学技术协会，联合开展防震减灾科普教育和“防震减灾科普示范学校”评审活动，以活动推动防震减灾科普宣传工作，认定市级“防震减灾科普示范学校”11家，认定县级“防震减灾科普示范学校”34家。

2013年，市地震局筹建河北省第一个省级防震减灾宣传教育基地——承德防震减灾宣教基地，占地30多亩，争取省政府投资3000多万元。建成防震减灾科普市级示范学校5所。承德县第一中学防震减灾科普教育馆建设项目，由省、市、县地震局及承德县第一中学共同建设，投资40万元，成为面向社会宣传、教育、体验的防震减灾示范阵地。

2014年，承德县争取省、市、县投资80万元建设的国家级防震减灾科普馆项目竣工。平泉县争取资金，拟在泽州园公园博物馆建设一所科普示范教育基地。市地震局投资10万元制作印有政策法规和抗震基本知识的展板、挂历，印制宣传册、宣传单，刻录宣传防震减灾知识的光盘4000张，发放到社区、街道和学校、企业等基层单位。利用“科技活动周”“世界环境日”“防灾减灾日”“科技三下乡”等节点进行较大规模的防震减灾宣传活动。10月，市地震局进行系列“送防震减灾知识进社区”活动11次。市地震局在全市建立舆情收集、分析、报告和应对工作机制，通过各种时机对各单位网评员进行培训，密切关注舆情动态，有针对性的及时进行舆论引导。

2015年5月，承德县一中防震减灾科普教育馆验收使用，接待学生和民众参观学习。市地震局与市委宣传部、市电视台等单位合作，制作防震减灾知识宣传片，在承德电视台和广播电台等媒体上播出。“5·12”期间，在承德市电视台录制专题访谈，在《承德日报》上发表科普文章，在网站上进行防震减灾知识宣传。开展防震减灾知识进社区、进企业、进学校等“六进”活动，印制防震减灾知识明白纸，制作光盘，进入家庭和单位进行发放。“5·12”宣传周中，与市科协联合在社区更新防震减灾宣传橱窗60多处。利用防震减灾宣传周、科技“三下乡”、科技活动周等时机发放各类宣传资料2万余份，组织各级各类专家在全市学校和社区开展防震减灾科普讲座12次。做好“三网一员”队伍的建设，组织培训、加强指导，核实各类地震异常现象，把握地震活动态势。

二、抗震设防管理

2001年，市地震局开展首都圈工程项目建设，配合河北省地震局开展各县区台站的选址和建设等工作。协助选拔台站看护人员，对看护人员进行业务培训。6月7日，市地震局协助承德路桥国道101线祥平段D标项目经理部，委托河北省工程地震勘察研究院，对平泉县西山嘴松动爆破队颜杖子桥墩进行爆破地震效应检测。

2002年1月，“承德市首都圈防震减灾工程项目建设”完工，承德市人民政府和河北省地震局共同组织验收专家组进行验收。市地震局于12月12—13日，举办首期地震行政执法、信息网络培训班，对所辖11个县、区科技局20名负责地震工作和分管网络的人员，就地震行政执法的内容、法律依据、地震行政执法程序、地震安全性评价的内容、范围、依据以及计算机信息网络的使用与维护进行重点培训。

2003年1月16日，承德市地震局作为首批20个单位之一，进驻行政审批服务中心，对进驻中心人员加强培训，制作各类审批表格、告知单和服务指南等材料，制定审批规程。年内，承德市地震局起草《承德市地震安全性评价管理规定》，以〔2003〕第13号市长令下发，这是承德市的第一项地方地震规章，标志着承德市建设工程抗震设防要求管理工作走向规范化、法制化。京承高速公路、承德医学院住院楼的安评工作正值“非典”时期，承德市地震局克服困难，按时完成任务。10月，国家文物局对京承高速公路司马台隧道爆破是否会影响司马台长城原貌提出质疑，承德市地震局与河北省工程地震勘察研究院合作，用最先进的仪器提出科学的观测数据，确保工程进度。

2003年承德市地震安全性评价的省重点建设项目总计3项。

表 1　　2003 年地震安全性评价的省重点建设项目一览表

序号	项目名称	主要建设内容	总投资（万元）	2002年工作进度	2003年度项目前期工作计划安排	项目单位
1	承德日产400吨水泥熟料项目	建设日产4000吨水泥熟料生产线及配套工程	74700	完成项目建议书批复	完成可研报告批复	承德县康达公司
2	丰宁抽水蓄能电站一期工程	6×30万千瓦抽水蓄能机组	550000	可研	编制项目建议书	承德市丰宁抽水蓄能电站筹建处、冀北电力办公室
3	承德民航旅游机场	4C级	50000	编制选址报告	编制项目建议书	承德市政府、省民航局

2004 年 4 月，围场、丰宁、隆化北三县地震基础资料调查经省地震局立项后，市地震局制定实施方案，举办北三县科技局主管参加的培训班，并邀请省地震局专家来承讲课。承德市地震局组织人员多次下乡督促检查，确保在预定的时间内完成收集资料。为使这批资料能够参加省地震局软件的升级，在人员少任务重的情况下，全体职工加班加点投入资料编号、信息录入、电子地图标识等工作中，保证该工作的顺利完成。

2004 年 7 月，《中华人民共和国行政许可法》颁布实施，承德市地震局组织全体人员进行行政许可法培训，派专人参加省地震局组织的培训班和市法制局组织的行政许可法考试，对执法证件进行年检，壮大执法队伍。依据《中华人民共和国防震减灾法》，按市法制办安排，严格清理行政审批事项，对保留的审批事项依法审批。在办公窗口设置建设工程抗震设防要求管理审批告知单，设置地震监测设施和地震观测环境保护范围内工程建设审批告知单，使业主对审批事项和申报材料及审批程序一目了然。

年内，滦河发电厂五期扩建工程项目在申报过程中急需地震资料，承德市地震局及时联系省地震局工程勘察研究院，协助该院快速完成地震安评工作，保证企业申报材料的完整、及时。市地震局与市民政局协调沟通，实现防震减灾工作经费单列，纳入市级财政预算。

2005 年，市地震局落实《中华人民共和国行政许可法》，清查本行业不合理审批项目，按照审批权限、审批程序、审批时限先后审批 30 余项。

在开展城市活断层探测工作中，市地震局贯彻落实国办发〔2004〕23 号文件精神和省防震减灾工作会议精神，主动找相关部门协商，撰写报告呈报主管市长，12 月 14 日市政府批复启动资金 10 万元，12 月底将城市活断层探测项目建议书报承德市发改委，争取 2006 年一季度施工。

年内，市地震局承担 3 个类型、4 个建设点及兴隆县强震台网，隆化县、围场县的测震台网的基建项目，围场县的网络节点项目。在省地震局确定实施方案后，市地震局与各县科技局签订实施合同，组织施工，年内 4 个台站点全部施工完毕，通过省地震局监理组的验收。

年内，市地震局按照冀政发〔2005〕17 号文件的要求，着手实施承德市防震减灾“十一五”规划的起草工作，专门成立领导小组，局长任组长。

2006年，市地震局依据《中华人民共和国防震减灾法》和《地震安全性评价管理条例》，对承德市重大工程、生命线工程、易发生次生灾害的工程进行把关，先后审批25项。配合河北省工程地震勘察院,完成对承德市承唐高速公路、承朝高速公路等重点工程、生命线工程项目的地震安全性评价工作。

是年3月，市地震局向承德市政府作关于三年完成承德市城市地震活断层探测与地震危险性评价工作的立项报告和此项工作启动资金的预算报告，经分管市长批示，在地方财政紧张的情况下拨出启动资金10万元。4月聘请中国地震局地壳所有关专家评估“承德市城市活动断层建设与地震危险性评价”项目建议书，12月初省发改委批准立项，12月22日完成《河北省承德市活断层探测与地震危险性评价及双桥区震害预测工程初步设计方案》。

2007年，市地震局组织召开各县区科技局长及主管地震工作负责人和防震减灾领导小组成员单位共30多人，参加防震减灾工作会，宣传新修订的《河北省地震安全性评价管理条例》，介绍全省其他市地震行政执法现状，发放该条例1000余册，在《承德日报》刊登署名文章，宣传《河北省地震安全性评价管理条例》，对县区“三网一员”、农村民居安全以及防震减灾宣传工作进行探讨和部署。

年内，对承德市重大工程、生命线工程、易发生次生灾害的工程进行把关，先后审批25项。12月8日，河北省地震局副局长王钟山、震害防御处处长李广辉等一行5人到承德检查建设工程抗震设防要求管理和行政执法工作。

市地震局落实城市活断层探测项目和地震危险性评价工作，与中国地震局取得联系，组织编写承德市地下活断层探测项目可研报告和工程实施方案。经省发改委审批，12月26日在张家口完成投标工作，同时争取到市财政局项目配套资金。

2008年2月23日，全省现场监理会在承德召开，专家和领导听取物探工作主要工程师石金虎的汇报，赴施工现场，对仪器设备、处理方法、采集参数以及野外班报、现场试验、数据情况进行仔细地检查和询问，认为承德市活断层浅层地震探测工作目标明确，进度符合业主要求，仪器设备先进，施工方法科学合理，每条测线都进行试验性工作，优于其他城市，现场质保有效，班报及时完整，剖面展示取得有效目标层位，组织实施有序。

年内，承德市地震局与中国地震局灾害服务中心签订活断层探测实施方案。7月取得1：25万和1：1万基础地理数据，进行拼接处理，收集相关的1：25万和1：5万地质数据资料，建立工作图件和电子工作平台。收集河北省地震局、中国地震局地球物理所的相关台站观测走时报告，开始进行数据整理和软件调试。收集区域17条深地震反射剖面，并进行图上定位。

8月，中国地震局震害防御中心的工作人员到达承德进行为期7天的详勘阶段浅勘路线的野外踏勘，为其钻孔布线选定标准孔、物探布线等后续工作奠定基础。在阶地测量中，目标区内有双塔山—双峰寺断裂和东河套—红石砬断裂，承德市地震局对横穿这两条断裂的武烈河进行阶地测量工作，截至12月，共完成10条剖面的测量。在野外物探中，承德市活断层浅层地震探测工作由中国地震局地球物理勘探中心承担，12月10日进入施工现场，12月12日开始数据采集工作。

2009年2月，开展浅层地震勘探，4月开展钻探工作，4—5月开展断层活动性野外调查。同时开展建筑物调查等方面的工作，8个专题开展工作，其中浅层地震勘探（专题2）、钻探（专题4）、断层野外调查（专题5）等室外工作完成，处于室内分析整理，编写报告阶段。其他专题根据河北省城市活断层探测项目总体要求检查进度。

3月，河北省地震局对城市活断层探测项目进行检查，承德市本级配套资金70%到位，工程进展情况完成90%。3月，承德市活断层探测工作合同签订，6月通过总体设计，11月8个专题通过施工设计。开展基础地理数据（1∶20万、1∶5万、1∶1万）、基础地质数据（1∶20万、1∶5万地质图）收集，编制工作图件、工作平台。进行野外地质踏勘和断裂乱面调查、物探选线，灾害预测专题实施可行性调查、钻孔探测可行调查，阶地调查和6条阶地截面测量。

年内，市地震局配合市政府工作，抽调专业技术人员2名，参加全市中小学校校舍安全排查工作，历时一个多月完成排查工作，转入校舍安全鉴定和2009年施工项目安排阶段任务的制定。对新建、在建的涉及国计民生的50个重要工程和项目进行行政审批。市地震局还组织专家对国家重点工程双峰寺水库建设项目进行论证。

2010年，在新农村民居和中小学校舍安全建设与排查鉴定工作中，市地震局确立承德市师专附中、承德市实验小学2所防震减灾示范学校并挂牌。承德市开展工程场地地震安全性评价工作。邦宽线城区段改线工程、御道口至大滩公路工程取得河北省地震安全评定委员会批复文件。在承德市城市活断层探测危险性评价中，集中办理相关审批30项，为承德核电和承德机场重点建设项目做前期服务，提供地震支持性意见。

2011年，召开全市防震减灾工作会议和防震减灾领导小组联席工作会议，以市政府名义出台《关于调整承德市防震减灾工作领导小组成员及其职责的通知》，明确防震减灾联席会成员单位和各自的职责任务，贯彻国务院、省政府《关于进一步加强防震减灾工作的意见》。

市地震局配合承德市行政服务中心的设立，进行项目集中审批服务，加强抗震设防要求管理的源头管理服务，集中办理房地产审批50项，完成房地产、风电、应急水场、新建公路等10多项工程场地地震安全性评价和地震动参数复核工作。各县区地震行政审批工作全部进入窗口。

市地震局制定《承德市防震减灾科普示范学校和地震安全示范社区建设方案》及《承德市防震减灾科普示范学校和地震安全示范社区建设实施细则》，就建设标准、目标要求、建设时限、责任单位和具体责任人员做出明确规定。组织人员对全市8所科普示范学校和2个示范社区，按建设标准逐项进行检查认定，对有差距的单位提出明确整改意见，直到达标。

市地震局组织人员对全市的工程建筑、基础建设项目和受地震破坏后会引发水灾、火灾、爆炸等严重次生灾害的建设工程项目，进行抗震设防检查督导，纠正违规行为。组织地震行政执法证的办理工作，全市共有地震执法人员32人，其中新增执法人员29名，监督检查人员1名。

2011年4月，市地震局组织全市各县区地震工作人员和部分乡镇防震减灾助理员共70多人参加业务培训班，邀请省地震局震防处副处长郭建素、邯郸市地震局处长王成亮、廊坊市地震局科长王建波和承德中心台副台长陈立强等到承德，就地震监测预报、抗震设防的地震行政审批、“三网一员”工作等进行专题讲座。

2011年7月，市地震局组织全市八县三区主管地震工作的负责人和部分社区、学校的有关领导20余人，赴邯郸市进行考察学习，参观邯郸市防震减灾应急指挥中心、网络中心、科普教育基地，考察行政审批中心的地震窗口、防震减灾科普宣传示范学校和地震安全示范社区建设，回来后在全市开展“学邯郸、强基础、上位次”活动。

年内，市地震局组织县区和本局人员参加省地震局举办的“工程场地地震安全性评价、震害预测、地震小区防震减灾法律法规知识”培训班，提高从业人员的业务水平。

市地震局组织人员对八县三区和市直相关部门进行防震减灾基础工作全面调查，走乡镇、访社区、进农户、到企业、入学校，倾听意见建议，年内共下基层20多人次，走访10个乡镇（社区）、30个村户、5个企业单位，征求到20多条意见建议，为起草承德市防震减灾工作意见和争取市委市政府支持奠定基础。

市地震局对5个监测台站和7个新建台站逐一进行实地调查，走访当地干部群众，开展文明共建活动，保障台站安全和工程的顺利施工。

在新农村安居工程和中小学校舍安全工程中，市地震局配合教育部门全面开展校舍排查鉴定，2009—2011年三年市政府投资14.2亿元，新建、加固校舍1370栋，面积147.4平方米，极大改善中小学校舍安全。城市活断层探测工作进展顺利，8月9日完成最后两个子项目验收，完成全部8个分项目验收。

年内，市地震局完成承德市“十二五”防震减灾规划和“十二五”防震减灾专项规划的编制工作。

2012年3月，市地震局组织人员到各县区就抗震设防行政审批工作开展情况进行专题调研，掌握全市行政执法工作总体情况，摸清存在的问题，制定加强行政执法工作的措施。4月6日，市地震局召开承德市防震减灾工作会议，部署2012年承德市防震减灾工作，各县区主管地震的负责人和科技地震局局长参加会议。9月25—27日，承德市召开抗震设防要求管理审批工作现场会，各县区科技局领导和各县区行政审批人员共40人参加。

2013年1月12日，承德市地震局完成地震活断层探测项目总验收，在全省11个分项中率先进行验收。年内各县区全部完成地震安评消零工作，完善地震安评备案制度和市场监管，规范安评市场秩序。

市地震局配合教育局完成校园安全工作，全市（不包括高新区）累计开工学校433所，开工项目981个，开工面积155.14万平方米，新建重建面积116.39万平方米。竣工学校338所，竣工项目738个，竣工面积120.00万平方米，竣工率为82.36%。竣工面积中加固改造面积28.74万平方米、新建重建面积91.26万平方米。

市地震局落实全市安全生产大检查动员会议精神，开展安全生产大检查活动，对辖区受检单位进行全面检查，做到“全覆盖”“零容忍”。6-7月，市地震局局长钱绍福带队分别到兴隆县、平泉县、双桥区进行抗震设防要求管理工作督导，对未进行抗震设防审批，擅自进行建设的问题，市地震局下发整改通知，责令限期整改到位。

2014年初，制订全年计划，利用每周二、周四两个半天时间进行理论和业务学习。参加全省分析预报业务培训班和新闻宣传工作培训班，组织全市地震系统干部职工近30人，参加1月举办的防震减灾宣传信息工作培训班。通过与兄弟单位进行沟通学习，提高工作效率和服务质量。

3月，市地震局召开全市防震减灾工作专题工作会议和联席会议，安排部署全市防震减灾工作。6月，进行防震减灾领导小组人员调整及职责修订工作，从组织上保障防震减灾工作的落实。

年内，各县区抗震设防审批窗口全部入驻审批大厅，全市完成抗震设防审批103项，办结率和满意率都达到100%。

年内，市地震局对各县区进行业务指导和培训，除组织专门的业务培训会和法制培训班外，还对各县区抗震设防审批业务进行指导。

2015年3月，由市地震局牵头，联合市教育局、市科协，共同开展市级防震减灾示范校评审认定工作，全市上报市级防震减灾示范校18所，对全市八县三区所有申报学校进行实地考核，对存在问题的地方现场指出并给予解决意见，做到“教育一个孩子，影响一个家庭，带动整个社会”。

4月，市地震局召开全市防震减灾工作联席会，调整防震减灾联席会成员。提出“以震害防御工作为重点，以监测预报工作为抓手，强化地震应急工作，创新工作思路，坚持融合式发展”的工作思路。

5—8 月，市地震局配合相关部门对各类建筑物，尤其是交通、电力、通信、水利等重要工程开展普查鉴定，对抗震能力不足、存在安全隐患的，提请市政府要求其主管部门限期进行整修加固。配合教育局和农工委，对中小学校舍和农村危房进行排查和加固改造，配合市安监局和市水务局加强尾矿库、病险水库等排查和治理工作。

11 月，将“承德市建设工程抗震设防要求管理审批”事项下放到双桥区、开发区，并逐步将建设工程抗震设防行政审批权限下放至所有县区，以后工作重点转变为做好业务指导和监管工作。2015 年内共完成抗震设防审批 107 项。

年内，市地震局在开展活断层探测成果推广应用中，编制活断层探测应用手册，与规划、国土、住建等部门联系，推广使用活断层探测成果。

年内，市地震局在全市建立舆情收集、分析、报告和应对工作机制，对各单位“三网一员”人员进行培训，关注舆情动态，针对近几年地震频发的情况，以专家访谈、权威发布、网络评论等形式进行舆论引导，提高民居抗震设防要求管理，加强各类建筑物、基础设施和重大工程普查鉴定。

第三节 震情监测、会商与震情处置

一、震情监测、会商

2001 年，市地震局与承德中心台合作，全年开展周会商 50 次。

2003 年，市地震局和承德中心台合作开展分析预报工作，利用中国地震局 Q02 快报目录和承德现有的观测数据，在测震和前兆两方面，对承德市辖区范围的地震趋势做预测，向周边地区拓展。将每周二上午作为周会商时间，月会商时间定在每月最后一周的周一上午。半年、年度会商按省地震局要求适时召开。临时会商根据实际情况临时决定。对 2004 年度地震趋势做预测，开展周会商 13 次，月会商 3 次，参加河北省地震局 2004 年度地震趋势会商会，这是承德市首次开展地震分析预报工作。

2004 年，监测预报成为承德市地震局的一个新课题。全年共开展周会商 52 次，月会商 12 次，临时会商 8 次。

2005 年，市地震局坚持与承德中心台合作开展分析预报工作，坚持周、月、半年、年度会商制度，周会商 52 次，月会商 12 次。

2006 年，市地震局与承德中心台合作，对周边及邻区地震预报的中期、短期、临震作尝试和探索。坚持周、月、季会商，有异常情况紧急会商，全年共开展周会商 48 次、月会商 12 次。参加河北省地震局 2006 年半年和年度地震趋势会商会。

2007 年，市地震局与承德中心台合作，探索新的理论和新的地震预报方法，对周边、邻区地震预报的中期、短期、临震，作大胆尝试和有益探索。全年共开展周会商刊物 48 期，月会商刊物 12 期。参加河北省地震局 2007 年半年和年度地震趋势会商会。

2008 年，全年共开展周会商 51 次，月会商 12 次。临时会商 33 次（其中奥运临时会商 22 次、残奥临时会商 10 次）。参加河北省地震局 2008 年年度地震趋势会商会。向市政府提交承德市 2009 年地震趋势会商意见。

2009 年，市地震局与承德市中心台合作，坚持周、月、季会商，有异常情况紧急会商。全年共进行周会商 47 次，月会商 12 次，半年会商

1次，年度会商1次。在国庆安全保障期间，临时会商3次，圆满完成国庆60周年安全保障工作。在半年和全年的河北省地震局分析预报会商会中获得优秀奖。

2010年，市地震局严格执行周、月会商制度，向市政府提交承德市地震趋势会商意见。

2011年，市地震局执行周、月会商制度，着重做好元旦、春节、“五一”和“十一”长假期间以及“两会”期间的震情会商工作，全年共召开会商会50余次，以网上会商、周会商、月会商和加密会商意见的形式，提出地震预报意见50余次。与天津、沧州、唐山等地市在地震趋势预测方面加强交流合作。

2012年，严格周、月会商制度，着重做好元旦、春节、“五一”和“十一”长假期间以及“两会”期间的震情会商工作，全年共召开会商会50余次，以网上、周、月会商和加密会商意见的形式，提出地震预报意见50余次。

2013年，市地震局与承德中心台合作，加密会商由月会商变为周会商，并根据各时间段的地震活动情况增加临时会商。组织天津市、唐山市、沧州市、廊坊市、秦皇岛市六市地震趋势会商联防会，通过专题讲课和分析讨论提升会商水平。3月22日，市地震局邀请中国震防中心专家为全市地震系统工作人员授课。5月，联防会邀请省地震局预测研究中心主任张跃刚，进行地震趋势经验介绍和关于分析预报发展方向的讲座。

2014年3月、5月和10月，市地震局参加河北省及六市地震趋势联防会，与兄弟单位学习交流。8月27—31日，参加全省监测预报工作业务培训，系统学习相关知识。

2015年，市地震局与承德中心台合作，强化地震监测、震情跟踪和分析研判工作。上半年参加联防会商会，为地震监测预报水平的提升提供支持。谋划承德市宏微观监测相结合提高地震短临预报能力项目，弥补承德市宏观观测项目的空白，以提高地震预报能力。

二、震情处置

2003年8月16日，内蒙古阿鲁科尔沁旗发生5.9级地震，承德市部分县区有震感。承德市地震局全体职工在震后15分钟内全部到岗进入应急状态，向市委、市政府、宣传部及各县区政府通报震情，了解震感程度、群众反应等相关信息，逐级上报。做好群众来电解释工作，在电视、报纸等媒体上播发承德地区地震信息。

2005年5月18日，承德市暖儿河煤矿发生瓦斯爆炸后，按照事故调查组要求及时准确提供出5月18—28日全省及全市的地震目录供领导参考。

2006年，平息地震传言1次。

2008年5月12日汶川地震后，市地震局全体人员紧急到岗24小时值班，解答群众电话咨询，在《承德日报》发表地震科普文章，局长张景余接受承德市电视台采访。

2012年，平息地震传言2次。

2015年，承德市地震局在全市建立舆情收集、分析、报告和应对工作机制，对各单位网评员进行培训，关注舆情动态，针对近几年地震频发的情况，通过专家访谈、权威发布、网络评论等形式进行舆论引导。

第四节 预案修订与应急准备

一、预案修订

2003年6—9月，市地震局与31个成员单位及各县区政府协商，重新修订应急预案并汇编成册，分送市委、市政府、市科技局、各县区政府办及防震减灾领导小组各成员单位。

2005年，市地震局督促各县、区政府，按照国家、省、市《破坏性地震应急预案》的要求，制定和完善本部门的地震应急预案。

2006年10月，市地震局对《承德市破坏性地震应急预案》进行修订和完善，把地震应急机构的设置、职责、工作制度等明确到每个相关部门，细化到每个行政部门领导。各县、区政府也按照国家、省、市《破坏性地震应急预案》的要求，制定和完善本部门的地震应急预案。

2007年4月，市地震局对《承德市破坏性地震应急预案》进行修订和完善，把地震应急机构的设置、职责、工作制度等明确到每个相关部门，细化到每一个行政部门领导，灵活、科学、合理、有序地抓地震应急预案工作。

2010年，市地震局修订完善防震减灾应急预案，落实震害避难场所1个。

2011年，市地震局修订承德市和领导小组成员单位及县区地震应急预案，对承德市防震减灾领导小组成员进行调整，制定各成员的职责，经市政府印发执行。

2012年，市地震局重新修订《承德市地震应急预案》，根据各单位机构人员调整，修订完善本地各级各类地震应急预案，增强应急预案的可操作性。

2013年，根据新修订的《河北省地震应急预案》，市地震局完成《承德市地震应急预案》的修订工作。并以市政府名义印发，同时督导各县区、各部门修订和完善本单位和本部门的地震应急预案。

二、应急准备

2005年，市地震局在相关节点组织县区和相关单位人员进行应急演练。7月28日，市地震局购置一台四驱动猎豹地震应急专用车。

2008年5月12日，四川汶川发生8.0级地震后，承德市地震局以快报形式报告承德市委、市政府。市政府分管副市长张建国做出指示，市地震局立即向各县（区）地震局、科技局及成员单位下发紧急通知，对地震监视和稳定社会秩序工作做具体部署。

2009年5月，市政府调整承德市防震减灾指挥部及防震减灾领导小组，由市分管领导任组长，各单位负责人组成，按照职责分工，各负其责密切配合。保证节假日有人值班，随时应对地震灾情发生和开展紧急处置工作。9月初到10月底，市地震局实行24小时值班值守。

2011年，市地震局与应急办、人防办、规划局协调，按照应急避难场所建设标准，全市选定30处广场、绿地和人防工程作为应急避难场所，制定建设方案，争取市县两级政府支持，前期建设工程完成，提高承德市防震减灾应急能力。市地震局完成地震应急指挥中心的升级改造工作，地震应急指挥中心纳入市应急指挥中心建设，建立地震应急专区，完善视频会议系统和灾害评估软件升级工作。投入10万元，开展全市地震应急基础资料收集工作，涉及人口、房屋、学校、水库、公路、大型商场等数据，为地震灾害评估工作奠定基础。在学校开学初，市地震局安排全市中小学生进行地震自救、互救应急演练，提高学校、师生应对突发性灾害的能力。

2011年6月27—30日，河北省地震局在承德举办应急工作培训班，省地震局纪检组组长戴泊生出席会议做重要讲话，各市地震局、中心台、机关处室、直属事业单位50多人参加培训。

2012年，地震应急救援指挥中心的升级改造完成，纳入承德市应急指挥中心，加强平台数据库建设，可以对地震应急救援物资、应急救援队伍、专家库以及公安、消防、卫生等应急资源数据，分门别类的统计显示，提高应急指挥的目的性。加强对应急装备、各种救灾物资、大型机械的统计备案工作，以备不时之需。6月，在竹林寺小学举行防灾减灾应急演练活动。10月，在滦平县六中、二小和拉海沟小学，开展防灾应急演练和防震减灾知识培训，近5000名师生学习逃生、自救、自护知识。

市地震局与应急办、人防办、规划局协调，按照应急避难场所建设标准，承德市选定30处广场、绿地和人防工程作为应急避难场所，制定建设方案，并纳入全市三年上水平项目。协请矿山、消防等有应急救援队伍和设备的单位，整合应急救援资源。

2013年上半年，根据中国地震局通报，华北地区地震形势严峻，引起全社会的高度关注，各级领导都做重要批示，召开会议研究应对办法。承德市传达省重要会议精神，由常务副市长主持召开应急工作专题会，布置安排全市地震应急工作。市直各部门和各县区先后召开防震减灾工作会议，安排部署各项工作。

年内，承德市应急指挥平台数据库系统建立，可以对地震应急救援物资、应急救援队伍、专家库，以及公安、消防、卫生等应急资源数据分门别类地统计显示。3月底前对地震应急队伍和应急救援装备等情况进行摸底和清查登记造册，专人管理，确定联络人和主管领导，确保急需时能够调得出、用得上。4月20日，市政府投资26万元，配齐抗震救灾指挥部应急装备和作业工具。 7月24日，市地震局联合承德中心台、承德县地震局，进行较大规模应急演练活动1次，各县区在各中小学开展应急演练活动15次。对全市现有的50余个地震应急避难场所进行统计，悬挂明显标识。市地震局编制防震减灾工作值班表，24小时有人在岗值班，遇有重要信息能够在第一时间向市委市政府和省地震局报告。

2014年，市地震局向市政府争取配套资金10万元，用于整合全市应急救援队伍、车辆、装备等各种资源，做好应急装备的日常保养和使用人员培训工作。结合全国第六个防灾减灾日，在各县区开展防震减灾应急演练。5月根据省、市政府关于加强地震应急工作的要求，在全市范围内开展地震应急工作准备大检查活动。市应急办牵头，发改、地震等部门组成联合检查组，对全市各机关、企事业单位进行全面检查。5月9日，市地震局参与由承德市应急办组织、在滦平县开展的防灾减灾应急演练。各县区在各中小学开展应急演练活动15次，提高师生逃生、自救、互救能力。7月24日，市地震局联合承德中心台、承德县地震局，进行较大规模应急演练活动1次。

2015年，市地震局争取30万元资金，建设地震网络数据库系统，实时监测地震数据，通过对前兆和速报数据的实时对接和分析应用，为应急指挥提供依据。投资10万元更新地震基础数据库。投资升级改造地震应急指挥中心，升级应急指挥系统，投资2万余元购置超短波通信系统。投资近10万元更新地震应急指挥小组相关装备。

当年5月，市地震局在全市开展地震应急准备大检查活动，由市应急办牵头，发改委、地震局、民政局、公安局、住建局、安监局、人防办、部队等各部门组成联合检查组，对全市各机关、企事业单位进行全面检查。

当年6月底前，市地震局对地震应急队伍和应急救援装备进行摸底和清查，进行登记造册，责成专人管理，确定联络人和主管领导，确保急需时能够调得出用得上。和消防支队共同组建35人的专业地震应急救援队，投资220万元配置生命探测仪和各种破拆工具。

市地震局配合市教育局，指导全市中小学校开展地震应急疏散演练，全市共组织100多场次演练。“5•12”防震减灾宣传周期间，组织市、县（区）地震、教育、科协及承德中心台等单位领导和工作人员，在承德县一中观摩由武警消防中队和全校师生4000多人参加的联合应急疏散演练，对地震避险、疏散、自救互救等进行现场演练。

三、台站维护

2003年，市地震局组织网络人员参加网络培训班，加强值守，常看常查，节假日不休。委托兴隆县科技局专人代管兴隆、兴隆东两个强震台网的正常运转，一旦出现问题，及时与承德中心台专家协商，到现场共同解决。4月通过现场勘察，完成隆化、围场两县数字台站选址。承德市北三县地震基础资料收集工作于年内完成立项。

2004年4月，市地震局将原有64K的DDN线路改为128K的DDN线路，使承德市地震局上网速度大大提高。市地震局地震信息网络主要设备全年总体运行率达99%以上，每月与省地震局前兆数据库同步更新。

2005年4月，市地震局筹措资金更换设备间20块电池组。5月，按照省局网络信息中心要求，自筹资金对网络进行改造，对承德市地震局网站进行更新，组织全局人员培训。

2007年，市地震局配合省地震局“十五”地震数字化网络建设实施组，实施围场、隆化、兴隆三个数字化地震观测网络建设工作和围场满族蒙古族自治县建立一个网络节点项目的安装调试工作，11月初省地震局专家组对市地震局承担的项目档案、财务及分项进行验收。

2011年，市地震局加强新建台站建设，承德市7个台站完成征地，其中承德、滦平两个县完成基础工程建设。

2012年6月，承德市地震局办公地点迁移至南园路9号，争取财政和上级部门资金支持共20万元，更换办公设备和仪器设备，办公场地由150平方米增加到400平方米。根据“十一五”规划要求，新建7个强震台，5月底前土木工程完工，9月进行仪器设备进场前土建工程准备工作。

2013年，市地震局对承德辖区7个强震台站建设项目进行设备进场和调试。协调解决河北省地震局承德中心台办公场地交通不便等问题。配合京沈高铁道路选址，避让有关台站的地电、地磁观测范围，确保观测环境不受影响。

2014年，市地震局通过培训县区工作人员，与发改、工业、住建、城建等部门沟通，提前介入，降低环境保护的压力。对于不能提前介入和不能避免的环境干扰，协调拆迁、补偿和选址重建工作。

市地震局协调沟通电力、国土和乡镇政府等单位及部门10余次，召开现场会2次，4月完成丰宁、兴隆、承德县、滦平、隆化的7个强震台站设备安装、调试、运行。协助省地震局完成耗资7万余元的兴隆青杏沟台、十四倾台台站维修工作。2014年年内，共处理地震异常3次。

2015年，市地震局督促各有监测台站的县区加大监测环境保护力度，保证检测环境不受影响。围场满族蒙古族自治县解决承赤线高速公路影响台站监测环境问题，宽城满族自治县对影响台站监测环境的项目进行场址调整。谋划一县一台项目，增加监测手段、维护监测环境。

第五章 党风廉政及精神文明建设

1989—2015 年，承德市科技部门始终把党建工作、党风廉政建设及精神文明建设摆在重要位置，注重党组织建设及党员队伍发展。坚持抓好廉政及精神文明建设相结合，扎实有效开展了一系列党员学习教育活动，不断提高党员队伍的凝聚力和战斗力，充分发挥党组织的战斗堡垒作用和党员先锋模范作用。有力地促进了承德市科技工作又好又快发展，为加快承德科学发展、绿色崛起提供强大动力、打下坚实基础。

第一节 党组织建设

一、党组织建设

1993 年，中共承德市直机关工委批复同意建立中共承德市科学技术委员会机关委员会，姜振桐、李世云、耿树、郭秀霞、冯柏树、乔永明、康献明任中共承德市科学技术委员会机关委员会委员。

机关党委成立机关党支部、事业联合党支部、实体联合党支部、老干部党支部和拓普电脑公司支部五个党支部。机关党支部由耿树、李海瑞、马淑娴、张贯民、郭秀霞五名委员组成，耿树任党支部书记，李海瑞任副书记，马淑娴任纪检委员，张贯民任宣传委员，郭秀霞任组织委员；事业联合党支部由冯柏树、胡建泉、张凤芝三名委员组成，冯柏树任党支部书记，胡建泉任宣传纪检委员，张凤芝任组织委员；实体联合党支部由孙成发、魏士萍、田承生三名委员组成，孙成发任党支部书记，魏士萍任组织委员，田承生任宣传纪检委员；老干部支部由米文山、乔永明、罗富琴三名委员组成，米文山任党支部书记，乔永明任副书记；拓普电脑公司设一名党支部书记杨世林。

1994 年对市科委机关党委第一届委员会进行选举，选举姜振桐任机关党委书记，李世云任副书记，郭秀霞任组织委员，马淑娴任宣传纪检委员，冯柏树、康献明、乔永明任机关党委委员。

2002 年，随着机构改革，承德市科学技术委员会更名为承德市科学技术局（简称市科技局）。9 月 3 日，中共承德市科技局机关委员会进行换届选举，选举李季梅为机关党委书记（2002 年 1 月—2010 年 6 月）。后来分别由刘英杰（满族，2010 年 6 月—2013 年 11 月 1 日）、高振国（2013 年 11 月 1 日—2015 年 12 月 31 日）担任机关党委书记。

机关党委下设三个支部，分别为机关党支部、事业党支部和老干部党支部，并配备各支部委员。事业支部书记田宝川，副书记张广利，组织委员蔡淑娟，宣传委员张凤芝。

2009 年 3 月 17 日，按机关党委要求改选陈立权为事业支部书记，刘荣利为组织委员，周琳为宣传委员。

2010 年 4 月 21 日，市科技局召开党员大会，选举产生了第五届局机关委员会，由李季梅、饶立昌、刘承军、张胤、陈立权、刘荣利、王秉礼七名委员组成。选举李季梅为机关党委书记、饶立昌为机关党委副书记。

2014 年 12 月 15 日，市科技局召开党员大会，选举产生了第六届局机关委员会，由王秉礼、孙守武、刘承军、杨甲忠、陈杰、李阔、孟繁阳七名委员组成。选举刘承军为机关党委书记、孙守武为机关党委副书记。改选陈杰为事业支部书记，侯向伟为组织委员，王杰为宣传委员。老干部支部书记由王秉礼担任。

二、发展党员情况

为全面加强党的建设，1989—2015 年，科技系统严格执行《中国共产党发展党员工作细则》，把吸收具有马克思主义信仰、共产主义觉悟和中国特色社会主义信念，自觉践行社会主义核心价值观的先进分子入党，作为一项经常性重要工作，真正把要求进步的积极分子吸纳到党组织来。党员人数从 1989 年 31 名，发展到 2015 年的 86 名，增长了 177%。各年度党员情况详见下表。

表 2　　1989-2015 年党员情况汇总表

单位：名

年度	区域	党员数	机关党支部	事业党支部	老干部党支部
1989	地区	31	—	—	—
	市	23	—	—	—
1990	地区	32	—	—	—
	市	23	—	—	—
1991	地区	32	—	—	—
	市	23	—	—	—
1992	地区	29	—	—	—
	市	23	—	—	—
1993	地市合并	55	—	—	—
1994		56	—	—	—
1995		60	—	—	—
1996		60	—	—	—
1997		60	—	—	—
1998		63	—	—	—
1999		64	—	—	—
2000		65	—	—	—
2001		63	—	—	—
2002		66	26	15	25
2003		64	22	15	27

续表2

年度	区域	党员数	机关党支部	事业党支部	老干部党支部
2004		64	20	15	29
2005		64	20	17	27
2006		68	21	18	29
2007		69	23	18	28
2008		71	23	17	31
2009		67	19	14	34
2010		72	23	15	34
2011		72	19	15	38
2012		77	25	13	39
2013		83	27	17	39
2014		83	27	17	39
2015		86	29	18	39

第二节 党风廉政建设

一、廉政制度

1990 年，地区科委在强化正面教育、加强政治思想工作的同时，重点抓党风廉政建设和机关制度建设。贯彻中共十三届四中、五中、六中全会精神，进一步密切党群、干群关系。开展三个基本教育，民主评议党支部、党员工作。安排部署纠正行业不正之风工作，制定廉政建设规划，修订完善 18 项机关工作制度，汇编成册，印发全委试行。全体职工精神面貌和工作作风有较大转变，科技管理水平明显提高。

1991 年，承德地区科委不断加强自身建设，注重全委职工政治、业务素质的提高，狠抓党风、廉政建设和机关制度建设，并在全委普遍实行目标管理责任制，建立健全各项工作规范，使机关管理和日常工作逐步实现制度化、规范化。

1992 年，承德市科委继续加强党风廉政教育和党员思想作风建设工作，建立各项规章制度。

1993 年，地市合并后新的市科委领导班子，为肩负起科技兴市的历史重任，对领导班子自身建设做专题研究。一是尽快理顺各种关系，使新机构高效、有序运转，保证市委、市政府各项宏观调控措施有效落实。二是严格坚持党的民主集中制原则，集思广益、发扬民主、各抒己见，一经形成决议，必须坚决执行。三是领导班子带头学习，提高理论政策水平和业务能力，解放思想开拓进取，提高领导班子的凝聚力和战斗力。四是树立大局意识全局观念，增强党性，带头做团结的模范。五是密切联系群众，倾听群众呼声，关心群众生活，注意工作方法。坚持“两手抓”，坚决同一切腐败现象做斗争，建立健全有关规章制度，自觉维护党和国家整体利益，禅精竭虑，坚持全心全意为人民服务的宗旨，发扬创业精神，摒弃官僚、形式主义等不良作风。

2000 年，市科委就党风廉政建设、工作责任制制定了《承德市科委 2000 年政治理论学习安排意见》《承德市科委思想政治工作责任制》《中共承德市科委党组议事规则》《承德市科委督办工作制度》等相关文件，下发到各个科室和委属事业单位，并就贯彻落实全市纠风工作暨部门和行业作风建设总结表彰会议情况做了报告。

2001 年，市科委印发《党风廉政建设和反腐工作实施意见》，一是调整充实科委落实 2001 年党风廉政建设和腐败工作领导小组；二是实行党风廉政建设责任制，坚持从严治党、从严治政；三是设立党风廉政建设考核目标。

2002 年，市科技局下发《市科技局创建文明科室评比奖励办法》，该奖励办法是贯彻《公民道德建设实施纲要》，加强行风建设的具体做法，成立评比领导小组，制定评比条件、由办公室具体负责组织实施，给被评出的文明科室颁发奖状并予以一定的物质奖励。

2004 年，市科技局制定了《优化经济发展环境建设工作实施方案》《承德市科技局 2004 年优化发展环境民主评议行风工作实施方案》，并在局机关开展学习贯彻《中华人民共和国行政许可法》，切实提高公务员依法行政意识和依法行政水平，树立廉洁、高效、便民、服务型的政府机关形象。

2005 年，市科技局下发《关于开展加强机关管理落实规章制度联查联评活动的通知》《关于开展行政权力公开透明运行工作的实施方案》《承德市科技管理系统民主评议行风工作奖惩办法》《承德市科技局机关效能建设若干规定》《承德市科技局 2005 年政风行风建设工作实施方案》《开展“四抓五送两推进”活动深化“万名党员助民大行动”实施方案》《承德市科技局领导班子保持党员先进性教育活动方案》，这些制度与方案的建立，有效提升了机关干部廉政勤政意识，转变了机关工作作风。

2006 年，市科技局党组印发《学习贯彻党章教育活动实施方案》《2006 年党风廉政建设和反腐败工作安排意见》，总体要求是坚持以邓小平理论和“三个代表”重要思想为指导，认真贯彻中央纪委六次全会、省纪委七次全会和市纪委五次全会精神，围绕加强党的执政能力建设，全面落实科学发展观，以标本兼治、综合治理、惩防并举、注重预防为方针，以构建教育、制度监督并重的惩治和预防腐败体系为主线，以抓好领导干部廉政勤政、纠风、查案、惩治和预防腐败体系建设为重点，全面履行党章赋予的职责，狠抓反腐倡廉任务的落实，深入推进党风廉政建设和反腐败工作，促进各项工作开展。

2007 年，市科技局印发《开展创建“和谐机关”活动实施方案》《承德市科技局 2007 年党风廉政建设和反腐败工作安排意见》，提出开展“学讲话、转作风、办实事、促发展、向党的十七大献礼”主题教育活动，建立健全领导干部作风建设的领导机制和工作机制，努力建设一支“为民、务实、清廉”的高素质干部队伍。

2009 年，市科技局制定《“干部作风建设年”工作实施方案》，与学习实践科学发展观教育活动紧密结合，集中抓好宗旨观念、党性党风党纪、廉洁从政、艰苦奋斗等方面的教育，将作风建设年工作列为“一把手”工程，纳入目标管理，融入业务工作之中。成立干部作风建设年活动领导小组，主要领导亲自抓，确保活动扎实有效开展。

2010 年，市科技局印发《在基层党组织和党员中开展“全面对标、夺旗争星”活动实施方案》，以“全面对标、夺旗争星”活动为抓手，进一步抓好党性教育、岗位奉献、服务群众、亮牌示范和党建创新五项活动，促进创先争优活动的全面实施。

2012 年，市科技局紧紧围绕优化科技发展环境，提高科技服务与经济建设能力，促进全市科技进步这一中心任务，不断增强服务意识，改进工作作风，提高行政效能，真正做到办事为公、作风踏实、为政廉洁。在制定各项干部廉洁自律制度和各项督查制度的基础上，进一步修订完善各项规章制度，明确工作职责。加快落实政务公开制度，推进制度建设和创新，加强对权力运行的制约和监督，逐步建立健全以教育、制度、监督并重的惩治和预防腐败体系为主体的反腐倡廉长效机制。

2014年，根据《中国共产党党内监督条例》等有关规定，承德市科技局党组制定《“四个不直接分管”及“末位表态”工作制度》，党政主要负责人不再直接分管财务、人事、工程建设、物资采购工作，实行集体领导和个人分工负责相结合制度，经班子集体研究，授权班子其他成员具体分管。凡涉及财务、人事、工程建设、物资采购工作事项，属一般问题的，由本单位职能科室提出意见建议，报分管副职同意后，执行落实；重大和专项经费由集体讨论决定，由分管业务的副职签字后，党政主要负责人再签字把关。凡决定重大问题、重要干部的推荐、任免和奖惩，重大项目投资和大额度资金使用，实行“副职分管、正职监管、集体决策、民主监督、公开公正”的工作机制，形成相互监督、相互制约的权力运行机制，促进权力公开、公正、规范、透明运行，不断提高预防和治理腐败工作力度。严格按照民主决策程序办理，坚持集体讨论决定，党政主要负责人不得先做引导性、表态性发言，待班子成员发表意见之后再进行表态。坚持集思广益，集体决策，决策落实中，严格按照集体决策的意见操作。

二、廉政教育

1989年，地区科委主要开展对干部职工特别是党员的教育活动。承德市科委根据市委部署，加强组织建设和思想建设，开展以廉政建设、整顿纪律为主要内容的机关全面整顿工作。

1990年，市科委主要强调维护党的权威，坚定不移地坚持四项基本原则。号召全体党员、干部做好业务工作，推进廉政建设和制度建设，在科委系统内反腐倡廉，勤勉从政，提高党员干部的思想作风素质和业务素质，上下一条心，勇于开拓进取务实创新。

1993年，市科委在关于党风廉政建设工作总结报告中详细阐述了反腐败斗争的重要性，分析了当前形势，深入贯彻落实中纪委二次全会和全省党风廉政建设工作会议精神，联系实际，统一思想，提高认识，查摆自身存在的问题。根据市委、市政府对副处级以上领导干部廉洁自律问题开展自查自纠，集中精力查处大案要案。“一把手”亲自两手抓，一手抓政治思想作风反腐败工作，一手抓业务工作，坚持每半年开一次民主生活会，特殊重大情况及时处理。

1995年1月，市科委召开了副县（处）级以上领导干部民主生活会，对1994年业务工作总结的基础上开展批评与自我批评。会前做了充分的准备工作，广泛征求党内外对领导班子的意见和建议，并归纳整理。班子成员对照四中全会，结合工作实际分别做了工作思想总结汇报。

1997年，市科委党组贯彻市委狠刹公款“吃喝玩乐”歪风动员大会情况报告精神，在全委大会上传达《关于狠刹用公款“吃喝玩乐”歪风工作的实施意见》，突出三严格三强化，即严格管理、严格检查、严格纪律，强化教育、强化制度、强化监督。明确单位一把手马宗祥负总责，负起领导、督促、检查责任；副书记何世敏为第二责任人，严格财务管理，把好招待费审批关。按上级要求召开委领导干部廉洁自律专题民主生活会，学习中共中央、国务院《关于党政机关厉行节约、制止奢侈浪费行为的若干规定》、中纪委《廉政准则》和省委《关于贯彻中央对领导干部遵守党的政治纪律和廉洁自律七条要求的具体规定》，从“一把手”开始，依次对照检查，没有用公款吃喝玩乐现象，在住房装修及子女亲属经商办企业等方面没有以权谋私行为。

2000年，市科委党组严格按照中央、省、市委关于党风廉政建设和反腐败工作的部署和市纪委七次全会要求，把党风廉政建设列入重要议事日程，安排好全委行政业务工作的同时，回顾总结了1999年党风廉政建设反腐败工作情况，把落实《党风廉政建设责任制》与加强政治理论学习和改进思想政治工作相结合，与开展“讲、创、建”文明机关、文明科室相结合，与本科室业务工作相结合。真正做到以教育预防为主，广泛开展警示教育，把《党风廉政建设责任制》落到实处。认真建立责任追究细则，建立廉政档案，全委没有发生一起违纪违法案件。对照中央制奢八条规定和《廉政准则》召开了两次民主生活会，开展批评与自我批评，对“三讲”教育中提出的不廉洁问题，制定整改措施并予以纠正解决。

2001年，市科委继续开展“三个代表”重要思想理论学习。采取集中学习和自学两种方式，要求全局党员干部记好读书笔记，领会精神实质落实到行动中。

为贯彻落实市委在全市党政领导班子和领导干部中集中开展“学讲话、论发展、促工作”教育活动，市科委成立学习领导小组，确定了学习目标、学习重点、讨论的问题及学习时间安排。

2002年，市科技局持续改进领导作风，坚持深入基层加强调查研究，始终贯彻廉洁自律各项规定，培养社会公德、职业道德、家庭美德，保持人民公仆良好形象，坚持勤俭节约、反对铺张浪费，杜绝利用公款大吃大喝、游山玩水、巧立名目出国旅游的不良行为。加强作风建设是全局“内强素质、外树形象”的一项主要内容，要求全局干部职工必须高度重视从自身做起，从点滴做起。

2003年，市科技局党组印发《2003年党风廉政建设责任制实施意见》，就党建工作做了详细部署，明确以邓小平理论和“三个代表”为指导思想，坚持党要管党、从严治党的原则，围绕发展执政兴国第一要务开展党风廉政建设和反腐败工作。认真执行廉洁从政行为准则；加强对党员干部特别是领导干部的监督，推动权力沿着规范化轨道运行；开展艰苦奋斗作风教育，加强党风廉政宣传教育工作；从纪律上提供保障，明确责任，加强考核严格追究，落实党风廉政责任目标任务。同时还开展了精神文明创建活动，坚持物质文明、政治文明和精神文明建设一起抓，协调发展，提高机关工作人员思想道德水准和科学文化素质，树立“文明、诚信、廉洁、勤政、务实、高效”的机关形象。年底召开民主集中制学习教育活动，成立活动领导小组，开展学习教育、谈心谈话、征求意见活动，召开民主生活会，开展批评与自我批评，增强班子凝聚力、战斗力和大局观念。

2004年，市科技局党组印发《2004年党风廉政建设及反腐败工作目标责任制实施意见》，部署党建、党风廉政教育工作。落实“四大纪律、八项要求”促进党风廉政建设，领导干部要严格遵守党的政治纪律、组织纪律、经济工作纪律和群众工作纪律，要同党中央保持高度一致，不阳奉阴违，自行其事；遵守民主集中制，不独断专行、软弱放任。认真贯彻党内监督条例，学习采取请教师讲、办培训班、观看警示教育片、自学与集中学等形式。开展学习贯彻党的十六届四中全会精神，理解《中共中央关于加强党的执政能力建设的决定》精神实质，全面贯彻党的基本路线、纲领，保持党同人民的血肉联系。

2005年，市科技局党组党风廉政建设和反腐败工作要点：一是加强教育，规范行为，维护纪律，促进领导干部廉洁从政，严格遵守党的政治纪律和组织纪律；二是加大源头治理腐败力度，加强政风行风建设；三是坚决查办违法违纪案件，维护党纪政纪的严肃性；四是进一步落实党风廉政建设责任制，加强对权力的制约和监督。局机关各科室、局属单位的主要负责人，按照反腐败领导体制和工作机制的要求，通过落实“一岗双责”制度把落实责任制和业务工作结合起来。

2006年，为认真学习贯彻落实党中央和省市关于在全社会开展社会主义荣辱观教育活动的指示精神，市科技局在机关开展“知荣辱，树新风”为主题的社会主义荣辱观教育活动，认真组织学习胡锦涛关于“八荣八耻”的重要论述，教育和引导广大干部职工努力践行“八荣八耻”，查摆思想作风、行为举止等方面存在的突出问题，紧密结合科技工作实际，开展实践活动。通过召开座谈会、专题讲座、演讲比赛、征文活动等形式，广泛宣传“八荣八耻”基本要求，把践行社会主义荣辱观渗透到日常生活中、社会交往中、工作学习中。

2007 年 6 月 19 日，按照市纪委、市委组织部要求和局党组的部署，承德市科技局党组召开了以加强领导干部作风建设为主题的专题民主生活会。局党组各位成员认真总结自身在作风上存在的不足和问题，就加强领导干部作风建设提出了意见：一是要树立良好学风，不仅要加强政治理论学习，还要加强对科学文化知识、当代经济知识、法律知识、网络知识的学习，以科学的理论武装头脑，做到理念有创新、工作有突破；二是注重自身建设，加强党性修养，努力成为一名让党放心、让群众满意的领导干部，以《党章》规范自己的言行，抵制各种腐朽思想的侵蚀；三是改进工作方法，加强作风建设，牢固树立求真务实的观念，为实现全局工作有新突破贡献自己的力量。局党组书记、局长郑立志传达贯彻落实《中共中央纪委关于严格禁止利用职务上的便利谋取不正当利益若干规定》指示精神，要求每个党员干部都要认真学习有关规定，深入查找问题，增强防范意识，在工作生活中做到大事不糊涂、小事把握住，自觉遵守廉洁自律有关规定，集中精力做好工作，充分发挥党员模范带头作用。

2008 年，市科技局党组对党风廉政建设工作进行安排部署，一是认真学习贯彻落实党的十七大精神，确保中央、省、市重大决策部署的落实；二是加强反腐倡廉教育，促进领导干部廉洁从政；三是继续深入开展专项治理，加强行风建设；四是落实监督制度，促使领导干部正确行使权力；五是严肃党纪政纪，加大查办案件力度；六是推进改革和制度创新，深化治本抓源头工作；七是深入推进党风廉政建设责任制，确保反腐倡廉建设任务的落实。

2009 年 2 月 19 日，市科技局开展“干部作风建设年”活动，以“深入实际，破解难题，服务群众，服务企业，推动科学发展和社会和谐”为主题，重点解决党员干部精神不振、创新不够，工作不实、落实不够，环境不优、服务不够，要求不严、自律不够的问题，进一步加强干部队伍的作风建设，使广大党员干部始终保持一种攻坚克难、昂扬向上的精神状态，求真务实、真抓实干的工作作风，切实把心思和精力集中到谋划创新、促发展上来，集中到为企业排忧解难、为群众做好服务上来。为推进承德经济社会又好又快发展，提供政治保障。

2010 年，以开展创先争优活动为核心，把加强领导班子自身建设作为关键，努力培育具有战斗力和创新力的核心领导集体和一流的干部团队。

加强理论学习，切实提高领导班子工作水平。坚持局党组（扩大）理论中心组集中学习和周学习制度，坚持网上大讲堂自学和派出学习相结合，组织党员干部参加市委组织的领导干部大讲堂、清华大学培训等重要的学习活动，多渠道、多层次、多方面的学习党和国家的大政方针，深刻学习领会上级重大决策部署和有关会议精神，增强科技工作的主动性和方向性。

加强党风廉政建设，塑造清正廉洁的干部队伍形象。贯彻落实惩治和预防腐败及党风廉政建设责任制，制定市科技局《2010 年党风廉政建设工作安排意见》《党风廉政建设责任制目标分解》《贯彻落实惩治和预防腐败体系实施办法》。落实“一岗双责”制度，在局域网上公开领导干部廉洁自律承诺，接受干部群众监督。加强干部队伍思想政治教育，开展“321 党员学习活动”，结合《中国共产党党员领导干部廉洁从政若干准则》的学习，邀请市直工委领导进行专门解读辅导。围绕行风建设，制定《2010年干部作风建设年活动实施方案》《机关车辆使用制度》《机关节能减排实施方案》，梳理11项工作流程和9项廉政风险点，强化防范责任意识，严格落实首办责任制、限时办结制，推进政务公开。

2011年，中共承德市委承德市人民政府通报2011年度党风廉政建设工作考核情况的结果，承德市科技局被评为较好档次。

2012年12月，市科技局召开了以“学习十八大精神，坚持讲政策、顾大局、守纪律、着力改善发展环境和生态环境，进一步保持党的先进性和纯洁性、转变工作作风，强化工作落实”为主题的领导班子和党员领导干部民主生活会。通报了2011年民主生活会整改措施落实情况，各位党员领导干部着重从党性党风、践行党的宗旨、推行政德建设、坚持民主集中制、党风廉政建设等方面以及工作中存在主要问题进行了自我剖析，开展了批评和自我批评，并明确了改进方向。

2013年2月25日，市科技局召开全体干部职工会议，学习落实市纪委十三届三次全会及全市维护社会稳定工作电视电话会议精神，就近一段时期的工作进行安排部署。

2014年，市科技局党组以局领导班子、领导干部为重点，以贯彻中央“八项规定”精神作为切入点，着力解决“四风”突出问题，突出整治作风不扎实、工作不落实、服务不主动、深入实际少、工作思路窄等问题，重点解决慵懒散、办事拖拉、推诿扯皮、作风漂浮、落实不力，服务不主动、慢作为等方面的问题。通过深入动员部署、加强理论学习、深入蹲点调研、广泛征求意见等方式，查摆问题，开展高质量的专题民主生活会开展批评和自我批评。制定和落实整改方案、着力解决突出问题、努力形成贯彻党的群众路线的长效机制，以确保反腐倡廉各项任务的全面落实。

2015年，为贯彻落实好中央“四个全面”战略布局和市委“发挥优势、高点起步、开放创新、绿色崛起”的总要求，巩固和扩大“三严三实”专题教育实践活动成果，持续深入推进思想政治建设和作风建设，按照市委部署要求，市科技局党组印发了《关于深入推进“三严三实”专题教育的方案》，进一步激发党员干部干事创业热情，开拓创新，奋发向上，推动全市科技工作再上新台阶。

第三节 主题教育活动

承德市科技局坚持以邓小平理论、“三个代表”重要思想为指导，坚持科学发展观，以建立学习型党组织为目标，紧密结合科技工作实际，扎实开展一系列党员学习教育活动，使全体党员的理想信念更加坚定，民主生活更加生动活泼，政治纪律更加严明，党员意识进一步增强，党性觉悟进一步提高，先锋模范作用得到进一步发挥，为推动承德市科技工作的开展提供了坚强的政治保障和组织保障。

一、开展“解放思想谋发展、艰苦创业铸辉煌”大讨论活动

为进一步学习贯彻十五大精神，按照市委、市政府统一部署，从1997年底到1998年1月在全市范围开展“解放思想谋发展、艰苦创业铸辉煌”的大讨论。市科技局紧紧围绕学习贯彻党的十五大精神这条主线，讨论了7个议题：十五大后科技工作面临哪些新机遇和挑战；科技工作如何适应社会主义初级阶段基本国情；如何用“三个有利于”的标准衡量推动科技工作；科技工作如何实现改革新突破；科技工作如何实现大开放，

"科技兴市"与"开放带动"如何结合；科技工作如何支持非国有制经济发展；科技管理工作如何适应社会主义市场经济发展。同时，积极谋划1998年工作，为实现科技工作新突破、大飞跃打下坚实基础。

二、开展"保持共产党员先进性教育"活动

2005年，按照中央、省、市关于保持共产党员先进性教育活动的总体部署，承德市科技局以饱满的热情开展了"保持共产党员先进性教育"活动。这次先进性教育活动，从2月起到5月中旬结束，主要包括集中学习动员、分析评议、整改提高、总结成果等四个阶段。在集中学习动员阶段，组织召开全体党员深入开展保持先进性教育活动的动员大会，进行广泛深入的思想动员，明确新时期保持共产党员先进行的基本要求。重点学习《保持共产党员先进性教育读本》，党的十六大、党的十六届三中四中全会精神，中央、省市委领导同志在先进性教育活动中的重要讲话，采取个人自学、专题辅导和上党课等多种形式，认真讨论，做好学习笔记，参加学习的覆盖面达到100%。在分析评议阶段，在学习培训的基础上，采取调查问卷、座谈会等形式，广泛征求群众对党员、党员对党员、党组织对党员的意见，开展谈心谈话活动，自我剖析，撰写分析评议材料，召开专题组织生活会，开展批评与自我批评。在整改提高阶段，针对征求到的意见和民主评议中党员群众反应的问题，党员个人、基层党组织和领导机关按照党章要求，制定整改措施，明确整改重点，对存在的问题逐一进行整改，并向群众公布整改意见，自觉接受群众监督。

保持共产党员先进性教育活动结束后，按照市委部署，市科技局结合科技工作实际，积极探索和研究保持共产党员先进性的长效机制，认真做好整改，切实解决思想作风中存在的突出问题，巩固保持共产党员先进性教育活动的成果。通过教育活动，使广大党员干部坚定了政治理想信念，党员的政治素质有了新的提高，干群关系更加密切，基层党组织建设得到加强，机关面貌和工作作风焕然一新。

三、创建"和谐机关"活动

2007年，市科技局深入开展创建"和谐机关"活动，以邓小平理论、"三个代表"重要思想和科学发展观为指导，以迎接党的十七大召开和学习贯彻党的十六大精神为主线，围绕倡导和谐理念、培育和谐精神、创造和谐环境、树立和谐风貌、构建和谐机制，搞好和谐机关创建和机关党建、党风廉政建设、精神文明建设、机关效能建设、规范化建设、文化建设紧密结合的工作思路，大力推进和谐机关建设。在宣传发动阶段，认真谋划，周密部署，制定切实可行的实施方案，广泛宣传动员，召开动员大会，主要领导作动员报告，讲意义、定任务、提要求，使广大干部职工充分认识创建"和谐机关"的重要性和必要性。在学习教育阶段，重点开展专题教育活动，查摆存在问题。重点学习《公民道德建设实施纲要》《中华人民共和国行政许可法》《中国共产党章程》及党和国家现行的方针、政策、路线等重要文件，充分发挥理论中心组的主导作用，坚持集中学习与自学相结合，每名干部职工做好不少于5000字学习笔记，并撰写心得体会2篇，开展理想信念和思想道德、形势政策任务和科学发展观、党风廉政、执政为民、民主法治等专题教育。利用一周时间，以科室为单位集中开展"七查七看"，认真查找机关和个人存在的突出问题。在集中整建阶段，树立民主、法治、公正、诚信、友爱、民本、善政、全局、公信、平等十大和谐理念；营造诚信友爱的人际环境、公平竞争的政策环境、团结平等的民主环境、优美舒心的工作环境、和谐发展的执政环境；培育"廉洁、勤政、务实、高效"的机关风貌和"政治过硬、作风优良、执政有力、服务高效"的机关党员干部队伍新风貌；构建学习提高机制、规范管理机制、依法行政机制、监督约束机制、考核奖励机制。在巩固提高阶段，重点做好整章建制，查漏补缺，总结经验，

评比表彰等工作。开展以“送温暖、办实事、促和谐”“多献一点爱心、多做一项善举、多出一份力量”等主题实践活动，在传统节日前，组织捐款捐物，走访慰问下岗职工、病残群众、特困党员等群体，把党和政府的温暖送到家中；开展文明科室、文明标兵、文明职工的创建活动，营造争先创优，不甘落后的工作氛围；组织党员干部开展歌咏比赛等积极向上的文体活动，活跃机关气氛，培养集体荣誉。通过创建活动的深入开展，切实在机关上下形成人与人之间和睦相处，部门与部门之间相互配合；人与单位之间相互依存；人与环境相互融通的氛围，形成政通人和，高效运转的有机整体。

四、学习实践科学发展观活动

2009年，按照市委统一部署，市科技局认真组织开展了学习实践科学发展观活动，行动迅速，组织严密，形式多样，取得了较为明显的成效。3月2日，全市学习实践科学发展观活动动员大会后，局党组第一时间召开了专题会议，认真研究，精心策划，制定了《承德市科技局党组学习实践科学发展观实施方案》，确定了重点工作任务，确保学习实践活动扎实推进。一是强化学习，交流研讨，形成科学发展思想共识。先后学习了张云川书记在全省开展学习实践科学发展观活动动员大会上的讲话精神和杨汭书记在全市开展学习实践科学发展观活动动员大会上的讲话精神；学习《毛泽东邓小平江泽民论科学发展》《科学发展观重要论述摘编》《深入学习实践科学发展观活动领导干部学习文件选编》等内容。紧紧围绕“优化经济结构，转变发展方式，推动科学发展，实现富民强市”这一主题，采取个人自学与集中培训相结合、系统学习与专题研讨相结合、领导讲课与专家辅导相结合的方式，先后举办了学习实践科学发展观辅导培训、召开了党支部恳谈会，围绕科技系统如何贯彻科学发展观，如何落实科技政策、提升科技管理能力、提高依法行政水平，促进全市科技工作又好又快发展等问题展开了讨论。开展科学发展观知识竞答活动，收回答卷49份，全体党员认真做好读书笔记，并撰写心得体会，取得了较好学习效果。二是结合科技工作，开展学习调研实践活动。围绕科学发展主题就解决承德市科技发展突出问题制定调研提纲，通过集中调研、领导带头深入基层、召开座谈会等方式，形成《承德市仪器仪表产业发展规划》《发展中药产业推动经济结构调整的作用》《承德市县区科技投入与推动经济发展情况的调研》《重点产业技术创新项目在产业优化升级中的作用》《科技政策落实研究》等有价值的调研报告，为推进全市整体科技水平提供有价值的参考。三是采取不同形式，分析查找、聚焦提炼问题。通过自查、征求社会各界意见和建议、召开领导班子专题民主生活会等方式，全面系统的梳理归纳问题，从思想观念、工作实践、工作作风、党性修养等方面深刻剖析问题原因，理清发展思路，制定整改措施。增强了干部职工政治意识、责任意识、服务意识，工作效能和工作作风进一步提升。

五、开展“党的群众路线教育实践活动”

2013年下半年，市科技局组织学习了中央和省委关于开展党的群众路线教育活动的有关会议和文件精神，全体党员充分认识了开展党的群众路线教育实践活动的重大意义、指导思想和目标要求，为正式开展此项活动预热升温。2014年1月份开始，市科技局集中开展第二批党的群众路线教育实践活动，按照三个环节进行。一是搞好学习教育、听取干部群众意见。深入动员部署，围绕学理论、比思想武装牢不牢，学党史、比宗旨意识强不强，学典型、比履行义务好不好“三学三比”活动，从专题理论、理想信念、革命传统、党纪法规、实践体验、典型宣讲、反面警示等七方面加强理论学习。同时，党员干部进农村、进社区、进机关、进服务对象，问作风方面差距、问基层群众诉求、问为民服务举措、问加快发展良策，广泛深入地听取意见和建议，扎实开展蹲点调研。二是查摆问题，开展批评和自我批评。召开查找问题专题会议，邀请服务对象、群众代表，通过群众提、自己找、上级点、互相帮、代表评、集体议等多种形式方式，查找“四风”突出问题，深入开展谈心交心活动，并认真撰写对照检查材料，高质量召开民主生活会，真刀真枪开展批评与自我批评，真正达到“照镜子、正衣冠、洗洗澡、治治病”的效果。三是制定和落实整改方案，建立长效机制。针对查摆出的问题，制定整改方案，确定明确路线图和时间表，从群众最需要的具体事做起，从群众身边的不正之风抓起，从群众最不满意的地方改进，及时有效立改立行。对科技系统现有的规章制度全面清理，建立健全一批新的制度。从机制上解决问题，把中央、省委和市委要求、教育实践活动的成果用制度形式固定下来，切实推动改进工作作风、密切联系群众常态化长效化。

六、开展“三严三实”专题教育活动

2015年，为贯彻落实好中央“四个全面”战略布局和市委“发挥优势、高点起步、开放创新、绿色崛起”的总体要求，市科技局开展了“三严三实”专题教育活动，成立“三严三实”专题教育工作领导小组，认真研究制定了“工作方案”。以专题教育为契机，切实解决为官不为问题，突出抓好了五项工作。一是深入学习贯彻中央和省、市委领导系列重要讲话精神，以及中央、省科技工作重要会议、文件精神，结合科技工作实际，进一步统筹安排、明确重点、完善举措、着力解决科技工作怎么看、怎么办、怎么干问题。二是紧紧围绕落实“八破八立”要求着力解决思想作风问题。深入开展“解放思想、抢抓机遇、奋发有为、协同发展”大讨论活动，找到全市科技工作和经济社会发展总体战略目标的结合点、创新点、着力点，紧扣实际工作中存在的“思想作风、精神状态、工作落实”等突出问题，做到立行立改、即知即改。三是组织专题学习研讨。紧扣“严守党的政治纪律和政治规矩”主题，以严重违纪违法案件为借鉴展开学习研讨，深入剖析反面典型案例的具体表现和思想根源。认清严重危害，从中汲取教训，深刻总结反思，做到受警醒、明底线、知敬畏，做到执行纪律无条件、遵守规矩不含糊、守住底线不逾越、遇到红线不碰触。四是召开高质量专题民主生活会和组织生活会。局机关党组联系个人思想、工作、生活和作风实际，召开了一次高质量的民主生活会，对照查摆出的问题深入开展“六查六看”，严肃开展批评和自我批评，真正做到“辣味十足”“红脸出汗”。五是开展专项整治立规执纪。重点解决慵、懒、散等作风问题。深入开展“为官不为”专项整治，构建有效监督机制，督促整改落实，及时通报整治情况。

第六章 先进集体和先进个人

第一节 先进集体

一、国家级

1999年，河北省隆化县被评为科技部1997—1998年度全国科技工作先进县。

2003年，承德市生产力促进中心被认定为国家级生产力促进中心。

2006年，科技部公布通过2005—2006年度全国科技进步考核县区名单，承德市所辖八个县全部通过考核，宽城满族自治县、隆化县、兴隆县被科技部认定为全国科技进步先进县。

2007年，承德市科技局荣获第十七届全国发明展览会优秀组团奖。

2009年9月27日，平泉县生产力促进中心被认定为国家级示范中心。

2011年，承德市科技局知识产权局被评为全国知识产权系统知识产权培训工作先进集体。

2014年1月24日，科技部、中宣部、文化部和新闻出版广电总局，联合发布全国第二批18家“国家级文化和科技融合示范基地”名单，以承德高新区为主体申报的承德国家级文化和科技融合示范基地位列其中，承德市成为河北省首次获此殊荣的城市。

二、省级

1990年，滦平县科委被评为河北省科委系统信息工作先进单位。

1994年，宽城满族自治县科委被省科委评为目标管理先进县。

2000年，省科技厅通报表彰上年度目标管理先进单位：承德市科委为目标任务单项工作完成先进（专利实施）单位，兴隆县、隆化县科技局为目标完成先进单位。

2001年，承德市地震局获河北省地震工作先进单位称号。

2002年，承德市知识产权管理工作被评为省级先进；平泉县科技局被评为省级目标管理先进单位；围场满族蒙古族自治县科技局被评为省级目标管理先进单位；市地震局工程实施组被省地震局评为先进集体。

2003年，承德市科技局被评为省级目标任务完成综合先进单位，星火计划管理、社会发展科技进步、科技宣传、科技扶贫四项单项奖先进单位，被省科技厅评为知识产权管理先进单位；隆化县科技局、围场满族蒙古族自治县科技局被评为目标管理工作先进单位；承德市地震局网络中心被省地震局评为先进集体。

2004年7月20日，承德市科技局驻村“推进农村小康社会建设宣讲组”，在“河北省推进农村小康社会建设宣讲团总结表彰广播电视大会”“全市推进农村小康社会建设宣讲工作总结表彰大会”上，受到中共河北省委和承德市委的表彰，分别被授予宣讲工作先进集体荣誉称号；地震局办公室被评为全省地震系统先进集体。

2005年，承德市地震局网络中心被省地震局评为先进集体；承德市地震局获河北省地震局公文质量评比三等奖。

2006年，承德市地震局获河北省地震局公文质量检查评比三等奖。承德市地震局办公室、平泉县地震办公室获得河北省地震局先进集体称号。

2007年，承德市科技局被河北省科技厅评为“河北省科技创新环境建设”先进单位和政务信息工作先进单位，科技信息宣传工作全省排名第三位。

2008年，承德市地震局获河北省地震局目标考核良好单位称号，地震局办公室获河北省地震局先进集体称号。

2009年4月2日，市科技局荣获由共青团河北省委、省科技厅、省农业厅和省中小企业局联合组织的2008年度河北省服务农村青年增收成才奖先进集体称号；承德市地震局获河北省地震局目标考核良好单位称号，地震局震害防御科获河北省地震局先进集体称号。

2010年，承德市地震局获得河北省地震局先进单位和目标考核工作优秀单位称号，地震局监测预报科获河北省地震局先进集体称号。

2011年，承德市科技局被评为河北省科技管理工作先进单位、河北省科技系统信息工作先进单位、河北省科技系统宣传工作先进单位、河北省科普工作先进单位、河北省知识产权管理工作先进单位；承德市地震局被评为河北省地震系统先进单位、河北省地震宣传工作先进单位。

2012年，承德市科技局被评为河北省科技工作先进集体、河北省科技管理工作先进单位；承德市地震局获河北省地震局先进单位和目标考核工作优秀单位称号，在河北省年度会商评比中获得三等奖，在河北省宣传专项评比中获得二等奖。

2013年，承德市科技局被评为全省科技系统信息工作、宣传工作先进单位，获河北省第二届创新创业大赛暨第三届中国创新创业大赛先进集体称号，获2013年度北京科技产业博览会最佳项目展示奖；承德市地震局获河北省地震局先进单位和目标考核工作优秀单位称号。

2014年，承德市地震局获河北省地震局先进单位和目标考核工作良好单位称号，地震灾害防御中心获河北省地震局先进集体称号。

2015年，承德市科技局被评为全省科技系统信息、宣传工作、科技活动周、科技管理工作先进单位；承德市地震灾害防御中心获河北省地震局防震减灾工作考核先进单位称号。

三、市级

1993年，承德钢铁公司职工技术交流站等35个单位荣获1993年度技术市场金桥奖。

2001年7月1日，承德市科技局机关第三届委员会，被市直工委评为“2001年度先进基层党组织”。

2003年，围场满族蒙古族自治县、宽城满族自治县被评为综合工作先进县；丰宁满族自治县被评为“舍饲养畜技术推广”先进县；滦平县被评为“日光温室技术推广”先进县；兴隆县被评为“果品提质增效技术推广”先进县；隆化县被评为“农业科技示范园区建设”先进县；承德县被评为“旱作集雨节水技术推广”先进县。

2004年3月11日，颈复康药业集团有限公司荣获2003年度市长特别奖。

2007年，承德市科技局被市直工委评为“市直和谐机关创建活动优胜单位”、被市委市政府授予“博爱一日捐”募捐活动先进集体荣誉称号、被评为全市科技扶贫开发工作先进集体（2005—2007年）、被评为档案系统市级先进单位，在承德市行风评比过程中获免评；机关党委被市直工委评为先进基层党组织；办公室、机关党委被市直工委评为“和谐机关创建活动优胜科室”；社发科被市直工委评为“市直机关文明科室”。

2008年，市科技局被市委评为全市党委系统督查工作先进单位；平泉县科技局、围场满族蒙古族自治县科技局、兴隆县科技局被评为综合科技管理工作先进单位。

2011年，承德市科技局被评为承德市扶贫开发工作先进单位、承德市政务信息宣传工作先进单位、承德市新闻宣传先进单位。

第二节 先进个人

一、省级

1990年，原地区科委刘伟民、滦平县科委潘麟文被评为河北省科委系统信息工作优秀信息员。

1994年，宽城满族自治县科委6人被评为省级目标管理先进个人。

1995年，市县科技系统12人被评为省级目标管理先进个人。分别是承德市科委邵文、张国强、李威、于燕涛；隆化县科技局冀成海；承德县科技局王勤；平泉县科技局田荣生；兴隆县科技局鹿平；滦平县科技局李志英；丰宁满族自治县科技局徐化广；围场满族蒙古族自治县丁朝全；宽城满族自治县科技局魏金魁。

2000年，省科技厅通报表彰安国群、董凤义、王亚洲、杨希宾、杨凤林、李贵、吴桂凤、鹿平、高明群、张耀基、董克良为上年度目标管理先进个人。

2002年，省级科技系统先进个人郑立志、张国强、耿树、张胤、杨淑梅、杨林立、郭秀霞、王建利、董凤义、王长国、高桂山、董少川。承德市地震局全体人员（共8人）被省地震局评为先进个人。

2003年，罗秀芝、李春燕、李威、范东、张胤、王建利、杨洪清、崔志广、李季梅、董凤义、王占文、高桂山、张景文、郑士强被评为目标管理先进个人。

2004年，王亚洲被授予科技局驻村宣讲工作优秀个人称号；高淑云被评为全省地震系统先进工作者。

2005年，李阔被评为全省地震系统先进工作者。

2006年，刘荣被评为全省地震系统先进工作者。

2007年，张景余被评为全省地震系统先进工作者。

2008年，李阔、王文利获河北省地震局网络项目建设工作先进个人称号。

2015年，李平、徐春芳获河北省地震局防震减灾监测预报评比工作优秀奖。

二、市级

1991年3月5日，原承德地区人事局文件《关于授予一九九〇年度地直科级以下工作人员行政六种奖励的通知》（承政人奖〔1991〕3号），给予李威、李海瑞每人记大功一次，授予佟华男模范工作者称号，分别给予3人晋升一级工资奖励。

1993年，康建国等75人荣获1993年度技术市场金桥奖。

2001年4月11日，全市科技大会上授予市农业技术推广站刘景珍、围场满族蒙古族自治县马铃薯研究所丁明亚、承德乾隆醉酒厂迟彦刚3人首届市长特别奖，各奖励人民币2万元。

2001年，刘仲发被评为“2001年市级优秀党务工作者”，孙绍清、楚凤歧被评为“2001年市级优秀共产党员”。

2004年3月11日，尤文武、李世、白瑞国3人获得2003年度市长特别奖。

2007年，承德市科技局孙守武、郭秀霞被评为“承德市优秀党员”，刘承军被评为“优秀党务工作者”，李威被评为市管优秀干部，岳丽泓、杨林立被评为承德市精神文明标兵，周晓东被评为市级五好家庭先进个人，竹桂芬被评为档案系统先进个人。

2008 年，李季梅、王亚洲被评为市管优秀干部。

第三节 人物简介

一、李威

男，汉族，1964 年 5 月出生于河北省秦皇岛市，中共党员，1984 年 7 月毕业于承德民族师范学院数学系，大学本科学历。1984 年 7 月参加工作，在科技管理系统工作 30 多年，历任承德地区科委秘书科副科长、科长，承德市科委办公室主任，隆化县政府副县长（挂职），市科技局副局长、党组成员，正处级调研员，2015 年 6 月任承德市科技局党组书记、局长，市十三届、十四届人大代表、市级劳模。

李威在科技战线工作 30 多年，政治素质高，爱岗敬业，创新能力强。担任党组书记、局长以来，在科技管理工作上创新工作思路，结合科技工作实际，精心谋划重点工作，率先提出“十三五”规划时期承德市“四个强化、三个提升、两个突破、一个跨越”（简称“4321”）的科技创新发展目标，得到省厅和市领导的充分肯定，并在《承德市科技创新“十三五”规划》中确立为全市科技工作的指导思想、基本路线和工作指南，为全市经济跨越发展、转型升级提供有力支撑。

李威在国家、省级园区和基地创建工作中，有效协调省、市、县、乡四级科技资源和力量，成功推动承德高新区于 2012 年晋级，成为全省 5 家国家级高新技术产业开发区之一。组织平泉市申报国家可持续发展实验区，滦平、丰宁两县申报国家级农业科技园区，分别获科技部批复，实现承德“国”字号农业科技园区建设“零”的突破。并积极推进张百湾新兴产业示范区和六沟新兴产业聚集区创建“省级高新区”获省政府批复，为承接京津产业外溢搭建重要平台。由他牵头制定的中共承德市委、承德市人民政府《关于加快科技创新建设创新型承德的决定》等 27 个科技创新政策文件（简称“1+9+N”科技政策包）是目前全市推进创新发展最具普惠性、引导性的文件，已成为承德未来一个时期创新驱动发展的基本遵循。在任期间又启动国家可持续发展议程创新示范区和国家农业高新技术产业示范区的创建工作，李威为全市国家、省级科技园区从无到有，从弱到强作出突出贡献。

李威在任期间，市科技局先后荣获省人社厅、科技厅授予的河北省科技管理工作先进集体称号。他本人多次被省、市评为科技管理工作先进个人，连续多次在年度公务员考核中被评为优秀，被市政府多次记功。

二、崔海涛

男，满族，1967 年 9 月出生河北省围场满族蒙古族自治县，1991 年 7 月毕业于河北农业大学，分配到该县职中任教，1992 年 12 月—2003 年 4 月调任围场县政府办任秘书，秘书科科长、腰栈乡党委副书记、乡镇长、乡党委书记。2003 年 4 月—2007 年 3 月任隆化县人民政府党组成员、副县长，2007 年 3 月—2011 年 9 月任隆化县委常委、宣传部部长（2007 年 3 月—2009 年 12 月参加河北大学公共管理专业学习，获得公共管理硕士 MPA 学位），2011 年 9 月—2015 年 9 月任隆化县委常委、常务副县长。2015 年 9 月转任到市科技局，任党组副书记、副局长职务，分管办公室、社会发展科、知识产权局、机关党委工作。

崔海涛主持起草市委、市政府《关于加快科技创新建设创新型承德的决定》《承德市人民政府深化科技体制改革加快推进创新发展的实施意见》，参与制定全市《科技创新“十三五”规划》及全市科技创新大会系列政策性文件的起草工作，就贯彻落实全省、全市科技创新大会精神、“1+9+N”系列政策及省对市科技创新考核指标完成情况，协同市委督考办对各县区进行督导检查。

围绕全市经济建设的总体要求，针对承德市生态环境建设及尾矿综合治理等存在的突出问题，组织、谋划包装社会发展领域科研项目，崔海涛所负责科室争取国家和省社会发展类科技项目20余项，获得资金支持近千万元。

可持续发展议程创新示范区建设取得阶段性成果。崔海涛与省科技厅、省政府、科技部社发司沟通汇报，邀请省科技厅领导实地考察指导；牵头研究制定《承德市争创国家可持续发展议程创新示范区工作推进方案》；邀请专家对各县区及市直相关部门负责人就相关创建工作进行培训指导；参与起草《关于推荐承德市创建国家2030年可持续发展议程创新示范区的请示》，分别获得副省长徐建培和省长许勤的重要批示；启动可持续发展议程创新示范区规划和建设方案编制工作。承德市已作为河北省唯一的创建主体，被推荐申请创建国家可持续发展议程创新示范区。

树立大科技理念，加强部门合作，协同发展，在崔海涛的带领下市科技局与清华大学、中航集团、首创集团、中关村华医移动医疗研究院、上海斐讯数据通信技术有限公司等合作，在尾矿砂稀贵金属提取、国家可持续发展试验区建设、旅游飞行小镇建设、区域水环境治理、“互联网＋医疗”、大数据平台建设达成合作意向，其中，投资2.8亿元的上海斐讯大数据项目在承德签约并开工建设。

建立健全局内控制度，崔海涛牵头修订完善《一岗双责制度》《财务管理制度》《事业单位绩效考核制度》《科室目标任务督查考核办法》和《县区科技工作考评办法》等8个机关效能建设制度，有效提升机关管理水平。

崔海涛负责科技局科技宣传工作，单位连续三年获“河北省科技系统信息宣传工作先进单位”称号，为承德市科技创新宣传工作打开新局面。

崔海涛主持完成《承德市创新驱动发展对策研究》《承德市水环境保护科研项目布局研究》等5篇专题调研报告及政论文章，为省厅及市委、市政府科学决策提供必要参考。

2008年9月被评为承德市奥运安保信访工作先进个人；2010年6月被评为承德市“六创联动”工程先进个人；2011年6月被评为河北省十佳基层宣传部部长（享受同级劳模待遇）。

三、王亚洲

男，满族，1963年7月出生于河北省宽城满族自治县，1985年7月毕业于河北农业大学，同年分配到承德农校任教，1988年12月调到承德市科委工作，历任农业科副科长、技术市场科科长、农业科科长。2004年1月—2007年9月任市科技局副处级调研员，2007年9月任科技局党组成员、副局长。

1998年王亚洲取得全国律师专业自学考试大专文凭，并于当年考取律师资格，为周围人义务咨询服务，为科技局各项事业提供法律支持。

1994年王亚洲组织承办“华北第三届、河北省第八届技术交易会”，展示承德市的技术、经济发展情况，引进先进技术成果和人才，对全市经济的发展起到促进作用。主持制定“承德市技术市场金桥奖奖励办法”，对规范承德市技术交易发挥了作用。

1997年王亚洲回到农业科后主要狠抓几个项目。一是“北方贫水区水稻覆膜直播技术”，该项技术列入国家科委重点攻关计划。二是国家星火计划“马铃薯产业化建设”。围绕提高产业发展的科技含量、规模效益和水平等方面，组织20余个项目列入国家、省、市各级各类计划，在围场县形成了龙头加基地、基地连农户的生产加工体系。三是重点组织实施政府主导的农业"26推"计划。在承德市农业科技工作上水平、扩规模、增效益、创新路上实现新的突破，取得显著成绩。"九五"期间共筛选103项农业先进适用技术列入市政府农业"26推"计划，共增加收益10.6亿元，平均每个农业人口每年从"26推"中增加收入达368元。四是组织"牛皮蝇防治示范县""蔬菜工厂化育苗技术""注册农产品质量优化技术示范""日光温室无公害高新种植技术示范"4个项目在全市招标。形成以优质玉米、杂交制种、优质水稻（"隆泉"大米）、脱毒马铃薯、时差蔬菜、优质苹果、肉牛、山杏、食用菌、板栗为主的生产基地。五是主抓了全区农民技术培训，培训343万人次。六是参加1995年底进驻丰宁县大滩镇三扎拉村的科技扶贫工作，使村集体收入年达到2万元，如期实现脱贫。七是抓好省级农业高新技术园区建设工作。八是主笔起草《关于加速全市农业科技进步的意见》，市政府以承市政〔2000〕94号文件下发。

王亚洲先后荣获承德市科技进步二等奖、三等奖，荣获山区技术开发先进工作者、科技管理先进个人、河北省文化科技卫生"三下乡"先进个人、河北省山区开发创业奖等荣誉称号。

四、董凤义

男，汉族，1961年5月出生于河北省平泉县范杖子村，1983年8月毕业于东北工学院，同年分配到山东莱阳家用电器总厂工作，1986年1月调到承德地区科委工作，先后任科员，工业科副科长、科长，2007年10月任科技局副处级调研员，2010年6月任科技局党组成员、副局长。

董凤义一直在工业科从事20多年的科技管理工作，跑遍京津和省内工业院校及科研单位，引进科研成果20多项，承德实现产业化累计销售收入近百亿元。2003年他牵头组建承德市第一家生产力促进中心。2006年承德市生产力促进中心被科技部评为国家示范生产力促进中心，资产由10万元增长到400万元，全年服务的中小企业超过300家，服务企业为承德市年增加税收1000万元。全市已经建立9家生产力促进中心。

加快承德市重点产业集聚区建设，2010年1月承德市被科技部命名为国家钒钛新材料高新技术产业化基地。2010年9月协助党组书记、局长郑立志顺利完成在承德市召开的"首届中国承德钒钛产业创新与发展"高端会议，会议由科技部、中国科学院、中国工程院、河北省人民政府共同主办，邀请中外专家40人参加，其中两院院士6名，国外专家7名。参加此次会议的专家和领导层次之高在承德尚属首次。会议对承德的钒、钛产业发展起到巨大推动作用，到2011年底钒钛产业实现销售收入超过400亿元，成为承德市财政收入的主要来源。承德市被科技部命名为"国家火炬计划承德仪器仪表产业基地"，市高新区创业服务中心被命名为"国家级示范孵化器"。争取国家、省创新基金项目120多项，获得资金资助3300多万元。2006年建立市科技创新基金，每年支持中小企业技术创新基金200万元。2011年董凤义组织申报国家"863"科技计划项目："全钒液流储能电池规模生产关键制造工艺及技术研究"和"系列钒氮合金节能生产技术开发"，资助资金1500万元。

2004年，荣获河北省生产力促进中心工作先进个人称号；2010年荣获河北省科技型中小企业技术创新资金工作先进个人称号，记二等功。

五、杨洪清

女，满族，1966年6月出生于河北省平泉县，中共党员，1987年7月毕业于河北农业大学昌黎分校，分配到平泉县农业局，1989年11月调承德地区科委，历任科员，农业科副科长、科长，工业科科长，一级主任科员（副处级）。

2001年杨洪清主笔的《承德市农业机构调整对策研究》获承德市委主办的“承德市经济发展战略征文”一等奖；牵头撰写的《对承德市农业科技推广工作的新思考》在承德市委《综合调研》刊发；《承德市科技支撑县域经济发展存在问题与对策分析》在市委、市政府主办的《承德建设》刊发；《县区科技局撤并后对科技工作的影响分析》在市委《每日要情》刊发，市委书记杨汭作出批示。2004年以来她牵头制定《实施“农业科技绿色增收计划加快农业产业技术升级”》《承德市农业科技进步年活动实施方案（2008—2010年）》《加快农业科技进步工作方案》《承德市科技型中小企业成长计划》（承市政办〔2015〕5号）、《关于加快科技服务业发展的实施意见》（承市政字〔2015〕140号）。

杨洪清牵头组织申报并成功获批“省级钒钛新材料特色产业集群”，组织国家火炬承德仪器仪表特色产业基地通过国家复核，组织完成国家级文化与科技融合示范基地验收材料。

杨洪清从1996年至2015年连续多次年度考核优秀，获嘉奖和记三等功；荣获河北省山区开发创业奖、河北省科技工作目标管理先进个人、承德市农业科技“绿色增收工程”先进个人称号。

六、杨淑梅

女，满族，1966年6月出生于河北省隆化县隆化镇苔山后村，1990年7月毕业于中央民族学院，于同年10月分配到承德地区科委，分别在办公室、人事科、政研科、专利管理科工作，2010年任科技成果科科长，2015年任资源配置科科长。

根据省科技厅和市委、市政府的安排部署，对2011—2014年以来承担的国家、省、市各级财政科技专项资金和2014年省级科技计划资金以及2013年省重大科技成果转化专项资金进行检查，起草印发《关于开展财政科技专项资金检查的通知》（承市科〔2015〕02号文），要求项目承担单位首先进行自查，撰写自查报告，重点检查八县三区的100多个项目，规范财政专项资金的使用。组织开展2014年省级科技计划专项经费和2013年省级重大科技成果转化项目绩效考核工作，组织完成26个省级科技计划项目的绩效自查和复核工作。

杨淑梅工作认真严谨，在办公室和负责人事及其他科室工作中，兢兢业业，组织本科室人员不畏惧烈日和严寒去市区宣传专利法及科技政策法规。

2008年，河北省人事厅、河北省知识产权局授予杨淑梅全省专利系统先进工作者称号。

七、郑立志

女，汉族，1955年6月出生于河北省平山县，中共党员，1971年12月参加工作，1978年9月毕业于河北工学院电机系电机制造专业，先后在化工部第十三化建公司、沧州市科委、承德市科委任助理工程师、工程师；1989年5月至1993年2月任工业科副科长、科长，1993年2月至1999年11月任承德市科委副主任、党组成员；1999年11月至2012年任科技局党组书记、局长，2003年6月至2015年5月兼任承德市生产力促进中心主任。

郑立志在科技战线工作25年，带领全局工作的13年，围绕“科技创新发展”“开放带动”深入实施高新技术产业化、科技成果转化、企业技术创新、农业绿色增收等几大工程，依托全国著名高等院校和科研院所开展与国内、国际在科技创新、引进先进技术、引进高技术人才等全方位的交流与合作，始终以项目为抓手，积极争取国家、省、市级各类项目1200多项（指令计划），争取无偿资金支持2亿多元，外资1040万美元。组成专家评审委员会评审各级各类奖励400多项，出台科技政策32项，均以承德市人民政府公告形式发布和下发。全市申报专利

1734项，国家知识产权局授权1504项，77家高新技术企业先后通过评审，高新技术产品达100多项，通过高新技术企业创造的技工贸总收入达229.3亿元，创汇1000多万美元，国家级高新技术产业开发区1个、高新技术特色产业化基地达到5个，示范生产力促进中心2个（市级7个）、国家科技企业孵化器1个。省级工程技术研究中心7家（市级25家）、省重点实验室1家、省级农业科技园区2个、省级科技服务平台2个、省级科普基地5家（市级10家）。民营科技型企业达到369家，其创造的技工贸收入达几十亿元。仪器仪表企业125家，收入总额达50亿元，利税0.5亿元，其中，销售收入上亿元企业2家，超5000万元企业8家。农业推广的先进适用技术300多项（“农业26推”成绩显著），农业技术传播站18家、培训技术骨干3000多人，普训农民356.5万人次。科技成果转化80项，直接经济收入达1.5亿元。技术合同登记660项，收入达7464万元。2002年筹建市级科技专家库、2003年筹建承德市生产力促进中心（隶属科技局），2004年被评为市级“科技十家”，2010年市科技局获得河北省批复在承德区域可以建立院士工作站。全市4个县升级国家级富民强县示范县，宣传报道科技信息355篇。

在任期内，郑立志组织撰写的《承德市人才队伍现状与对策研究》等5篇文章收录在《承德建设》一书中，她大胆尝试新的科技管理模式，在项目招标、专家库建设、中介机构建设及科银企结合等方面取得成功经验。她兼任承德市生产力促进中心主任以来，从中心的成立到发展壮大，无一不是其亲自谋划，从编制的争取，到各项业务开展均取得突破性发展。她在任期间市科技局连续多年被市委、市政府评为实绩突出单位。个人连续多年被市直工委评为优秀党员，先后荣获河北省科技管理先进工作者、河北省“科技十大女杰”、全国科技管理系统先进工作者称号。连续几届任承德市人大代表。

八、刘学忠

男，满族，1944年2月出生于河北省隆化县，中共党员，1968年9月毕业于承德林业大学林学专业，1968年10月隆化县庙子沟公社知青，1970年3月隆化县汤头沟中学校长，1977年1月任隆化县剧团团长，1981年4月隆化县一中校长，1991年5月隆化县人民政府副县长，1997年11月调任承德市科委副主任、党组成员。

刘学忠在教育界工作多年，为隆化县做出突出贡献，特别是1991年多次组织综合职教中心建设协调会，争取省、地区的支持，筹措资金210万元，保证职教中心顺利建设，现场办公多次解决教学、生产、实习、毕业生使用安置等许多困难，使隆化县职业教育步入正轨和全区先进行列，调到地区科委后协助科委主任做科技管理工作。

刘学忠1985年、1987年、1989年分别获得隆化县人民政府奖励。

九、张铁

男，汉族，1942年4月出生于辽宁省铁岭县镇西堡乡木厂村，中共党员，1965年8月毕业于辽宁省农机化学校，分配到河北省科委，1971年2月至同年8月在承德地委赶超办公室，到1992年先后在承德地区科委科技处、计划科工作，1992年3月任承德地区科委副主任、党组成员。

张铁亲自组织省、地区山区开发项目，1986年起步组建山楂、食用菌、养兔技术开发集团，1987年争取国家、省、地区开发项目63项，投资312.5万元，创产值6844万元，获得经济效益1891万元，项目完成率91%，承德地区山区技术开发工作处于全省领先行列。

1984年至1987年，张铁连续四次被承德市人民政府授予先进工作者称号。

十、董艳玲

女，满族，1958年2月出生于河北省围场满族蒙古族自治县，1975年3月—1978年3月在围场县山湾子小学任教，1978年3月至1979年12月在平泉师范学习，毕业后分配到围场县克勒沟中学、回民小学任教，1990年2月至1993年6月任围场县围场镇四小副校长，1993年3月至1996年3月任围场县文化局、文体局副局长，1996年3月至2007年3任围场满族蒙古族自治县政府副县长，2007年3月至2013年3月任市科技局副局长，2018年2月退休。

董艳玲在科技局主要负责社会发展科和知识产权局工作，在中医药行业及中药材种植领域争取国家、省、市科研资金上千万元。每年组织开展知识产权知识培训，提高企业创新意识和知识产权维护意识。

1989年，董艳玲被河北省妇女联合会授予河北省“三八红旗手”称号；2001年，董艳玲被承德市人民政府评为承德市打假先进个人。

十一、楚凤岐

男，汉族，1934年9月出生于承德县上板城镇卸甲营子村，中共党员，1952年7月考入热河省交通厅，先后在平泉县财经学校、承德运输公司汽车修理厂、承德市委工信部、承德市报社、承德地区食品公司、承德行署档案科、承德地委组织部、承德地区革委、承德地区物质局工作，1978年6月调入承德地区科委任副科长、科长。

楚凤岐在贯彻落实知识分子政策中呕心沥血，由他起草的《关于落实知识分子政策的若干规定》使全区的知识分子入党难、住房难、子女就业难等问题逐步得到解决。解决知识分子家属、子女130人农转非。1980年至1988年为全区3万多人评定职称，此项工作移交人事局后，又在农民职称评定上提出了可行性建议，他撰写的《深化职称改革有关对策探讨》一文获得全国二等奖。

1988年，楚凤岐被市直工委评为市级优秀共产党员。

十二、王敬绪

男，汉族，1939年10月出生，中共党员，1964年9月毕业于张家口农业专科学校，分配到张家口沽源牧场，1984年6月调入承德地区科委，先后在科委农业科任科员、主任科员。

在农业科王敬绪主要负责农业项目申报和科技扶贫管理工作，在农业“26推”中组织实施工作成绩显著。

1997年，王敬绪被国家科学技术委员会评为国家科技扶贫先进工作者。

十三、雷永年

男，汉族，1952年3月出生，籍贯北京市，中共党员，1969年1月至1974年9月在平泉县小寺沟佟仗子大队下乡（知识青年），1976年8月毕业于承德地区财贸学校，后分配到平泉县交通局工作，1979年8月调入承德地区行署科委。在科委任计划科副科长、科长，积极跑办全区的科技项目并争取科技项目资金，成绩突出。

2000年5月，雷永年被承德市人民政府授予市级劳动模范荣誉称号。

十四、刘仲发

男，汉族，1945年出生于河北省三河县，中共党员，1965年9月至1969年11月在河北省委办公厅机要干部训练队，后分配到承德矿机厂工作，1979年9月调到承德市科委，任副科长、科长、机关党委副书记。

刘仲发政治素质高，工作兢兢业业，主笔编写《承德市科学技术志（1681—1988年）》一书，由中国科学技术出版社正式出版发行，获得承德市科学技术进步三等奖。

刘仲发先后三次被市直工委评为优秀党务工作者；1996年，刘仲发被河北省人事厅、省科委、省专利局评为河北省先进工作者。

十五、李瑞芳

女，汉族，1936年12月出生于河南省开封市，中共党员，1960年7月毕业于河北农业大学植物保护系，先后在围场满族蒙古族自治县农业局、科委工作，1982年5月调入承德行署科委，在科委农业科工作主要负责农业“26推”，协助王敬绪科长组织全区农业“26推”实施，编写“26推”试验示范小册子、工作简报、考核验收方案等，起草“八五”计划期间农业技术推广规划。

1991年，李瑞芳被河北省人民政府评为河北省山区技术先进工作者。

十六、郭秀霞

女，汉族，1956年7月出生于河北省围场满族蒙古族自治县城子区桃山公社桃山大队，中共党员。1974年11月参加工作，在围场县老窝铺教学，1980年7月毕业于承德地区农业学校并留校工作，1990年调入承德地区科委，先后在技术市场科、农业科、机关党委工作，历任科员、副科长、科长、机关党委副书记。

郭秀霞政治素质高，精通业务，爱岗敬业，在农业科配合科长主抓农业“26推”工作。负责机关党委工作以来，结合机关科技工作、行风建设、机关效能建设、精神文明建设工作，组织全体女职工向贫困山区儿童献爱心，捐款捐物，狠抓普法知识学习，开展“巾帼建功”活动，主抓机关ISO 9000认证年度复审工作。多次被评为优秀党务工作者。

2003年，郭秀霞获市文明标兵称号，被市妇联评为先进工作者。

附 录

关于加强市级科技计划项目管理工作的意见

承市科〔计 2009〕第 12 号
（2009 年 12 月 1 日）

为了进一步加强和规范市级科技计划项目的管理工作，确保项目研究内容按期完成目标，提高科技项目资金的使用效益，参照国家和省计划项目管理改革办法的相关规定，对市级科技计划项目的管理工作提出如下意见。

1. 将加强自主创新作为市级科技计划项目支持的重点。围绕承德市经济、社会发展目标，以提高自主创新能力为主线，以解决经济、社会中的瓶颈制约问题，提升产业竞争力为重点，充分发挥科技对经济、社会发展的支撑和引领作用。

2. 加强市级科技计划项目知识产权的管理和保护。将创造知识产权和技术标准作为科技计划项目实施的重要目标，科技计划项目经费可用于支持重大成果国内外发明专利的申请和保护。在项目实施过程中形成的知识产权，其归属管理按照有关知识产权的法律法规和政策规范性文件的规定执行。

3. 健全科研项目经费的内部管理制度。各科研项目承担单位应当按照国家有关财务规章制度的规定，健全科研项目经费内部管理制度。科研项目承担单位要明确科研、财务等部门及项目负责人在科研项目经费使用与管理中的职责与权限。科研项目经费必须纳入单位财务统一管理，单独设账，专款专用。科研项目结余经费应严格按照国家有关财务规章制度和财政部结余资金管理的有关规定执行，不得归项目组成员所有、长期挂账，严禁用于发放奖金和福利支出。

4. 规范计划管理体系。市级科技计划项目取消指令计划、指导计划分类，科技计划项目按资助方式分为财政资助经费项目、自筹经费项目，执行统一管理。自筹经费项目与财政资助经费项目同时申报，执行相同的立项程序，签订《承德市科技计划项目任务合同书》，验收按照市级科技计划项目验收管理办法执行。

5. 建立科研信用制度。科研项目到期无故不申请验收，其项目主研人（前三名）不得再行申报、承担市级及市级以上各类科技计划项目。其承担单位三年内不得再申报和承担市级及市级以上各类科技计划项目，其中承担单位是高等学校的，所在的学院（系）三年内不得再申报和承担市级及市级以上各类科技计划项目，承担单位是医疗机构的，所在的科室三年内不得再申报和承担市级及市级以上各类科技计划项目。

6. 加强科研项目的年度管理工作。跨年度实施的项目，承担单位应当于每年 10 月 20 日前向市科技局及归口管理单位报送项目进展情况报告。

7. 改革结题方式，建立项目验收制度

项目验收是科技计划项目管理的重要内容和基本程序之一，是对项目是否按时按质完成任务目标的考核与评价。从 2009 年开始，所有项目结题方式实行验收制度，凡经批准列入市科技局各类科技计划的项目，在计划任务目标完成后，均应进行项目验收。

项目验收以任务合同书（或经批准的项目申请书）约定的内容和考核目标为基本依据，参考其他验收材料对项目的各项任务指标完成情况、经费预算执行情况、取得的经济社会效益情况、知识产权的形成情况、科技人才的培养和队伍建设情况、组织管理情况等作出客观的、实事求是的验收结论。

项目验收工作必须坚持实事求是、客观公正、注重质量、讲求实效的原则，建立科学的评价制度，保证验收工作的严肃性和科学性。

项目需在任务合同书（或经批准的项目申请书）规定完成日期后半年内完成验收。

如不能按期验收，项目承担单位可向市科技局提出延迟验收申请，延期验收时间不得超过规定完成日期后 1 年。

项目在实施过程中，由于市场变化及技术发展等原因影响，需进行合同目标变更的，须报市科技局批准，并按批准变更后的目标进行验收。

对技术水平的评价不作为项目验收的内容。

项目验收的组织管理方式：由市科技局组织对项目进行验收。同时制定科技计划项目验收管理办法并发布实施，对项目验收工作、专家库使用、延期验收等问题进行规范。

8. 项目已开始实施，因不可抗力导致无法继续执行的，由项目承担单位提出项目终止申请，市科技局根据实际情况认定项目已无法或无必要继续进行的，可以直接对项目予以终止。终止的项目，不再进行验收，结余的财政经费按相关规定退回。

凡是由于人为因素造成项目无法实施的，要追回全部经费。

9. 需要进行技术成果鉴定的项目，鉴定和验收可以同时进行；已经通过技术鉴定的项目，验收专家组可以不再邀请技术专家。在项目实施过程中形成的科技成果要按照《科技成果登记办法》等有关规定进行登记和管理。涉及国家秘密的，执行《科学技术保密规定》。

承德市科技计划项目验收管理办法

承市科〔计 2009〕第 13 号

第一章　总　则

第一条　为进一步加强和规范承德市科技计划项目的验收管理工作，确保项目研究内容按期完成目标，提高科技资金的使用效益，制定本办法。

第二条　项目验收是科技计划项目管理的重要内容和基本程序之一，是对项目是否按时按质完成任务目标、经费是否合理规范使用的考核与评价。承德市科技计划项目在计划任务目标完成后，应按本办法申请组织验收。

第三条　项目验收工作必须坚持实事求是、客观公正、注重质量、讲求实效的原则，建立科学的评价制度，保证验收工作的严肃性和科学性。

第二章　验收组织管理

第四条　市科技局负责组织、管理和监督承德市科技计划项目的验收工作。

第五条　项目验收由市科技局组织实施。

第六条　项目验收方式分为会议验收、函审验收和书面审核验收三种方式。

会议验收：指由验收专家组成员采用会议方式，通过听取项目情况介绍、提问质询，必要时进行现场实地考察，收集听取相关方面的意见，核实或复测相关数据，讨论并形成验收意见。

函审验收：指通过网络或通信审阅验收资料，由验收专家组组长负责，综合各专家的意见，形成验收意见。

书面审核验收：指由市科技局审核验收材料，必要时咨询专业人员或实地核查，判断其是否完成规定的各项任务，形成验收意见。

第七条　项目原则上采用会议验收方式进行验收。涉密项目不能采取函审验收方式验收；非涉密一般项目可以申请会议验收、函审验收或书面审核验收。

第八条　除书面审核验收的项目外，项目验收均应成立验收专家组，由相关技术、经济、财务、管理方面的专家组成，专家人数不少于5人。其中技术专家应占验收组人数的50%以上。验收专家原则上由市科技局在市科技专家库中随机抽取。

第九条　项目验收实行回避制度。项目承担单位、参加单位及其他与项目承担单位有利益关系的人员不能作为验收专家参加验收工作。

第三章　验收时间、程序与内容

第十条　项目需在任务合同书规定完成日期后半年内完成验收。

如不能按期验收，项目承担单位应通过项目归口管理部门向市科技局提出延迟验收申请报告，延期验收时间不得超过规定完成日期后1年。

项目在实施过程中受市场及技术等原因的影响，验收内容需要进行调整的，按市科技局批准调整后所确定的目标、任务和完成时间进行验收。

经市科技局批准终止的项目，不再进行验收，结余的财政经费按相关规定退回。

第十一条　项目验收的基本程序：

项目承担单位提交项目验收资料。项目完成后，项目承担单位填写《承德市科技计划项目验收申请表》，并向项目归口管理部门提交《承德市科技计划项目验收申请表》及验收资料；

项目归口管理部门审查。项目归口管理部门审查项目验收申请表及验收资料，签署审查意见后，报送市科技局审核；

市科技局对验收申请表和验收资料进行审核，并在15个工作日内确定验收日期、方式、验收主持部门和验收专家；

项目验收主持单位按照验收大纲组织项目验收，形成验收结论；

项目承担单位办理验收证书手续，验收资料归档。

验收资料归档采用纸质文件和电子数据并行的方式。

书面材料报送：项目承担单位在项目验收形成最终结论后的20日内，按项目验收申请渠道及程序将《承德市科技计划项目验收证书》报归口管理部门、市科技局审查。市科技局自接到材料20日内进行审查，并由市科技局加盖承德市科学技术局科技项目验收专用章。验收证书及验收会议全套资料的纸质文件在市科技局留存二份归档。

电子数据上报：非涉密项目，项目承担单位须同时将验收证书的电子数据上报到承德市科技局；涉密项目不得从网上传送数据，由项目承担单位刻录数据光盘，与纸质文件一并送达市科技局项目主管科和计划科。凡未按要求上报验收项目数据的项目，不予办理验收证书手续。

第十二条 项目承担单位申请验收时，应提供以下验收资料，供项目归口管理部门、市科技局审查：

1. 承德市科技计划项目验收申请表；

2. 项目验收大纲；

3. 项目任务合同书或经过批准的项目申请书；

4. 项目工作、技术、效益分析总结报告；

5. 项目经费决算报告或经费审计报告；

6. 与项目成果有关的重要数据、技术资料、专利、专著、知识产权协议、论文和照片资料等；

7. 涉及技术、经济指标的有关证明材料包括技术检测报告、用户报告等。

8. 经市科技局批复同意调整项目任务或指标的，应提供调整批复意见。

第十三条 重点项目应出具经费审计报告，经费审计报告由有资质的审计事务所（会计师事务所）出具。一般项目应出具经费决算报告。

第十四条 项目经费决算报告或审计报告应客观反映该项目总经费以及市科技局拨款经费、地方及部门配套经费、自筹经费等各项资金到位的情况，对照项目任务合同书预算科目的要求，真实反映财政拨款经费的实际支出情况。其中，设备费（包括购置、试制设备）单价5万元以上的需附设备清单，购买5万元及以上的大宗及贵重材料需附明细，由多家承担单位参与完成的项目需附各项目承担单位经费支出明细表及其说明。

项目经费决算报告的编制人、财务部门负责人、项目承担单位法定代表人均需在决算报告书上签字，并加盖单位公章。

第十五条 项目验收以任务合同书约定的内容和考核目标为基本依据，参考其他验收材料对项目的各项任务指标完成情况、经费是否到位以及使用是否合理规范情况、取得的经济社会效益情况、知识产权的形成情况、科技人才的培养和队伍建设情况、组织管理情况等做出客观的、实事求是的验收结论。

第十六条 项目承担单位应对提供的验收资料、验收证书和相关数据的真实性、准确性、完整性负责。

第十七条 项目归口管理部门、市科技局在项目验收申请中，应对照项目任务合同书，对项目的主要任务和指标完成情况、项目验收资料是否齐全进行严格审查；在项目验收资料归档过程中，应对验收证书的纸质文件和电子数据的一致性进行严格审查。

第十八条 项目验收专家应在认真审阅项目全部验收资料的基础上，客观、实事求是地提出项目评价意见，并对验收结论和评价的准确性负责，同时应维护验收项目的知识产权和保守其秘密。验收专家的主要职责是：技术领域的专家主要负责对项目任务合同书中规定的技术内容和指标的完成情况进行评价；经济、财务领域的专家主要负责对验收项目中的经费管理使用情况和经济社会效益进行评价；管理领域的专家主要负责对验收项目知识产权的形成和管理、科技人才的培养和队伍建设情况、组织管理情况等进行评价。

第四章 验收结论与后续管理

第十九条 验收结论分为通过验收和不通过验收。

项目目标和任务已按照考核目标要求完成，经费使用合理，提供的验收文件和资料齐全、数据真实，视为通过验收。

凡有下列情况之一的，不予通过验收：

1. 合同规定的主要任务和指标未完成；

2. 所提供的验收文件、资料、数据不真实，存在弄虚作假情况；

3. 未经批准，项目承担单位、项目负责人、考核目标、研究内容、技术路线等发生变更；

4. 超过合同规定的完成日期半年以上且事

先未提出延期申请；

5. 存在经费挪用、违规使用等重大问题或未通过专项经费审计；

6. 实施过程中出现重大问题，但未能解决和做出说明，或研究过程及结果等存在纠纷尚未解决的。

第二十条 通过验收的项目按“验收通过”结论予以结题。

未通过验收的项目，项目承担单位应针对存在的问题进行整改，在半年内再行申请项目验收。如逾期未提出申请或再次未通过验收，则按“验收不通过”结论予以结题。

第二十一条 项目涉及国家秘密的，执行《科学技术保密规定》。项目形成的知识产权，其归属和管理按照有关知识产权的法律法规和政策、规范性文件的规定执行。

第二十二条 市科技局对项目验收情况进行汇总，对项目验收不通过的项目负责人、项目承担单位和项目归口管理部门给予记录，作为项目负责人和项目承担单位信用评价以及科技计划管理工作考核的依据。

第二十三条 项目承担单位和项目归口管理部门，应积极配合市科技局对验收项目进行后续跟踪调查和统计，及时上报各类数据和统计报表。

第五章 法律责任

第二十四条 到期无故不申请验收的项目，市科技局将不再受理其项目负责人申报的市级科技计划项目，也不推荐申报市级以上科技项目。

第二十五条 对提供验收资料不真实、经费使用弄虚作假或挪作他用的项目，市科技局不再受理其项目负责人和项目承担单位申报的市级科技计划项目。如有违反国家法律法规行为的，按有关法律法规处理。

第二十六条 在项目验收过程中，项目验收组成员和中介机构有弄虚作假、徇私舞弊或玩忽职守等行为的，将终止或取消其参与计划项目验收工作的资格。如有违反国家法律法规行为的，按有关法律法规处理。

第二十七条 参加项目验收的有关人员未经允许擅自披露、使用，或者向他人提供和转让被评价技术的，依据有关规定追究其责任。涉及国家技术秘密的，依照《中华人民共和国保守国家秘密法》和《科学技术保密规定》处理。

第六章 附 则

第二十八条 本办法自发布之日起施行。

承德市市级科技计划项目管理补充办法

承市科〔计 2012〕第 15 号

第一章 总 则

第一条 为规范承德市市级科技计划项目管理，明确管理的基本程序和要求，保证科技计划项目管理的公正、科学、高效，在 2009 年制定的《关于加强市级科技计划项目管理工作的意见》《承德市科技计划项目验收管理办法》基础上，参照国家和省科技计划项目管理方面的新的规定，制定本补充办法。

第二条 承德市市级科技计划项目（以下简称项目）是指承德市科技局根据全市经济、社会和科技发展需求，在市科技计划中安排的科学技术研究开发项目。项目按资助方式分为财政资助经费项目、自筹经费项目。

第二章　组织管理

第三条　项目组织管理的主体包括市科技局、项目归口管理部门和项目承担单位。专家及中介机构接受委托，参与有关咨询评估等服务工作。

第四条　市科技局的主要职责是：

（一）组织编制全市中长期科技发展规划和年度科技计划；

（二）研究制订有关计划项目管理规定和规范；

（三）负责项目立项、调整、终止和撤销；

（四）监督检查项目执行和经费使用情况，协调解决执行过程中的重大问题；

（五）组织项目验收、绩效评价、统计及信息发布；

（六）汇总登记项目产生的科技成果，按规定加强管理，推动科技成果转化。

第五条　项目归口管理部门包括县、区、开发区管委会科技管理部门、市直有关部门，主要职责是：

（一）组织、审查和推荐本地区、本系统的项目；

（二）落实项目任务合同书约定的相关配套经费和条件；

（三）对项目执行和经费使用情况进行检查和监督，协调解决项目实施中的有关问题，根据项目执行情况提出项目调整、终止及撤销建议；

（四）按要求组织承担单位上报项目执行情况及相关材料。

第六条　项目承担单位是项目实施的责任主体，要充分发挥在项目过程管理中的组织、协调、服务和监督作用，主要职责是：

（一）按照项目任务合同书（或经批准的项目申请书）约定，足额匹配自筹的项目经费，为项目实施提供所需的保障条件；

（二）负责项目实施，履行项目任务合同书（或经批准的项目申请书）确定的内容，按时完成项目任务；

（三）按规定管理和使用项目经费；

（四）按要求提交项目执行情况、绩效评价等相关材料，报告项目执行中出现的重大事项；

（五）根据项目执行情况，提出项目的调整、终止申请；

（六）按要求及时申请项目验收，科技成果登记；

（七）负责项目科研成果、固定资产等管理。

第七条　专家和中介机构参与评估咨询时，应遵守以下规范：

（一）客观、公正地提供咨询、评估意见；

（二）维护评估咨询对象的知识产权、技术秘密和商业秘密等；

（三）与咨询评估事项有利益关系时，应主动申明并回避；

（四）不得以任何方式从咨询评估对象获取不正当利益。

第三章　立　项

第八条　项目立项一般包括项目申报、项目审定、签订任务合同书等基本程序。项目实施期一般为 1 ～ 3 年。

第九条　项目承担单位、合作单位、项目负责人和项目组成员应当符合以下基本条件：

（一）项目承担单位应为承德市所属的或者在承德市行政区域内注册、具有独立法人资格的企事业单位等，市外高等学校、科研院所、企业等可作为合作或协作单位参与承担项目。

（二）项目承担单位具有与项目实施相匹配的基础条件，具有完成项目所必备的人才条件和技术装备，有健全的科研管理制度、财务管理制度。

（三）项目负责人为在职人员，在相关技术领域具有较高的学术水平，熟悉本领域国内外技术和市场动态及发展趋势，具有完成项目所需的组织管理和协调能力。

（四）项目组成员、承担单位和合作或协作单位具有良好的信誉。

第十条　项目申报程序

（一）申请单位填写项目申请书及附件材料报归口管理部门。

（二）归口管理部门对申请的项目进行审核汇总报送市科技局。

（三）国家、省、市直属单位可直接向市科技局申报项目。

第十一条　项目审定程序

（一）项目初审。市科技局相关业务部门负责对项目进行初审。

（二）项目咨询评审（评估）。市科技局根据情况组织专家或委托中介机构对通过初审的项目进行立项咨询评审（评估）。

(三)项目立项。市科技局研究确定立项项目。

(四)项目下达。市科技局编制下达项目计划。

第十二条　对涉及国家安全和重大国家利益的项目，按照国家有关保密规定管理。

第十三条　对于财政资助项目，承担单位在规定的时间内签订项目任务合同书，明确项目考核指标及经费预算安排等。对于执行结果可测的项目，研究和考核指标必须量化；对于执行结果不可测项目，研究和考核指标必须有准确含义的定性说明。

第四章　实　施

第十四条　项目承担单位和项目负责人按照项目任务合同书（或经批准的项目申请书）确定的内容组织实施，确保项目任务按时完成。

第十五条　项目执行过程中，应重视人才培养、知识产权的管理和保护、技术标准的制定，重视成果的转化应用。

第十六条　加强对项目实施的监督管理。市科技局对项目执行情况、组织管理、保障条件落实、经费管理、预期前景等进行中期检查，并作为项目调整、终止、撤销的重要依据。

第十七条　项目调整、终止或撤销

（一）项目调整。在项目执行期内，项目任务合同书（或经批准的项目申请书）的内容原则上不做调整，因不可抗拒因素导致项目指标、执行期限、经费发生变化或项目组成员发生变动等确需调整的情况，可依程序对项目做出调整。

（二）项目终止。在项目执行期内，实践证明所选技术路线不可行、他人已取得知识产权保护、国内已有相当或更高水平同类科技成果致使项目实施成为不必要，或者不可抗因素导致项目无法继续执行、失败等情况，可终止项目执行。

（三）项目撤销。出现下列情况之一，市科技局对项目做撤销处理：

在项目申请或实施过程中用剽窃、篡改、假冒等方式侵害他人成果或者弄虚作假；

组织管理不力等人为因素致使项目难以实施；

不按项目任务合同书执行或未经批准终止项目任务；

违规使用项目经费并造成严重后果；

逾期不申请验收；

拒不接受监督检查；

其他主观因素导致项目执行出现重大问题的。

第十八条　项目调整、终止和撤销程序

（一）项目需要调整或终止的，承担单位应在项目执行期内通过归口管理部门或直接向市科技局提出书面申请。申请项目调整的，要提出调整后的任务及安排；申请项目终止的，要对已做的工作、阶段性成果等情况进行总结，做出经费决算。

（二）归口管理部门应在受理之日起10个工作日内提出处理意见并报市科技局。

（三）市科技局研究做出处理决定。

第十九条 终止或撤销的项目，项目资金按照有关规定处理。

第五章 罚 则

第二十条 建立信用管理制度，对项目承担单位、项目负责人、评审专家、中介机构等参与执行和管理项目的相关各方进行信用评价，并作为其参与市级科技计划活动的重要依据。

第二十一条 项目负责人有下列行为之一的，记入不良信用记录，情节严重的取消其3至5年申请项目资格。构成违纪的，建议有关部门给予纪律处分;涉嫌犯罪的，移交司法机关处理。

（一）不按本办法规定履行相关义务的；

（二）在项目申请、实施和验收中存在欺骗行为的；

（三）所负责项目没有通过验收的；

（四）所负责项目被撤销的。

第二十二条 项目承担单位不按本办法履行相关职责的，记入不良信用记录，情节严重的给予通报批评等处罚。

第二十三条 专家或中介机构违反本办法第七条规定的，记入不良信用记录，情节严重的取消其参加咨询评审活动资格。构成违纪的，建议有关部门给予纪律处分；涉嫌犯罪的，移交司法机关处理。

第六章 附 则

第二十四条 本办法自2012年12月1日起施行，此前颁布的相关管理办法与本办法抵触的，以本办法为准。

承德市市级财政科技资金管理办法

承财教〔2014〕173号

（2014年11月7日）

第一章 总 则

第一条 为加强和规范承德市市级财政科技资金管理，提高资金使用效益，根据国家和河北省相关财政科技资金管理办法，制定本办法。

第二条 市级财政科技资金是指由市级财政预算安排，统计在政府科技投入范围内的政府预算支出科目资金，主要用于市场机制不能有效配置资源的公共科技活动及重大产业转型升级项目和科技创新。重点支持钒钛新材料产业、尾矿资源综合开发利用产业、高端装备制造业、中医药产业、现代农业、文化创意产业、节能环保等重点产业技术创新；支持“1+3”产业平台及园区、基地项目；支持京津冀协同发展项目以及科技合作、对接活动;支持高新技术企业、创新型企业和科技型中小企业项目；支持企业建设院士工作站、工程技术研究中心、重点实验室等研发平台；支持技术市场基础设施建设及科技部门购买服务等活动。

根据科研活动规律、科技工作特点和财政预算管理要求，市级财政科技资金主要分为以下两类：

（一）应用技术研究与开发专项资金

主要支持我市具有独立法人资格的机关、企事业单位、科研院所开展应用研究、科技支撑与产业化环境建设研究等具有加强我市科技与经济融合、促进全市经济和社会可持续发展意义的科技创新型项目以及支持我市市属高等院校、科研单位等开展软科学研究。

（二）科技型中小企业技术创新基金

主要支持在承德市注册、具有独立企业法人资格的科技型中小企业开展新产品研发试制、新技术应用推广等技术创新活动，促进科技成果的转化，带动国民经济健康、稳定、快速的发展。

第三条 建立健全政府投入为引导、企业投入为主体、社会资本参与的研发投入机制，提高全社会科学技术经费投入的总体水平。逐步提高科学技术研究开发经费占全市生产总值的比例，与全市经济社会发展相适应。

第四条 市级财政科技资金由市财政局、市科技局共同管理，通过资金封闭运行确保专款专用。

第五条 市级科技资金的管理和使用，坚持集中资源、突出重点、合理安排、讲求实效的原则。由市科技局建立项目库，对符合条件的项目进行入库管理，市财政局和市科技局项目库信息共享。

市科技局根据全市科技发展总体规划和年度工作重点及年度科技资金限额，从项目库中择优选取项目并进行项目排序，商财政局同意后，列入年度科技资金预算。

第六条 对全市科技资金实行项目管理，根据不同科研项目的特点，建立健全专家咨询、政府决策的立项机制，引入专家评审和第三方评估机制，逐步建立科技资金的绩效评价制度，提高科研项目立项及预算的科学性和规范性。

第二章 专项资金管理职责

第七条 市级财政科技资金管理各方的职责与权限：

（一）市财政局

负责安排市级科技资金年度预算，经批复后告知科技部门。

根据市级科技年度发展计划、确定市级科技经费重点投向、年度绩效计划和绩效预算。

组织、指导、审查项目经费预算建议计划和预算草案，审批项目预算变更或细化事项。

监督检查经费管理和使用情况。

会同科技局对科技经费年度执行情况及项目绩效进行审查、评价。

（二）市科技局

研究确定市级科技发展规划，负责编制、制定科技计划的中长期发展规划，提出市级科技经费的重点投向、年度绩效计划和绩效预算。

负责组织项目计划申报，组织专家对申报项目进行评审，并对项目评审的真实性负责。

负责组织项目预算申报，会同有关部门对专项经费预算进行评审（评估）。

下达年度科技项目计划并送达市财政局备案，会同财政局与项目承担单位共同签订项目资金及项目任务合同文本。

组织项目验收，会同财政绩效评价部门组织项目绩效评价，监督检查科技经费的管理和使用。

（三）项目归口管理部门

组织、审核、推荐部门科技项目。

落实项目约定的配套经费及其他匹配条件。

配合市财政局和市科技局做好部门内部项目实施和预算执行监督检查工作。

协调、解决项目实施过程中出现的问题。

（四）项目承担单位

编制项目经费预算、经费决算报告。

落实项目合同约定的自筹经费及其他匹配条件。

按任务书约定执行项目经费预算，制定落实项目绩效目标，负责项目经费的财务管理和会计核算。

接受财政和科技部门监督检查，并按要求提供项目预算执行情况和有关财务资料。

第三章　专项资金管理模式和开支范围

第八条　市级财政科技资金根据项目承担单位性质和承担项目类别不同主要采用财政直接拨款补助、财政免息借款补助、奖励性后补助、贷款贴息补助和国家、省级项目配套补助等资金管理模式。

（一）**财政直接拨款模式**

由市财政局根据审批后的项目资金预算，将科技项目资金直接拨付至项目承担单位。对于由财政拨款的行政、事业单位和科研院所、农民专业合作社、社会非营利性组织等承担的项目，以及围绕全市重点产业、重点领域布局的关键技术研究及成果引进、研发、创新活动，主要包括科技型中小企业（含初创期、孵化期）项目，农业、节能、环保等行业的科学研究、科技合作项目等，补助单项项目资金一般不高于 100 万元。

（二）**财政免息借款模式**

由市财政局根据批复后的项目资金预算，采用“周期内无偿使用、按期收回借款、循环递进累加”的投资方式向项目承担单位借款。对于具有自主生产经营能力的事业单位、产业园区、企业承担的重大产业转型升级项目和科技创新项目等有助于我市发展高新技术产业的项目适用于此模式。财政免息借款模式单项项目借款一般不低于 100 万元。

（三）**奖励性后补助模式**

本办法所称奖励性后补助，是指从事研究开发和科技服务活动的单位根据市场需求及自身发展需要先行投入资金组织开展研发活动，取得成果或者服务绩效，通过验收审查或绩效考核后，给予经费补助的财政资助方式。申请奖励性后补助的技术成果应满足以下条件：

对解决国家、省、市急需的、影响经济社会发展的重大公共利益或重大产业技术问题等发挥关键作用；

属于申请单位的原创成果，研发记录完备；未得到财政专项资金资助。

项目单位申报奖励性后补助项目批复后，项目资金可用于项目后续研究或从事其他科技项目研发工作，单项项目资金一般不超过 50 万元。

（四）**贷款贴息补助模式**

贷款贴息补助是对市级科技计划立项项目，研发经费由企业利用银行信贷资金投入，开展成果转化和产业化活动，在借贷行为和利息支出实际发生后，按一定比例进行相应补助单位偿还贷款利息的资助方式。贷款贴息补助额度不高于该项目贷款利息总额的 50%，最高不超过 50 万元，项目银行贷款总额根据该项目承担单位与银行签定的科技专项项目贷款合同、银行实际贷款和利息支付凭证进行核定。

（五）**国家、省级项目配套补助模式**

对于通过市科技行政主管部门和（或）财政管理部门推荐并获得国家、省科技计划立项的科技项目，在项目执行期内可申请一次性市级配套补助。其中，国家科技计划项目获得科技部立项后，可以给予不超过国家资助金额的 50% 配套资助，单一项目配套资助金额一般不超过 50 万元，对于获得国家重大专项、科技支撑计划、“863”计划、“973”计划等立项的市属单位，可给予最高 100 万元资助；省级科技项目获得省科技部门立项后，可以给予不超过省级资助额 30% 的配套资助，单一项目配套资助金额不超过 30 万元；对于国家和省下达计划有特别要求的，按照要求予以配套，国家、省、市资助金额之和不超过单位自筹投入部分。

第九条　各类别市级财政科技资金适用的管理模式：

（一）**应用技术研究与开发专项资金**

财政直接拨款补助、财政免息借款补助、奖励性后补助、贷款贴息补助和国家、省级项目配套补助 4 种资金管理模式均适用于应用技术研究与开发专项资金项目。由市财政局和市科技局根据项目承担单位性质和项目类别判定适用资金管理模式，每年安排不少于 30% 的应用技术研究与开发资金用于财政免息借款项目，借款期限为一个项目研发周期，但最长不超过三年，市财政按项目用款计划，根据合同约定按年度拨款，研发周期结束后由项目承担单位将借款还回。

（二）**科技型中小企业创新基金**

财政免息借款模式适用。全部中小企业创新基金均应纳入财政免息借款模式，借款期限为一年，到期后全部收回滚动累加至下一年度使用。

第十条　财政科技专项资金开支范围为与项目研究开发过程中直接费用，主要包括设备费、材料费、测试化验加工费、燃料动力费、差旅费、会议费、出版／文献／信息传播／知识产权事务费、劳务费、专家咨询费。

（一）**设备费**

是指在项目研究开发过程中购置或试制专用仪器设备，对现有仪器设备进行升级改造，以及租赁外单位仪器设备而发生的费用。

（二）**材料费**

是指在项目研究开发过程中消耗的各种原材料、辅助材料等低值易耗品的采购及运输、装卸、整理等费用。

（三）**测试化验加工费**

是指在项目研究开发过程中支付给外单位（包括项目承担单位内部独立经济核算单位）的检验、测试、化验及加工等费用。

（四）**燃料动力费**

是指在项目研究开发过程中相关大型仪器设备、专用科学装置等运行发生的可以单独计量的水、电、气、燃料消耗费用等。

（五）**差旅费**

是指在项目研究开发过程中开展科学实验（试验）、科学考察、业务调研、学术交流等所发生的外埠差旅费、市内交通费用等。差旅费的开支标准应当按照我市有关规定执行，原则上不得超过财政专项资金总额的 10%。

（六）**会议费**

是指在项目研究开发过程中为组织开展学术研讨、咨询以及协调项目等活动而发生的会议费用。项目承担单位应当按照我市有关规定，严格控制会议规模、会议数量、会议开支标准和会期。

（七）**国际合作与交流费**

是指在项目研究开发过程中项目研究人员出国及外来专家来华工作的费用。项目如发生国际合作与交流费，应当事先报市科技局和市财政局审核同意，并严格按照我市外事经费管理规定执行。

（八）**出版／文献／信息传播／知识产权事务费**

是指在项目研究开发过程中，需要支付的出版费、资料费、专用软件购买费、文献检索费、专业通信费、专利申请及其他知识产权事务等费用。

（九）**劳务费**

是指在项目研究开发过程中支付给项目组成员中没有工资性收入的相关人员（如在校研究生）和项目组临时聘用人员等的劳务性费用。

（十）**专家咨询费**

是指在项目研究开发过程中支付给临时聘请的咨询专家的费用，标准参照国家规定执行。专家咨询费不得支付给参与科技计划项目及其项目管理相关的工作人员。

项目在研究开发过程中发生的除上述费用之外的其他支出，应当在预算申请时单独列示、单独核定。

第十一条　应用技术研究与开发专项资金计划管理费由市财政局按比例核定，一般为资金预算总额的 4%，主要用于科技计划项目的组织、评审（评估）、验收、绩效评价、监督检查等工作经费。科技型中小企业创新基金不再核定资金管理费，项目承担单位也不得以任何形式提取项目资金管理费。

第四章 专项资金项目申报、审批和执行

第十二条 申报市财政科技资金项目的承担单位应符合以下条件：

（一）具有独立法人资格。

（二）承担单位税收征缴入市级或双桥区、双滦区、营子区、开发区、滦平县、隆化县、宽城满族自治县国库；享受国家免税政策的农业发展项目，要求项目承担单位注册地为市辖区或滦平县、隆化县、宽城满族自治县。

（三）具有规范的财务管理制度，有健全的财务管理机构和合格的财务管理人员。

（四）项目承担单位在项目申报年度内未承担其他在研未验收的市级财政科技资金项目。

（五）对于申报中小企业创新基金项目承担单位还应同时具备以下条件：

在承德市注册，具有独立企业法人资格。

主要从事高新技术产品的研制、开发、生产和服务业务。

职工人数不超过 500 人，具有大专以上学历的科技人员占职工总数比例不低于 25%（经认定的高新技术企业可不受此限制），直接从事研究开发的科技人员职工总数的比例不低于 10%。

具有良好的经营业绩，资产负债率不超过 70%；每年用于高新技术产品研发经费不低于销售额的 5%（经营不足一年的新办企业不受此限制）。

第十三条 申报市财政科技资金支持的科技项目应符合以下条件：

（一）符合国家科技、经济和社会发展方针及产业政策，符合我市科技发展总体规划。

（二）项目目标任务明确具体，技术指标可考核，三年内能够完成，并能形成具有自主知识产权的成果或相关技术标准；

（三）项目前期研究基础较好，组织实施机制和配套条件有保障，实施方案和经费配置合理、科学、可操作；

（四）优先支持具有我国自主知识产权、高技术、高附加值、节能降耗、有利于环境保护和出口创汇的项目；不支持无自主创新的单纯技术引进的项目，低水平重复项目、单纯的基本建设项目、一般加工工业项目以及对社会和环境有不良影响的项目。

第十四条 财政科技资金项目的申报。通过社会媒体公开征集和市科技局推荐方式征集项目，由项目申报单位按照项目经费预算编报要求编制项目申请书，其中，申报应用技术研究与开发专项资金项目应填报《承德市财政科技项目申请书》和《承德市财政科技项目预算申请书》，申报中小企业创新基金的项目填报《承德市科技型中小企业创新基金项目申请书》和《承德市科技型中小企业创新基金项目预算申请书》，申报软科学的项目填报《承德市软科学研究项目申请书》和《承德市软科学研究项目预算申请书》由项目归口管理部门审核后按要求报送市科技局，项目申请书和预算申请书的编报要求详见编报说明。对于项目经费预算的编制，应符合以下要求：

（一）坚持政策相符性、目标相关性和经济合理性的原则，符合项目研究开发任务的特点和实际需要。

（二）编制经费来源预算和经费支出全口径预算。

经费来源预算包括专项经费、项目归口管理部门配套经费、承担单位自筹经费等。经费支出预算应当按本办法规定的支出科目编列，并对各项支出的主要用途和测算依据等进行详细说明。项目各项支出不得简单按比例编列。其中，劳务费预算应当结合单位实际和相关人员参与项目的全时工作时间，科学合理、实事求是地编制；专家咨询费预算应当按照有关规定的标准据实编制；设备费预算编制中应当注意严格控制设备购置，鼓励共享、试制、租赁专用仪器设备以及对现有仪器设备进行升级改造，确有必要购买的，

单位应当对拟购置设备的必要性、现有同样设备的利用情况以及购置设备的开放共享方案等进行单独说明。

其他来源经费的支出预算参照本办法规定的支出科目编列。

（三）多个单位共同承担的项目，应明确各单位承担的主要任务、经费预算。

（四）编制绩效预算。对项目预期产生的科技成果、经济效益、社会效益等进行阐述，可量化的须明确量化绩效目标。

第十五条 财政科技资金项目的审核。由市科技局建立项目预算评审专家库，组织邀请技术专家和财务专家及财政部门有关人员组成专家组或委托中介机构对新征集拟立项项目和原项目库中已有未立项项目进行全面评审，对有特殊需求的项目，可采用招投标方式确定项目承担单位及其预算。

第十六条 财政科技资金项目的立项。由市科技局将已审核项目入项目库管理并按照评审结论择优排序，提出专项经费预算建议，经与财政局会商，确定年度立项项目，对于其他经过审核但当年未立项项目可留存项目库参与下一年度评审。

第十七条 财政科技资金项目的执行。经市财政局、市科技局和项目承担单位双方共同签订《承德市科研项目任务合同》后，由市财政局在15个工作日内将资金（借款）拨付至项目承担单位对公业务账户。项目承担单位要建立健全内部控制制度，按照任务书约定的支出科目、资金额度和项目进度，落实自筹经费，合理安排支出。对专项经费、项目归口管理部门配套经费和项目单位自筹经费要单独记账、独立核算，相关的财务处理要符合现行会计制度要求。

第十八条 财政科技项目资金预算在项目执行后一般不予调整，确需调整的，按照以下程序核批：

（一）项目专项经费预算总额调整、项目承担单位变更等，应当按原程序报市科技局、市财政局批准。

（二）项目专项经费预算总额不变，项目合作单位之间调整专项预算，或合作单位发生增减变化需要调整专项经费预算时，需按原程序报市科技局批准，市财政局备案。

（三）项目专项经费预算总额不变，设备费、材料费、测试化验加工费、燃料动力费、出版/文献/信息传播/知识产权事务费如需调整，由项目组和项目负责人提出申请，项目承担单位审批，市科技局在中期检查或项目验收时予以确认。差旅费、会议费、国际合作与交流费在项目实施中可以调剂使用，但不得突破三项支出预算总额。差旅费、会议费、国际合作与交流费、劳务费、专家咨询费和其他支出一般不予调增，如需调减可按上述程序调剂用于项目其他方面支出。

第十九条 财政科技资金在项目研发周期内产生的年度结存资金，可结转下一自然年度按规定用途继续使用。对于直接拨付资金项目，结题后结余专项经费比例小于全部经费的5%部分可作为奖励资金奖励给项目承担单位继续从事项目有关研究，结余资金大于全部经费5%部分应当收回市财政局列入科技部门预算。

对于因故终止和撤销项目，项目承担单位须及时清理账目与资产，编制财务报告及资产清单，报市科技局审核，同时报市财政局备案，购置的物资、材料及仪器、设备按照资产管理有关规定执行。

第五章　专项资金项目结题验收与借款偿还

第二十条 项目承担单位应在项目结题30日内对项目经费使用情况进行财务决算，并向市科技局申请项目验收。项目申请验收时，项目承担单位应当提交项目经费决算报告，项目经费决算报告的主要内容包括：

（一）项目经费到位及使用情况，并提供项目经费收支决算表，必要时提交由政府审计部门或会计师事务所出具的审计报告；

（二）预算调整及报批情况；

（三）各来源经费的单独核算情况；

（四）专项经费购置设备情况；

（五）项目绩效指标完成情况；

第二十一条 财政科技资金项目验收工作由市科技局负责组织，成立由验收专家及财政部门相关人员组成的项目验收组开展项目验收工作。对于存在下列行为之一的项目，不得通过验收，并按有关规定处理：

（一）编报虚假预算，套取财政资金；

（二）未对专项经费进行单独核算；

（三）截留、挤占、挪用专项经费；

（四）违反规定转拨、转移专项经费；

（五）提供虚假财务会计资料；

（六）未按规定执行预算；

（七）虚假承诺、自筹经费不到位；

（八）其他违反财经纪律的行为。

第二十二条 全部财政科技资金项目在项目批复的科研周期到期后必须进行验收，对于无故不验收的项目承担单位，按不通过验收处理，由市财政局和市科技局将视情节要求退还专项资金并列入黑名单，不再受理该单位的项目申请。

第二十三条 行政事业单位使用专项经费形成的固定资产属国有资产，按照《行政事业单位国有资产管理办法》管理，一般由项目承担单位进行管理和使用，市科技局经市财政局同意后可调配用于相关科学研究开发。形成的知识产权等无形资产的管理，按照有关规定执行。企业使用专项经费形成的固定资产，按照《企业财务通则》等相关规章制度执行。

建立固定资产和无形资产登记制度，专项经费形成的大型科学仪器设备、科学数据、自然科技资源等，按照有关规定开放共享，提高资源利用效率。

第二十四条 财政科技项目免息借款资金在项目到期后，项目承担单位应在15个工作日内将借款本金还至市财政局指定账号并提供还款凭证备案。逾期未偿还的，自借款到期之日起，市财政局将参照中国人民银行关于逾期贷款利率规定，按日万分之二收取罚息，并保留向所在地人民法院提起诉讼的权利。

第六章　监督检查

第二十五条　建立经费使用监督检查制度。财政、科技和相关部门按照规定的职责分工，加强对项目经费的监督管理，保证科技项目经费规范高效使用。

第二十六条 建立绩效考评制度，科技、财政等部门应依据项目绩效预算，从科技成果、经济效益、社会效益等方面，对项目进行绩效考评。

第二十七条 建立覆盖项目申请、评估评审、立项、执行、验收全过程的科研信用记录制度，对项目承担单位和合作单位、项目负责人、中介机构、咨询专家等在经费管理使用、评审评估方面的信誉度进行评价和记录，建立科技计划项目实施信誉档案，作为参加科技计划项目申报、评审评估、立项等活动的重要依据。建立“黑名单”制度，将严重不良信用记录者计入“黑名单”，阶段性或永久性取消其申请市级财政科技补助项目的资格。

第二十八条 积极推进信息公开。除涉及国家秘密和商业秘密外，项目经费信息按照国家和本省的有关规定向社会公开；逐步建立项目绩效评价结果公示制度；积极推进对违规使用专项经费行为进行公开。项目承担单位应逐步建立项目信息公开制度，在单位内部对项目组人员构成、项目设备购置、预算调整、外拨经费等进行公开。

第二十九条　建立市财政局、市科技局联

席会议制度。会议成员由部门领导和有关业务科室负责人组成。联席会议每半年召开一次，沟通交流重点科技工作情况和科技计划专项经费使用情况，通报重大科技项目进展情况，推动科技资源共建共享。

第三十条　对于违反本办法使用专项经费的单位或个人，按照《财政违法行为处罚处分条例》（国务院令第 427　号）有关规定进行处理；涉嫌犯罪的，移交司法机关处理。

第七章　附　则

第三十一条　本办法自 2015 年 1 月 1 日起施行，有效期 3 年。此前颁布的相关管理办法与本办法抵触的，以本办法为准。《承德市应用技术研究与开发专项资金管理暂行办法》（承财文〔2005〕75 号）、《承德市科技型中小企业创新基金项目管理办法》（承财文〔2005〕74 号）同时废止。

承德市人民政府
关于支持科技型中小企业发展的实施意见

承市政字〔2013〕173 号

（2013 年 12 月 26 日）

各县、自治县、区人民政府，承德高新区管委会，市政府各部门：

为深入贯彻落实《河北省人民政府关于支持科技型中小企业发展的实施意见》（冀政〔2013〕43 号），进一步鼓励和支持科技型中小企业发展，结合我市实际，提出如下实施意见。

一、总体要求和主要目标

（一）总体要求

坚持积极引进与自主创新相结合、全面支持与重点做强相结合、政府引导与市场驱动相结合，以提升企业自主创新能力为核心，以“1+3”产业平台、特色产业园区和基地为载体，以鼓励创新创业、做强科技小巨人、加快孵化转化、构建创新创业平台为抓手，以创新体制机制、完善政策支持体系为保障，加快发展科技型中小企业，为转型升级、跨越发展提供有力支撑。

（二）主要目标

到 2017 年，实现以下目标：

——企业规模进一步扩大。全市科技型中小企业达到 700 家，其中达到规模以上的企业 120 家。有效期内的高新技术企业达到 50 家。

——整体实力进一步增强。培育年销售收入超过 1 亿元以上的科技小巨人企业 50 家，其中年销售收入 3 亿元以上的企业达到 7 家。高新技术产业增加值年均增长率达到 20% 以上。上市高新技术企业达到 2 家。

——产业结构进一步优化。大力发展战略性新兴产业，做大做强现有优势的产业集群，发展一批具有潜力的新产业集群。重点打造钒钛新材料、先进装备制造、生物医药、清洁能源、仪器仪表、现代农业、文化创意、休闲旅游、绿色食品、健康养生 10 个具有地方特色、市场竞争力较强的科技型中小企业集群。

——创新能力进一步提高。新建成国家级企业工程研究中心 1 家，省级以上研发机构 10 家，省级以上科技企业孵化器 3 家，产业技术创新战略联盟 4 个，各类科技研发和公共服务机构达到 100 家。全市每万人发明专利拥有量年均增长率达到 20% 以上，全社会研发经费投入占地方生产总值比重达到 0.9% 以上。

二、加快培育科技型中小企业

（三）创办引进一批科技型中小企业

鼓励有条件的大中型企业延长产业链和创新链兴办科技型中小企业。鼓励各类科技人员创办领办科技型中小企业，支持国有企事业单位、科研院所和高校的各类科技人员离岗创业。鼓励民间资本投资兴办科技型中小企业，支持社会资本与国内外科研院所、大专院校、高新技术企业开展对接合作，共同创办科技型中小企业。发挥毗邻京津优势，加大科技招商引技引智力度，定期举办科技招商引技引智活动，吸引市外企业、人才到承创办科技型中小企业。实施环京津各类产业园区提升承载能力工程，建设或整合吸纳京津科技成果孵化转化、承接高端产业和要素转移的园区和基地，吸引京津地区的科技成果和产业转移，使环京津各类产业园区成为我市科技型中小企业发展的密集区。

（四）改造提升一批科技型中小企业

充分利用高新技术和先进适用技术，加快现有中小企业技术改造升级步伐，增加企业科技含量，实现“有中生新”。每年重点支持 100 家企业开展技术创新，推动其成长为科技型中小企业。围绕战略性新兴产业，通过制度建设和机制创新，以科技资源带动各类生产要素和创新资源集聚，形成以科技型中小企业、高新技术企业和创新人才为主体，以知识和技术密集型产品为主要内容，以创新组织网络、商业模式和创新文化为依托的创新型产业集群。

（五）发展壮大一批科技型中小企业

支持企业依靠科技创新快速壮大，依靠自主知识产权和核心技术获得竞争优势和战略发展能力，做大规模，做强品牌。实施科技小巨人培育工程，每年遴选出 10 家以上技术水平先进、发展潜力较大的科技型中小企业，实施科技、土地、财税、金融政策聚焦，推动其成为科技小巨人企业。

三、构建科技创新创业服务体系

（六）着力建设高水平科技研发平台

按照“孵化、转化、产业化一体化”模式，加快现有科技研发平台建设，提升其综合服务能力。以优势骨干企业为核心，联合相关高校和研究机构，吸纳科技型中小企业参加，重点培育筹建钒钛新材料、智能化仪器仪表、食用菌、尾矿资源综合利用等产业技术创新战略联盟。支持企业独立或与高校、科研院所共建工程技术中心、企业研发中心、重点实验室和院士工作站，支持各类企业、科研院所到承设立研发中心。对到承开展科技创新和技术创业的团队、持有自主知识产权技术进行成果转化或直接商业化生产的企业，各级政府在资金、土地等方面给予优先安排和重点保障。

（七）着力建设高标准创新创业载体

引导各类园区科学制定科技发展规划，明确发展方向和重点，做好二次开发，加快建设高新技术产业化基地，为更多科技型中小企业发展提供平台和载体。支持各类园区在省级产业聚集区和工业园区内建设标准厂房，大力发展各类科技企业孵化器和加速器。“1+3”产业平台要在 2017 年以前各建成一个省级以上企业孵化器，每个示范区要建有建筑面积 5 万～ 10 万平方米的标准厂房，满足科技型中小企业不同成长阶段对空间、管理、服务、合作等方面的个性化需求。

（八）着力建设高质量公共服务机构

加快建设一批科技型中小企业技术创新公共服务机构。构建科技型中小企业公共服务网络信息平台，在技术开发、科技政策、投资融资、市场开拓、知识产权、企业诊断等方面提供便捷服务，并与省中小企业公共服务网络平台有效对接，为科技型中小企业各类服务需求提供网络支撑。鼓励从事管理咨询、注册咨询、会计事务、审计事务、法律援助、人才培训、国际技术转移等专业服务的社会机构为科技型中小企业提供服务。探索通过政府购买服务等方式，支持各类专业机构为科技型中小企业提供优质服务。引导高校、科研院所、重点实验室、工程技术研究中心、企业技术中心的科研基础设施和设备、科学数据、科技文献等科技资源向科技型中小企业开放。

四、拓宽科技型中小企业融资渠道

（九）促进科技与金融结合

鼓励银行业金融机构按照国家产业政策导向，积极创新产品和服务，探索和扩大专利权等抵质押贷款方式，加大对科技型中小企业的信贷支持力度。加快培育科技保险市场，鼓励保险机构为科技型中小企业提供保险服务。健全融资担保体系，完善信贷风险分担机制，调动金融机构支持科技型中小企业的积极性。

（十）引导民间资本融资

鼓励高新区、省级产业聚集区和有条件的县区利用财政融资或民间资本建立风险投资公司，通过创业投资、融资担保、投资咨询和中介服务等形式，支持种子期、初创期、成长期的科技型中小企业创新创业。支持符合条件的企业通过发行公司债券、企业债、短期融资券、中期票据、集合债券、集合票据等方式，解决企业融资难问题。加大“两高五新”企业培育力度，支持具备条件的科技型企业分别在中小企业板、创业板和新三板上市融资。

五、加强科技人才队伍建设

（十一）加快培养科技人才

围绕主导产业需求，依托我市高校建设一批继续教育基地，广泛开展职业培训、技能培训、创业培训。鼓励企业实施科技人才培养计划，支持选派科技人员赴国内外高校、行业领军企业学习深造，推动企业科技人才培养形成有计划、有层次、可持续的良性发展模式。实施新型企业家培育工程，培养一批懂科技、善经营、会融资的新型企业家。

（十二）大力引进科技人才

支持企业联合建立院士工作站、博士后工作站和博士后流动站，让更多创新型人才以短期聘用、技术合作、人才租赁等形式参与企业创新活动，实现“不求所有，但求所用”。抢抓机遇，深化与京津著名科研院所和高校的全方位合作，加快引进一批研发团队和高层次科技人才。对引进国内外知名专家到我市企业进行技术合作的，其工资和差旅费可计入企业成本，企业引进创新型人才的科研启动经费可列入成本。高校、科研院所科技人员可在完成本职工作基础上采取兼职兼薪方式创业或服务企业科技创新，其收入归个人所有。

六、加大政策支持力度

（十三）推动政策落实

抓好既有扶持政策的配套落实，国家和省市已颁布实施的所有扶持中小企业发展的优惠政策，均适用于科技型中小企业。加强科技型中小企业政策落实情况的跟踪检查，及时发现问题、采取措施，确保各项政策落到实处。加强土地、电力、天然气、煤炭、运输等要素的综合协调，保障科技型中小企业总体发展需要。市科技、发改、教育、工信、财政、人社、国土、商务、国税、地税、工商、金融等有关部门，要制定促进科技型中小企业发展的政策措施，形成支持合力。

（十四）加大财政投入力度

统筹各类支持企业发展的财政专项资金，设立市、县区科技型中小企业发展专项资金，针对不同发展阶段的科技型中小企业，采取资助、配套、贴息、周转金、奖励、融资担保、风险补偿等方式支持其发展。加大市、县区专项资金配套力度，积极争取国家和省科技型中小企业技术创新基金支持。建立科技型中小企业新产品政府采购供应商库，通过预留政府采购市场份额等措施，支持科技型中小企业发展。

（十五）完善激励机制

对经认定的省级以上科技企业孵化器的在孵企业缴纳的增值税、营业税、企业所得税地方留成部分，5 年内全额奖励返还该企业，专项用于研发投入。对经认定的科技型中小企业自筹资金开展新产品、新工艺、新技术研发和创新平台建设等，科研经费投入达到年度销售收入 2% 以上的，由科技、财政部门联审后，可由当地政府按企业专项科研投入给予一定的一次性后补助，用于继续开展科技创新。企业获批国家和省级科技创新项目，由当地政府按国家和省拨付资金额度给予一定的一次性后补助。对由财政、科技部门联合向金融机构推荐的项目，获得银行贷款后，由市科技专项资金给予企业一定的贷款贴息。对新认定的高新技术企业、省级以上创新型企业、科技型农业企业、新培育的年销售收入超过 1 亿元以上的科技小巨人企业，由当地政府给予一定的资金奖励，专项用于企业研发投入，并可以股权形式奖励企业研发团队和人员。

七、强化组织实施

（十六）加强组织领导

市政府成立由主要负责人任组长、分管负责人任副组长的市科技型中小企业发展工作领导小组，领导小组办公室设在市科技局，办公室主任由市科技局主要负责人担任。领导小组不定期召开会议，研究解决科技型中小企业发展中的重要问题。领导小组办公室定期召开会议，负责做好科技型中小企业的组织认定、统计监测、督查检查等工作，建立目标责任制，及时分解目标任务。各县区也要成立相应机构，制定方案，明确责任，狠抓落实。

（十七）加强督导考核

将科技型中小企业发展情况纳入对各级领导班子和领导干部的重要考核内容，由各级党委组织部门依据上级要求进行考核。加强对各县区、各部门支持科技型中小企业发展情况的督导检查，建立季调度、半年通报、年终评估制度，定期通报督导检查情况。

各县区要根据本实施意见要求，结合实际制定出台促进科技型中小企业发展的具体措施。

承德市科技型中小企业成长计划

承市政办〔2015〕5 号

为进一步贯彻落实国家、省、市关于促进科技型中小企业发展的政策举措，深入实施创新驱动战略，推动全市科技型中小型企业快速发展，加快全市经济转型，促进产业结构优化调整，结合我市实际，特制订本计划。

一、总体要求

认真贯彻党的十八届三中、四中全会精神，以科技型中小企业数量和质量“双提升”为目标，以加快新兴产业发展、服务科技创新需求和提升产业创新能力为导向，以促进经济转型发展为主线，坚持政策引导与服务助推相结合、自主培育与吸引聚集相结合，优化创新环境，加大扶持力度，引进、转型、创办多轮驱动，人才、资金、载体多措并举，形成科技型中小企业铺天盖地、科技“小巨人”企业顶天立地的发展态势，为全市经济持续健康发展提供强劲动力。

二、发展目标

（一）到 2017 年

全市科技型中小企业数量达到 850 家，科技“小巨人”企业达到 40 家；培育销售收入超 3 亿元的科技“小巨人”领军企业 7 家以上，培育规模以上的企业 120 家，科技型中小企业主营销售收入达 100 亿元以上；科技型中小企业的专利拥有量占全市 50% 以上；新培育 2 个省级高新技术产业开发区，新培育省级以上科技企业孵化器 2 家，高新技术企业达到 30 家。

（二）到 2020 年

全市科技型中小企业达到 1200 家以上，其中规模以上工业企业达到 200 家，有效期内高新技术企业达 50 家，科技“小巨人”企业达 100 家。高新技术产业增加值平均年增速 15% 左右，快于规模以上工业增加值的增速。全市科技型中小企业当年销售收入占全市 GDP 的比重达到 20%。在规上工业中，科技型中小企业占规上工业企业总数的 40% 以上，主导产品总销售额达 200 亿元以上，工业增加值达到 80 亿元以上，占规上工业增加值的比重达到 15%。

三、重点任务

（一）推动优势产业升级，创新发展一批

重点围绕钒钛、尾矿资源综合利用、高端装备制造、文化创意、食品药品加工、现代农业等重点产业延长产业链，特别是围绕国家级钒钛基地、国家火炬计划仪器仪表基地、国家级文化与科技融合基地等基地建设带动发展一批科技型中小企业。引导矿山开采等行业进行转型，走科技创新之路，整合各类资源，发展电子商务、食品加工、生物医药、文化旅游、现代农业、新能源等领域的科技型企业。

（二）加强园区基地建设，培育聚集一批

充分发挥各类园区、基地的聚集作用，吸引更多的科技型中小企业开展创新创业。加强承德高新区国家级科技孵化器的建设，为科技企业发展提供服务。按照苗圃培育、企业孵化、产业加速的模式，扩大孵化规模，增加孵化数量，提高孵化质量，提升孵化能力。积极推进六沟新兴产业聚集区、张百湾新兴产业示范区创建省级高新区的工作。启动省级孵化器建设，完善配套设施建设，引进培育一批科技型中小企业。其他省级经济开发区要积极完善设施，制定措施，按照各自特色主导产业定位，通过建设产业园、孵化器等途径，培育发展科技型中小企业集群。积极引进京津高校、科研院所在承德建设科技园、孵化基地、创业基地，吸引省内外科技人才到我市创办科技型中小企业。市内高校要提供独立空间、平台，建设大学生创业苗圃和大学生创业基地，向创业大学生优先提供科研基础设施和大型科学仪器设备等，为大学生创业提供创业导师，辅导大学生开展技术创新和创业，允许在校大学生休学在市内从事科技创业等活动，休学时间视为其参加实践教育的时间。

（三）全面推进“双创”工程，领办创办一批

认真落实国家和省市关于激励大众创业、万众创新方面的相关政策，鼓励科技人员离岗创业，领办、创办科技型中小企业，为科技型中小企业开展各类服务与支持。提升创业者综合素质。注重创业导师队伍建设，根据企业成长发展中的共性和个性需求，提供全程辅导、政策解读、实务培训等创业服务。激发创新创业热情。依托中国创新创业大赛平台，积极吸纳优秀人才参与创新，引导更广泛的社会资源支持创新创业，鼓励、引导高校、科研院所等企事业单位的科技人员创新创业。完善创新创业服务体系。不断提升科技创新创新服务能力，为企业提供免费或低偿优质科技服务，满足企业在不同成长阶段的个性化需求。

（四）搭建科技服务平台，重点加强科技孵化器建设，孵化培育一批

加强科技孵化器网络化建设，大力扶植多

种类型孵化器的发展，全市每个县区都要建立1家科技企业孵化器，到2020年，全市孵化总面积达到15万平方米以上，在孵企业达500家，在孵项目达到700项以上，吸引创业和就业人员4000人以上。鼓励发展多种所有制的专业孵化器建设，对在孵企业超过10家的专业孵化器，本级财政给予一定额度的财政资金后补助支持，具体办法由市科技部门与财政部门研究制定。各级政府要加强线上线下技术交易市场、技术转移、技术中介等科技服务机构的建设，为中小企业创建发展提供成果转化和技术转移服务。

（五）创新发展模式，发展多种类型的众创空间，培育发展一批

众创空间是顺应大众创新创业和互联网环境下创新创业的需求，通过市场化机制，构建的形式新、低成本、便利化、全要素的新型创业服务平台。各级政府、各有关部门、高新区、产业示范聚集区、经济开发区要积极引导、推动众创空间建设。依托高新区、科技企业孵化器，打造一批创新创业、线上线下、孵化投资相结合的“功能提升”型众创空间；盘活废旧厂房、楼房等，建设一批具有鲜明行业特点和需求指向性的众创平台，改造提升公共办公设施、场地，发展一批公益性、社会化、开放式的众创空间；促进创新创意、市场需求和社会资本的有效对接，建设一批孵化与创业投资紧密结合的众创空间。通过这些新业态、新模式的发展，提高创新到商业化的效率，促进生成一批科技型中小企业。

（六）推进京津冀协同创新，互动生成一批

加强与京津高校、科研院所、企业集团以及中关村科技园等单位的合作，通过合作共建产业园区、重点实验室、工程技术中心、企业技术中心、产业技术研究院等创新平台，促进科技成果孵化、转化，生成一批科技型中小企业。同时，通过共建京津冀科技信息交流平台、仪器设备开放平台、协同创新投资基金等，为科技型中小企业发展提供专业化服务。

四、保障措施

（一）加强组织领导

要进一步发挥市科技型中小企业发展工作领导小组的作用，建立健全科技型中小企业发展工作的协调机制和落实机制，强化组织领导和推动落实。各县区要成立相应的领导组织，细化责任、量化目标，加强对科技型中小企业发展工作的组织实施，为推动科技型中小企业发展提供有力的组织保障。

（二）加大政策支持

认真落实国家和省市已出台的关于产业转型升级、项目发展、扶持科技型中小企业发展的一系列政策，发改、财政、科技、工信等部门要打好政策“组合拳”，结合实际，认真研究各级关于发展科技型中小企业的政策，细化落实举措。加大财政投入。逐年增加科技型中小企业技术创新资金等科技计划资金的额度，扩大政策受益面，提高资金使用效率。明确财政资金重点向科技型中小企业和培育科技型中小企业的创新服务平台倾斜，支持不同阶段的科技型中小企业快速健康发展。落实税收减免。加强企业研发费用税前加计扣除、技术转让以及高新技术企业、小型微利企业、软件企业等税收优惠政策的落实。落实大学科技园、科技企业孵化器相关税收优惠政策（财政部、国家税务总局《关于科技企业孵化器税收政策的通知》财税〔2013〕117号），对其自用以及提供给孵化企业使用的房产、土地，免征房产税和城镇土地使用税。对其向孵化企业出租场地、房屋以及提供孵化服务的收入，免征营业税。强化政府扶持。加大各级财政资金、公共服务部门对科技型中小企业产品和服务的采购力度，带动新产品和新技术在全社会的推广应用，培育新产品和新技术应用的市场环境。

（三）推进科技与金融结合

积极探索科技与金融结合的有效途径，推进科技投融资体系建设。创新金融服务。引导金融机构建立科技支行，积极为科技型企业提供信贷服务，推出适合科技型中小企业的金融产品，推广“银行+保险公司+政府风险补偿金”的合作模式，为无抵押、无担保、缺资金的中小企业提供信贷服务，帮助中小企业解决融资难的问题。积极探索运用担保、贴息、专利质押、融资等运作模式，建立起多元化、多层次、多渠道的科技投融资体系。吸纳民间资本。推动设立科技投资基金或科技风险投资，引导社会资本投向科技型中小企业，支持民间资本创办小额信贷、典当、融资性担保公司等，大力发展天使投资、风险投资和股权投资业。推动上市融资。筛选一批重点企业进行扶持，积极推动企业上市融资，推进企业在主板、中小板、创业板、‘新三板’及区域性股权交易市场挂牌上市，拓宽企业的融资渠道。

（四）健全服务体系

在初创、发展等环节，为科技型中小企业提供包括政策法规、财务会计、入职培训、行业性检验检测、信息咨询、技术服务等方面的支持。同时，各级政府要积极引导兴办科技服务机构，健全科技服务体系，为科技型中小企业发展提供多元化、全方位的服务。

（五）加强考核工作

市政府将科技型中小企业发展工作的任务和目标完成情况列入各县区和相关部门的年终考核指标体系，市科技、财政和统计等部门要认真开展科技型中小企业、科技“小巨人”企业、高新技术企业发展统计分析和通报工作，各县区要重点抓好做大总量、科技企业认定、企业辅导与服务、科技招商引智、载体建设等工作，确保各项任务指标的全面完成。

（六）强化舆论引导

各级宣传部门在各类媒体设立创新创业工作专栏，进行有关专题报道，加大对科技型中小企业支持政策、发展成就以及创新创业的先进人物和优秀团队等方面的宣传力度，树立创新创业的先进典型，增强优惠政策的吸引力，激发全社会支持和参与创新创业的热情，营造人人支持创业、人人参与创新的舆论环境和良好氛围。

深入开展科技特派员农村科技创业服务行动的意见

承市科〔2012〕50号

市科技局　市委组织部　市委宣传部
市委农工委　市人力资源和社会保障局　市农牧局
市林业局　市水务局　市财政局　市教育局
市供销社　共青团承德市委　承德银监分局

为深入贯彻落实《中共中央、国务院关于加快推进农业科技创新持续增强农产品供给保障能力的若干意见》（中发〔2012〕1号）、《中共河北省委办公厅、河北省人民政府办公厅关于加快推进农业科技创新、促进现代农业建设的实施意见》（冀办发〔2012〕19号）和全省农村工作会议精神，充分发挥科技特派员在建设社会主义新农村、扶贫攻坚、推进城乡经济社会一体化发展中的重要作用，推进全市农业科技创新和农业科技普及，促进现代农业发展，市科技局、市委组织部、市委宣传部、市委农工委、人力资源和社会保障局、农牧局、林业局、水务局、财政局、教育局、供销社、共青团承德市委、承德银监分局等部门研究决定，在全市深入开展科技特派员农村科技创业服务行动，实施意见如下：

一、深刻认识开展科技特派员农村科技创业服务行动的意义

由于历史和地理的原因，承德作为农业大市，长期以来农业生产技术落后、生产效率低、农民科技素质不高、收入偏低。如何将人才、技术、信息、资金、管理等资源有效整合，完善农业科技服务体系，实现农业发展、农民增收，是推进承德农业科技工作重中之重。科技特派员农村科技创业服务行动就是从农业生产、农民致富需要的科技服务入手，选派科技素质较高、业务能力、带动能力较强的人才、企业、团体下派到基层，为农民、为企业提供技术示范、技术培训等科技服务及进行科技创业。近几年来我市充分立足区域农业发展实际，采取四种科技特派员工作模式助推承德农业转型升级，一是以发展农村经济、提高农民收入为目的，采取"科技特派员＋村委会＋农户"的模式，推进新农村建设的实施；二是以建设优质农产品生产基地为目标，采取"法人科技特派员＋基地＋农户"模式，推进农业生产工厂化、设施化、集约化进程；三是以推进农产品精深加工为目标，采取"科技特派员＋龙头企业＋农户"模式，延长产业链条，促进一批优势特色产业的发展；四是以提高农业生产组织化程度为目标，采取"科技特派员＋服务组织＋农户"模式，领办服务实体，发展集约经营，提高农业经济效益。目前全市共选派478名技术、管理人员作为科技特派员，进驻全市406个村、43个企业和经济服务组织开展工作，累计推广应用先进技术30余项，发展农产品标准化生产基地180余万亩，建立规模科技示范园区30个，培育农业科技型龙头企业38家，培训农民25万人次，累计实现送科技入户18万户，为加快农民致富、发展优势特色产业、推进新农村建设起到了十分重要的作用。进一步开展科技特派员农村科技创业服务行动，对发展现代农业、促进我市农村经济发展意义重大。

二、指导思想、发展目标

（一）指导思想

以邓小平理论和"三个代表"重要思想为指导，全面贯彻落实中央一号文件和全省农村工作会议精神，紧紧围绕现代农业和新农村建设对科技的需求，强化科技特派员创业链和创业基地建设，培育发展科技型农业生产经营实体，创新体制机制，完善政策保障，促进科技要素带动资金、人才、信息、管理等其他生产要素向农村聚集，加速农业科技成果转化，促进区域优势特色产业及县域农村经济发展，推动全市农村经济社会又好又快发展。

（二）发展目标

到2015年，培养一批科技创业人才，建设一支500人的科技特派员队伍，提高基层科技创新和服务能力；培育壮大一批区域优势特色产业，建设2-3个省以上科技特派员创业链、6～8个省级创业基地，有力推进县域经济发展；带动一批大学毕业生和农民工就业，参与科技特派员农村科技创业行动，开展科技创业和服务，形成一批新的就业载体，以创业带动就业，以创业实现就业；扶持一批科技型农业生产经营实体，引导科技特派员领办、创办、参办10～15个科技型农业企业，扶持和建立15～20个农民专业合作社，提高农民组织化程度；带领广大农民致富，通过开展科技特派员农村科技创业服务行动，推动传统农业技术改造、升级和创新，培育农村新的经济增长点，直接带动农户人均年收入同比增长10%左右。

三、主要任务

（一）积极引进、推广适宜的农业优良品种和先进技术

抓好示范园、示范村、示范场、示范户建设，建立创业基地，帮助、指导农民应用新技术，提高管理水平，提高农民的科技致富能力，实现科

学发展。

（二）积极为农业龙头企业服务

谋划农产品精深加工项目，引进、开发新产品，培育名牌精品，提高企业的科技创新能力和市场竞争力，提高附加值，延长产业链条。

（三）培育农村多元化经济技术服务组织

引导科技特派员参办、领办农业企业、农业经济合作组织等实体，进行农业科技成果推广；与省内外科研院所、农业院校开展合作，引进人才，进行技术成果转化，开展技术服务。

（四）加强技术培训，提高农民科技、文化素质

以科技示范园区、科技型农业企业、农业合作经济组织、示范场、示范户等为载体，完善科技信息服务平台，开展科普宣传和实用技术的培训推广，为从事主导产业的农户培养一个以上技术明白人，为农村培养一批有文化、懂技术、会经营的农民技术骨干和乡土人才。

（五）拓宽服务领域

结合现代农业、社会主义新农村建设，加强产前、产中、产后和市场的服务和创业，实现综合性服务。

（六）与全市重点工作相结合

与我市开展的“基层建设年”活动、“扶贫攻坚”、“新农村建设”等工作相结合，形成合力，突出对重点村的帮扶，抓好重点技术、重点项目的实施。

四、政策措施

（一）完善科技特派员选派政策

进一步拓宽选派渠道和范围，坚持“以人为本、双向选择”原则，支持科技人员以科技特派员或科技特派团的方式深入基层、进入企业开展创业和服务，支持鼓励企事业单位和农村合作经济组织以法人科技特派员的形式参与创业，开展跨区域选派科技特派员，引进农业科研院所、高等院校及农、林、牧科技人员深入农村开展创业服务；支持鼓励高校毕业生、返乡农民工、农村青年致富带头人、大学生村官、离退休人员及企业人员，参与科技特派员农村科技创业行动。明确科技特派员固定服务、联系对象。

（二）落实科技特派员利益机制

按照市场经济规律解决科技成果与农民的结合问题，鼓励科技特派员以项目支撑、资金入股、技术参股、技术承包、有偿服务等形式，与农民尤其是专业大户、农民专业合作经济组织、龙头企业等结成利益共同体，实行“风险共担，利益共享”，形成科技特派员创业的利益激励机制。

（三）健全科技特派员创业保障机制

深入落实科技部等八部委《关于深入开展科技特派员农村科技创业行动的意见》的精神，明确科技特派员派出期间，原岗位、职级、工资福利保留不变，职务、职称、工资晋升和岗位变动与派出单位在职人员同等对待，工作业绩作为评聘和晋升专业技术职务（职称）重要依据，对于做出突出贡献的，优先晋升职务、职称。科技特派员创业、成果转让、科技服务收入和技术入股分红为合法收入，科技人员在基层和农业企业取得的个人收益不设上限，除依法缴纳税费外，由其个人支配所得收益。对科技特派员创办、领办的企业予以科技立项优先支持，享受国家相关支农优惠政策。实绩突出的个人科技特派员可选聘为科技副县长、副乡长。科技特派员下派创业服务期间，与服务对象协商进行的技术入股和股权受法律保护。

（四）加强财政金融支持

各级、各部门应加大科技特派员农村科技创业服务行动的资金投入，以项目、贴息或后补助等形式，支持科技特派员创业。市、县（区）要增加本级财政科技投入，支持科技特派员农村科技创业服务。金融部门加大支持力度，开展专利质押融资工作，引导、支持科技特派员创办、领办、参办的科技型农业企业进行专利质押贷款，提高核心技术的创新、转化能力。

（五）落实税收减免政策

科技特派员创办的农业企业，享受企业研发费用加计扣除政策（国税发〔2008〕116号文件）。法人科技特派员及科技特派员创办、领办的农业企业、农村专业合作经济组织，按规定享受国家相关支农优惠政策。

五、组织实施

（一）建立部门联合推动机制

加强部门协调与合作，市科技局、市委组织部、市委宣传部、市委农工委、人力资源和社会保障局、农牧局、林业局、水务局、财政局、教育局、供销社、共青团承德市委、银监分局等部门联合成立科技特派员农村科技创业服务行动协调领导小组，建立工作联系会议制度，办公室设在市科技局。各县、区要成立相应组织和机构，建立完善部门联合推进机制，为科技特派员工作提供有力的组织保障。市科技局负责协调组织考核及科技立项支持工作；市委组织部负责科技特派员组织待遇等的落实；市委宣传部负责科技特派员宣传工作；市委农工委负责组织协调农口系统科技特派员的选派、职务晋升管理工作；人力资源和社会保障局负责科技特派员的专业技术职称的评聘和晋升等待遇工作的落实；农牧局、林业局、水务局负责本系统、本部门科技特派员的选派、管理等工作；财政局负责各级财政科技投入的落实，负责科技特派员工作经费和工资待遇的保障工作；教育局负责本系统、本部门科技特派员选派、管理工作；供销社结合创办新型基层供销合作社和推进农民专业合作组织建设，抓好农业实体培育工作，负责本系统科技特派员选派管理工作；共青团承德市委负责推动科技致富带头人成为科技特派员；银监分局负责提供金融信贷服务工作。

（二）强化绩效考核

各级各部门要对农业科技特派员工作进行目标管理，制定目标、分解任务；实施农业科技特派员岗位职责制度、定期汇报交流例会制度、定期培训、监督检查、情况通报制度，推行派出部门、乡镇政府、服务对象三方考评制度等。对在农村科技创业服务行动中业绩突出、表现优秀的科技特派员予以表彰奖励。

（三）培育典型，加强宣传和引导

各级、各部门要注意培养、发现科技特派员工作的典型，总结成功经验和做法，发挥示范和带动作用；同时加强对农业科技特派员工作的宣传，营造一个良好的社会氛围，促进农业科技特派员工作的开展。

承德市农业科技园区管理办法

承市科〔2014〕50号

一、总　则

第一条　为进一步推动我市农业科技园区科学化、规范化管理，加速农业科技成果在基层推广转化，强化县域农村科技创新创业平台建设，充分发挥农业科技园区在我市现代农业发展中的引领、示范和带动作用，特制定本办法。

第二条　农业科技园区是在一定区域内，以市场为导向、以科技为支撑、以机制体制创新为动力，集聚技术、人才、资金等现代生产要素，引领带动区域特色优势农业产业发展与农村经济结构调整的现代农业示范区和农业科技企业聚集区。

第三条 农业科技园区建设的指导思想：以科学发展观为指导，以促进区域农业主导产业发展、加快农业科技成果转化、提高农业效益、增加农民收入、实现农村又好又快发展为总目标，按照“因地制宜、科技支撑、创新机制、突出效益”的原则，以科技为核心，强化技术的集成、熟化和产业化开发，加强技术的组装集成和示范推广，打造产业特色鲜明、基础设施过硬、运行机制灵活、带动效应明显的农业科技园区，引领支撑我市现代农业发展和社会主义新农村建设。

第四条 农业科技园区的功能定位：农业技术的组装集成基地，新型农业的示范展示基地，科技型农业龙头企业的孵化基地，农村科技人才的培训基地和产学研合作的示范基地。

二、管理机构与职责

第五条 承德市科学技术局负责全市农业科技园区的管理工作，其主要职责：

1. 根据国家法律、法规和有关科技政策与产业政策，制定全市市级农业科技园区建设的总体目标和方向；

2. 负责对市级农业科技园区的组织申报、评审、认定和考核等工作；

3. 指导县、区级农业科技园区建设工作；

4. 承办国家、省农业科技园区的有关事宜。

第六条 各县、区科技行政管理部门负责本辖区范围内农业科技园区的管理工作，落实相关政策和地方配套政策，指导本地园区建设，并实施监督。

第七条 市级农业科技园区所在县（区、市）应成立园区地方协调领导小组，推动农业科技园区建设。农业科技园区应依据各自的具体情况，按照“精简、统一、高效”的原则，成立园区管理机构，负责园区的日常管理工作。

第八条 农业科技园区管理坚持公开、公平、公正原则，不干预园区内企业经营自主权。

三、申报与认定

第九条 申报市级农业科技园区要具备以下条件：

1. 园区基础设施建设完成、配套齐全，并运行二年以上；

2. 园区要有科学合理的规划，规划内容符合地方经济社会发展总体要求，并经当地人民政府批准；

3. 园区具备核心区、示范区和辐射区，核心区相对集中并有明确的边界，并能通过“核心区——示范区——辐射区”引导带动周边地区农业产业升级和农村经济结构调整优化；

4. 园区要有明确的建设主体，包括进驻到园区的企业、从事农业技术开发与推广的事业单位等，以保障园区建设规划的实施和配套资金的落实；

5. 园区要有较强的技术引进集成创新和孵化示范能力，有稳定的技术依托单位，有新品种、新技术、新产品的引进、试验、集成、展示基地，有较完善的人才培养、技术培训、技术服务与推广体系，具备较强的科技投入、创新能力；

6. 园区要积极开展科技特派员农村科技创业行动，要有一支科技特派员队伍，要建设成为科技特派员农村科技创业和服务基地，要在信息化、社会化农村科技服务体系建设中发挥重要作用；

7. 园区特色主导产业突出，有相关科技型龙头企业入驻，能带动周边农民围绕主导产业实现产业化经营；

8. 园区要有健全的管理体系（包括地方协调领导小组和园区管理机构），有与园区建设规划相配套的资金、人才、科技等规章与管理制度，有符合市场经济规律的运行机制与政策措施；

9. 园区经济效益、生态效益和社会效益较显著，明显高于园区周边区域，对周边地区具有较强的引导、示范与带动作用。

第十条　申报市级农业科技园区应提交的材料：

1. 农业科技园区申报书；

2. 农业科技园区发展规划；

3. 规划图、技术合作协议等相关附件。

第十一条　市级农业科技园区申报认定程序：

1. 市级农业科技园区的申报，由农业科技园区所在县（市、区）科技行政主管部门组织，经所在县、区人民政府同意后，报市科学技术局。

2. 市科学技术局组织相关领域专家，采取会议评审与实地考察相结合方式，对农业科技园区的规划设计、现实基础、发展潜力等进行评审、论证，提出评审意见。依据专家的评审意见，市科技局确定是否认定为市级农业科技园区。

3. 市科学技术局对通过认定的市级农业园区择优推荐申报省级农业科技园区。

四、考核与管理

第十二条　市级农业科技园区实行动态管理，建立健全竞争和淘汰机制。

第十三条　市科技局组织相关专家对市级农业科技园区进行中期评估，评估依据是市科技局批复的园区建设规划和实施方案。对未通过评估，或在建设过程中存在管理不善、进展缓慢的园区，责令其限期整顿提高，经整顿无效的，撤销市级农业科技园区资格。

第十四条　市级农业科技园区实行两年一次的监测评价制度，连续两次考核不合格的取消市级园区资格。在建设发展过程中，如发生重大产品质量、技术经济问题或其他重大问题时，一经查实，立即取消市级农业科技园区资格。

第十五条　市级农业科技园区建设实行年度报告制度。建设管理单位应及时向市科技局上报上年度园区工作总结等材料。

五、运行与保障

第十六条　农业科技园区应建立以财政资金为引导、企业资金为主体、银行信贷和社会资金为补充的多元化投资体系，不断提高农业科技园区投入水平。

第十七条　园区所在地县级人民政府应制定出台技术、人才、资金等优惠政策，鼓励农业科技园区发展。

第十八条　鼓励科技特派员以技术入股等多种形式领办、创办或协办农业科技园区。

第十九条　市科学技术局每年安排专项经费，以科技项目的形式，对市级农业科技园区建设予以支持，促进其快速发展。

六、附　则

第二十条　本办法由承德市科学技术局负责解释。

第二十一条　本办法自 2014 年 10 月 1 日起施行，有效期 5 年。

关于印发《承德市科学技术成果鉴定、登记工作管理办法》的通知

承市科〔2013〕58号

各县（区）科技主管部门：

为进一步规范我市的科技成果鉴定工作，提高科技成果鉴定质量，市科技局研究制定了《承德市科学技术成果鉴定、登记工作管理办法》，现印发给你们，请遵照执行。

2013年10月15日

承德市科学技术成果鉴定、登记工作管理办法

第一章 总 则

第一条 为了提高科技成果鉴定质量，有效地规范和加强科技成果的管理工作，正确评价科技成果的质量和水平，加快科技成果推广应用，根据科技部《科学技术成果鉴定办法》和《科学技术成果登记办法》的规定，结合我市实际情况，制定本办法。

第二条 本办法所称科技成果是指：

（一）阐明自然现象、特征、规律及其内在联系，在学术上具有新见解，并对科学技术发展具有重要意义的应用研究理论成果；

（二）社会生产中具有新颖性、先进性和实用价值的应用技术成果，包括新产品、新技术、新工艺、新材料、新设计和生物、矿产新品种；

（三）推动决策科学化和管理现代化，对促进科技、经济与社会协调发展起重大作用的软科学研究成果；

（四）在医疗卫生防疫、计划生育、环境保护、自然资源调查与合理利用、自然灾害监测预报及防治等科研活动中取得的科技成果。

第三条 本办法所指科技成果鉴定，是指市科技局聘请同行专家，按照规定的形式和程序，对科技成果技术水平先进性、成熟性及其对经济与社会发展作用的评价。

第四条 科技成果鉴定应当坚持实事求是、科学民主、客观公正的原则，保证科技成果鉴定工作的严肃性和科学性。

第五条 市科技局管理、组织全市科技成果鉴定工作。

第二章 鉴定组织

第六条 对列入市级科技计划内的科技成果组织鉴定。

第七条 申请科技成果鉴定，应当符合本办法第六条的规定，并具备下列条件：

（一）已完成合同的约定或者计划任务书规定的任务要求。

（二）不存在科技成果完成单位或者人员名次排列异议和权属方面的争议。

（三）医药卫生类的科技成果需公开发表一篇及以上核心期刊论文或公开发表三篇专业期刊论文，发表的论文必须与所鉴定的科技成果密切相关。

（四）软科学项目需公开发表一篇及以上核

心期刊论文。

（五）技术资料齐全，并符合档案管理部门的要求；

第八条　市科技局可以根据科技成果的特点选择下列形式：

（一）会议鉴定：指由同行专家采用会议形式对科技成果作出评价。需要进行现场考察、测试，并经过讨论答辩才能作出评价的科技成果，可以采用会议鉴定形式。

（二）函审鉴定：指同行专家通过书面审查有关技术资料，对科技成果作出评价。不需要进行现场考察、测试和答辩即可作出评价的科技成果，可以采用函审鉴定形式。

第九条　市科技局根据申请鉴定的科技成果性质，确定鉴定形式和鉴定委员会名单。

鉴定委员会由五名至十五名同行专家组成，鉴定结论必须经鉴定委员会专家三分之二以上多数通过。

第十条　专家对科技成果进行鉴定，须形成鉴定结论。鉴定结论应对科技成果在学术思想、技术路线、关键技术和工艺特色等方面体现出来的科学性、创新性、先进性、实用性作出评价；对科技成果所取得的经济效益和社会效益作出相应评价；对科技成果的应用价值和推广前景作出评价。鉴定结论还应明确提出科技成果在技术研发和转化过程中的不足，并提出实质性的改进意见。

第十一条　参加科技成果鉴定的市内专家应当从承德市科学技术专家库中选择。

第十二条　选聘的鉴定专家须来自不同的教学、科研和生产单位；同一单位不得超过 2 名专家。

第十三条　选聘鉴定专家应当遵守下列原则：

（一）随机原则。参与鉴定工作的专家一般应从鉴定专家库依据要求和条件随机遴选，必要时，可以遴选一定比例的管理专家、经济专家、企业家和用户代表参加。

（二）回避原则。与科技成果完成单位有利益关系或可能影响公正性的其他关系的专家不能参与鉴定。

第十四条　参加科技成果鉴定的专家在鉴定工作中享有以下权利：

（一）独立对被鉴定科技成果进行评价，不受任何单位和个人干涉；

（二）可要求科技成果完成单位或者个人提供充分、翔实的技术资料（包括必要的原始资料），向科技成果完成单位或个人提出质疑并要求作出解释，可要求复核试验或者测试结果；

（三）可要求排除影响鉴定工作正常进行的干扰，必要时可以提出中止鉴定的要求。

第十五条　参加科技成果鉴定工作的专家，对科技成果应当认真进行审查，进行实事求是的评价。专家对其所作的评价结论承担技术责任和有关的法律责任，并有对被鉴定的科技成果保守秘密的义务。

第十六条　下列科技成果不组织鉴定：

（一）违反国家法律、法规、政策的；

（二）损害社会公共利益或破坏资源环境的；

（三）国家规定不予鉴定的。

第三章　鉴定程序

第十七条　科技成果鉴定采取自愿的原则，需要鉴定的科技成果，由科技成果完成单位或者个人根据隶属关系，向市科技局申请鉴定。

第十八条　申请科技成果鉴定需提交下列资料：

（一）科技成果鉴定申请表；

（二）工作报告；

（三）技术研究报告；

（四）经济社会效益分析报告；

（五）应用证明或用户意见；

（六）检索查新报告（国家一级查新机构

出具）；

（七）行业主管部门要求具备的其他资料。

因项目不同，需提交的资料还有产品检测报告，国家、行业或企业标准，环保证明，设计工艺图表等。

第十九条　市科技局收到鉴定申请后，对符合鉴定条件的，应当批准并及时通知申请单位或申请人，并对鉴定形式、时间、地点及选聘专家资格等作出答复；对不符合鉴定条件的，不予受理，并说明理由。对需要报请省科技厅组织鉴定的，应及时通知申请单位或申请人。

第二十条　市科技局将被鉴定科技成果的有关资料送达参加鉴定工作的专家，并组织召开科技成果鉴定会议。

第二十一条　市科技局对鉴定结论进行审核，并签署具体意见。鉴定结论不写明“存在问题”“改进意见”及“转化应用价值”的，应退回重新鉴定，予以补正。

第二十二条　经鉴定通过的科技成果，由市科技局颁发《科学技术成果鉴定证书》。

第四章　鉴定管理

第二十三条　参加科技成果鉴定工作的有关人员，应严格遵守科学道德和职业道德规范，保证科技成果鉴定的严肃性和科学性。

第二十四条　科技成果完成单位或个人在申请鉴定过程中，应当据实提供必要的技术资料，包括真实的实验记录、引用他人成果或研究资料等。

第二十五条　市科技局对符合鉴定要求的科技成果应当在三个有效工作日内批复；对不符合鉴定要求的科技成果应当一次性告知。

第二十六条　市科技局应加强科技成果鉴定工作的监督管理，对鉴定过程中出现的不正之风，应当及时制止。

第二十七条　参加科技成果鉴定工作的有关人员，未经科技成果完成单位或个人同意，擅自披露、使用或者向他人提供和转让被鉴定科技成果关键技术的，应依法追究责任；给科技成果完成单位或者个人造成损失的，应赔偿损失。

第五章　科技成果登记

第二十八条　市科技局指定市生产力促进中心负责市级科技成果登记工作。对办理登记的科技成果进行形式审查，符合条件的予以登记，并出具登记证明。

第二十九条　科技成果登记应当同时满足下列条件：

（一）登记材料规范、完整；

（二）已有的评价结论持肯定性意见；

（三）不违背国家的法律、法规和政策。

第三十条　办理科技成果登记应当提交下列之一材料：

（一）已通过鉴定的科技成果的全套材料；

（二）已通过验收的科技成果的全套材料；

（三）已通过评审的软科学项目的全套材料；

（四）已批准的国家标准、行业标准、地方标准全套材料；

（五）已授权的知识产权证明（发明专利证书、植物新品种证书、软件著作权、软件登记证书）及全套申请材料和实施单位出具的证明材料。

注：所有材料要求带原件，审核后退回；提交材料为复印件（其中鉴定证书、评审证书、验收证书是原件），留用存档。

第三十一条　科技成果登记工作做到真实、准确、及时，不得泄漏所登记的科技成果的秘密。

第六章　附　则

第三十二条　本办法在科技部、省科技厅未出台新的科技成果鉴定、登记的有关规定前暂行。

承德市地震应急预案

一、总则

（一）**编制目的**。依法科学统一、有力有序有效地实施地震应急，最高程度减少人员伤亡和经济损失，维护社会正常秩序。

（二）**编制依据**。《中华人民共和国突发事件应对法》《中华人民共和国防震减灾法》《河北省防震减灾条例》《河北省突发事件应对条例》等法律法规和《国家地震应急预案》《河北省地震应急预案》《河北省人民政府突发公共事件总体应急预案》等。

（三）**适用范围**。本预案适用于承德市行政区域内处置地震灾害和其他地震事件的应对工作。

（四）**工作原则**。抗震救灾工作坚持统一领导、军地联动，分级负责、属地为主，资源共享、快速反应的工作原则。地震灾害发生后，市、县区政府和市直部门立即按照职责分工和相关预案自动开展前期处置工作。

根据《河北省地震应急预案》规定，省政府是应对省内特别重大、重大地震灾害的主体，市、县区政府分别是应对本行政区域内较大地震灾害、一般地震灾害的主体。根据灾区县区地震应急的需求，市级地震应急给予必要的协调和支持。

二、组织体系

（一）**市抗震救灾指挥部**。地震灾害发生后，经市政府领导同志批准，由平时领导和指挥调度防震减灾工作的市政府防震减灾工作联席会议转为市抗震救灾指挥部，负责统一领导、指挥、协调全市地震应急工作，支持灾区所在县区的抗震救灾工作。

1. 市抗震救灾指挥部组成

指挥长：市政府常务副市长

副指挥长：市政府分管副市长、承德军分区参谋长

成员：市政府分管副秘书长，承德市地震局、市政府应急办、省地震局承德中心台、市委宣传部、市发改委、市民政局、市住建局、市公安局、市人防办、市财政局、市国土资源局、市环保局、市交通运输局、市商务局、市卫生局、市水务局、市教育局、市工信局、市司法局、市农牧局、市国资委、市食品药品监管局、市粮食局、市安监局、市旅游局、市供销社、市气象局、市台办、团市委、市政府新闻办、承德广播电视台、承德无线电管理局、市红十字会、承德供电公司、北京铁路局承德车务段、武警承德支队、预备役215团、市公安消防支队、移动承德分公司、联通承德分公司、电信承德分公司等部门和单位的负责同志。根据工作需要，可增加或减少单位负责人参加。

承德市地震局承担市抗震救灾指挥部日常工作，承德军分区承担市抗震救灾指挥部军队系统日常协调工作。

2. 市抗震救灾指挥部主要职责

领导全市抗震救灾工作。

了解和掌握震情、灾情、社情、民情及发展趋势。

启动应急响应，宣布地震灾区进入应急期，确定响应级别。

组织震情、灾情信息发布与抗震救灾宣传。

派遣成立市抗震救灾现场指挥部，在省、市抗震救灾指挥部的领导下开展工作。

派遣地震灾害紧急救援队，对受灾人员实施紧急救援。

指挥协调现役、预备役、武警部队和民兵参加抢险救灾。

派遣工程抢险抢修专业队伍，对各类重点工程和基础设施进行抢险抢修。

派遣现场地震监测工作队，对灾区地震监

测设施进行抢修，加强现场地震监测。

派遣医疗卫生救援队，开展伤员救治及遇难人员善后处理工作。

组织和指挥受灾群众安置。决定调运救灾物资，保障各类生活物资供应。

核实灾情，决定下拨抗震救灾资金。

组织市抗震救灾指挥部成员单位和非灾区的县区政府对灾区实施紧急支援。

决定实施重点目标保护和交通管制等强制措施。

请求省政府抗震救灾指挥部派遣省级地震灾害紧急救援队，协调有关厅局进行对口支援。

建议市政府呼吁其他设区市支援，通过省地震局、省红十字会呼吁省外救援组织援助。必要时，建议省地震局、省红十字会通过中国地震局、中国红十字会呼吁国际救援组织援助。

建议市政府向灾区发出慰问电，派出慰问团等。

执行省抗震救灾指挥部及市委、市政府下达的其他任务。

3. 市抗震救灾指挥部工作组。市抗震救灾指挥部根据需要设立相应的工作组。市政府应急办履行信息汇总和综合协调职责，发挥运转枢纽作用。各工作组牵头部门负责组织制定本工作组工作预案。

市抗震救灾指挥部各工作组组成及职责分工一览表

工作组	牵头部门	参加部门	主要职责
灾组 抢险救	承德军分区	市公安局、市地震局、市安监局、武警承德支队、预备役215团	制定实施抢险救灾力量配置方案，调配救援队伍和装备，搜救被困群众和受伤人员。组织救援人员和物资的空运、空投工作。清理灾区现场
群众生活组	市民政局	市发改委、市教育局、市工信局、市财政局、市住建局、市农牧局、市商务局、市旅游局、市粮食局、市供销社、市红十字会、市人防办、团市委	制定实施受灾群众救助工作方案以及相应的资金物资保障措施，组织调集、转运帐篷和灾区生活必需品等抗震救灾物资，指导有关地区做好受灾群众的紧急转移和安置工作，保障群众生活和市场供应
医疗救治和卫生防疫组	市卫生局	市发改委、市财政局、市民政局、市工信局、市交通运输局、市水务局、市农牧局、市食品药品监管局、武警承德支队、市红十字会	组派医疗卫生救援队伍，调集医疗器械、药品等物资，对伤病员进行救治、心理干预和转移后送。对灾区水源进行监测消毒，加强食品和饮用水卫生监督。做好重大传染病和突发公共卫生事件预防控制工作。恢复灾区医疗卫生服务能力和秩序
基础设施保障和生产恢复组	市发改委	市工信局、市民政局、市财政局、市国土资源局、市环保局、市住建局、市交通运输局、市水务局、市农牧局、市商务局、承德广播电视台、承德无线电管理局、北京铁路局承德车务段、承德供电公司、移动承德分公司、联通承德分公司、电信承德分公司	组织指导抢修维护铁路、公路、桥梁、隧道等交通设施和供电、供水、供气、防洪、通信、广播电视等设施。组织生产、调运抢险救援产品，调运生产物资和装备，保障灾区抢险应急物资供应。协调运力优先保证应急抢险救援人员和救灾物资的运输需要。对受灾的工矿商贸和农业损毁情况进行核实，指导制订科学恢复生产方案，组织安排落实有关扶持资金和物资

续表

工作组	牵头部门	参加部门	主要职责
地震监测和此生灾害防范处置组	市地震局	市公安局、市安监局、市水务局、市住建局、市工信局、市交通运输局、市国土资源局、市环保局、市气象局、省地震局承德 中心台	密切监视震情发展，做好余震防范。及时组织扑救火灾，处置危化品泄漏事故，做好灾区防火以及灾区安全生产隐患和环境风险排查、防范工作。对重大地质灾害隐患进行监测预警，一旦发生山体崩塌、滑坡、泥石流、堰塞湖、地面塌陷等险情，及时组织疏散群众。加强河湖水质监测和危险化学品等污染物防控，保障灾区水库安全和饮用水源安全。对易于发生次生灾害的重大危险源、重要目标物、重大关键基础设施，采取紧急处置措施并加强监控。加强灾区环境监测，减轻或消除环境污染危害
社会治安组	市公安局	市教育局、市司法局、武警承德支队	协助灾区加强治安管理和安全保卫工作，严密防范、严厉打击趁机进行盗窃、抢劫、哄抢救灾物资、以赈灾募捐名义诈骗敛财、传播各种谣言制造社会恐慌等违法犯罪活动，维护社会治安和道路交通秩序。加强党政机关、要害部门、金融单位、储备仓库、监狱等重要场所的警戒。做好涉灾矛盾纠纷化解和法律服务工作，切实维护社会稳定
救灾捐赠与涉外、涉港澳台事务组	市民政局	市外办、市台办、市商务局、市食品药品监管局、市旅游局、市红十字会	接受和安排国内外捐赠，处理其他涉外事务和港澳台事务
国外救援队伍协调事务组	外办和市地震局	市台办、市商务局	接受和安排国外救援队伍，协调救援行动
地震灾害调查及灾情损失评估组	市民政局 市地震局	市财政局、市国土资源局、市住建局、市工商局、省地震局承德中心台	开展地震烈度灾区范围，建构筑物和基础设施破坏程度。工程结构灾害特征、人员伤亡数量地震宏观异常现象地震社会影响和各种地震地质灾害等调查，对地震灾害损失进行评估。指导灾区做好保险理赔和给付
信息发布及宣传报道组	市委宣传部	市政府新闻办、市政府应急办、市外办、市台办、市民政局、市广播电视台、市旅游局、市地震局	组织在情和抗震救灾信息发布。及时准确发布灾情指导做好抗震救灾宣传报道。加强以情收集分析正确引导国内外舆论。适时组织，安排境外新闻媒体进行采访报道

（二）县区抗震救灾指挥部

各县区政府根据本级地震应急预案成立抗震救灾指挥部，领导、指挥和协调当地的抗震救灾工作。组织力量实施先期应急救援，贯彻落实省、市抗震救灾指挥部指示，配合和协助市抗震救灾现场指挥部的应急救援行动。

三、响应机制

（一）地震灾害分级

地震灾害分为特别重大、重大、较大、一般四级。

特别重大地震灾害是指造成300人以上死亡（含失踪），或者直接经济损失占全市上年地区生产总值1%以上的地震灾害。

当市内人口较密集地区发生7.0级以上地震，人口密集地区或首都圈地区（北纬38.5°～41.0°，东经114.0°～120°）发生6.0级以上地震，初判为特别重大地震灾害。

重大地震灾害是指造成50人以上、300人以下死亡（含失踪）或者造成严重经济损失的地震灾害。

当人口较密集地区发生6.0级以上、7.0级以下地震，人口密集地区或首都圈地区发生5.0级以上、6.0级以下地震，初判为重大地震灾害。

较大地震灾害是指造成10人以上、50人以下死亡（含失踪）或者造成较重经济损失的地震灾害。

当人口较密集地区发生5.0级以上、6.0级以下地震，人口密集地区或首都圈地区发生4.0级以上、5.0级以下地震，初判为较大地震灾害。

一般地震灾害是指造成10人以下死亡（含失踪）或者造成一定经济损失和较大社会影响的地震灾害。

当人口较密集地区发生4.0级以上、5.0级以下地震，人口密集地区或首都圈地区发生重大影响的地震，初判为一般地震灾害。

（二）分级响应

根据地震灾害分级情况，将地震灾害应急响应分为Ⅰ级、Ⅱ级、Ⅲ级和Ⅳ级。

应对特别重大地震灾害，启动Ⅰ级响应。由省抗震救灾指挥部在国务院抗震救灾指挥机构统一领导下，组织开展全省的抗震救灾工作。市抗震救灾指挥部在国家和省抗震救灾指挥部的统一领导、指挥和协调下组织做好有关地震应急工作。

应对重大地震灾害，启动Ⅱ级响应。由省抗震救灾指挥部领导、指挥和协调全省的抗震救灾工作。市抗震救灾指挥部在省抗震救灾指挥部的统一领导、指挥和协调下组织做好有关地震应急工作。

应对较大地震灾害，启动Ⅲ级响应。由市抗震救灾指挥部领导、指挥和协调全市的抗震救灾工作。省抗震救灾指挥部根据灾区需求提供支持。省地震局等根据灾区需求协助做好抗震救灾工作。

应对一般地震灾害，启动Ⅳ级响应。由灾区所在的县区抗震救灾指挥部领导、指挥和协调灾区地震应急工作。市抗震救灾指挥部根据灾区需求组织开展支援工作。省、市地震部门及相关部门根据灾区需求，协助做好抗震救灾工作。

地震应急响应启动后，可视灾情及其发展情况对响应级别及时进行相应调整，避免响应不足或响应过度。

四、监测报告

（一）地震监测预报

承德市地震局负责收集和管理全市各类地震观测数据。根据中国地震局和省地震局有关防震减灾工作部署，提出全市年度防震减灾工作意见。各县区地震工作主管部门和机构要加强震情跟踪监测、预测预报和群测群防工作，及时对地震预测意见和会与地震有关的异常现象进行综合分析研判。省政府（或经省政府授权的省地震局）根据预报的震情决策发布临震预报，承德市地震局和市政府应急办根据省有关要求加强应急防范措施。

（二）震情速报

市内发生4.0级以上地震或市内首都圈地区发生3.0级以上地震后，承德市地震局迅速向市委、市政府报告地震发生的时间、地点、震级、震源深度等参数，同时通报市政府防震减灾工作联席会议成员单位，并及时续报有关情况。

五、指挥协调与应急处置

（一）特别重大、重大地震灾害

1. 县区政府应急处置

县区抗震救灾指挥部本着“先期处置”的原则，迅速了解灾情并向市政府报告，同时报送承德市地震局。立即发动当地基层干部群众开展自救互救。派遣公安消防部队、组织抢险救灾队伍开展人员搜救和医疗救护。开放应急避难场所，及时转移和安置受灾群众。紧急调运救灾帐篷、生活必需品等救灾物资和装备，保障受灾群众的生活需要。组织力量抢修通信、电力、交通、供水、供气、广播电视等基础设施。采取措施防范次生灾害。加强重要目标警戒和治安管理，预防和打击各种违法犯罪活动，维护社会治安。做好抗震救灾宣传报道工作，正确引导社会舆论。按照上级抗震救灾指挥机构的安排部署，领导和组织实施本行政区域抗震救灾工作，并视情况向上级抗震救灾指挥机构提出支援请求。

2. 市政府应急处置

特别重大和重大地震灾害发生后，承德市地震局和河北省地震局承德中心台迅速将震情要素上报市委、市政府和省地震局，同时通报市政府防震减灾工作联席会议成员单位。根据初判指标向省政府提出启动Ⅰ级、Ⅱ级响应的建议。经市政府领导同志批准，由市政府防震减灾工作联席会议转为市抗震救灾指挥部，在上级抗震救灾指挥机构到达之前，做好伤亡和损失统计、启动应急平台、联系救援队伍、调配救援物资等抗震救灾各项前期工作。在上级抗震救灾指挥机构的统一领导、指挥和协调下做好有关地震应急工作。

（二）较大地震灾害

1. 县区政府应急处置

县区抗震救灾指挥部本着“先期处置”的原则，迅速了解灾情并向市政府报告，同时报送承德市地震局。立即发动当地基层干部群众开展自救互救。派遣公安消防部队、组织抢险救灾队伍开展人员搜救和医疗救护。开放应急避难场所，及时转移和安置受灾群众。紧急调运救灾帐篷、生活必需品等救灾物资和装备，保障受灾群众的生活需要。组织力量抢修通信、电力、交通、供水、供气、广播电视等基础设施。采取措施防范次生灾害。加强重要目标警戒和治安管理，预防和打击各种违法犯罪活动，维护社会治安。做好抗震救灾宣传报道工作，正确引导社会舆论。按照上级抗震救灾指挥机构的安排部署，领导和组织实施本行政区域抗震救灾工作，并视情况向上级抗震救灾指挥机构提出支援请求。

2. 市政府应急处置

搜救人员。立即组织基层应急队伍和广大群众开展自救互救，同时军分区、武警承德支队、预备役215团、市公安局、市安监局、市卫生局、承德市地震局等部门立即组织地震灾害紧急救援队、公安消防部队、矿山抢险救援等各类专业抢险救援队伍赶赴灾区开展生命搜救。

医疗卫生。市卫生局迅速组织协调应急医疗队伍赶赴现场，抢救受伤群众，必要时建立战地医院或医疗点，实施现场救治，加强灾区卫生防疫工作。市工信局、市商务局、市国资委等部门迅速筹集和运送灾区急需药品药械。

对灾区医疗卫生救援工作进行督促指导，根据灾情、伤情和疫情组织专家提供技术指导和支持，并组织协调市内其他医疗卫生救援队伍赴灾区进行支援。

人员安置。市民政局等部门组织筹集和调运食品、饮用水、衣被、帐篷、移动厕所等各类救灾物资，安置灾民，分发救灾物资，启用地震应急避难场所。

市住建局、市教育局、市卫生局等部门组织专家赴灾区指导和协助当地政府对民用房屋、学校和医院等建设工程开展评估、鉴定，对建筑安全状况进行分类，并设置明显标识。

市教育局指导各类学校的对学生进行疏散和安置，适时组织学校复课，维持正常教学秩序。

应急通信。移动承德分公司、联通承德分公司、电信承德分公司迅速抢修被毁损的通信设施，尽快恢复正常通信，必要时，启用应急机动通信系统，保证抗震救灾通信畅通。

交通运输。市交通运输局、北京铁路局承德车务段等部门迅速组织抢修交通设施，立即开辟救灾绿色通道，组织救灾运输队伍，保证抗震救灾运力需求。

电力保障。市发改委、承德供电公司迅速组织抢修电力设施，保障灾区电力供应。必要时启用应急发电设备。

灾害监测。承德市地震局负责密切监视震情，及时通报余震信息和震情发展趋势。

市气象局加强气象监测，及时通报气象变化。

市国土资源局组织做好对地质灾害的排查和监测、预警工作，对地震引发的山体滑坡、崩塌、泥石流、地面塌陷等次生地质灾害及地质灾害险情，按照地质灾害防治有关规定采取应急处置措施。

市环保局、市水务局、市安监局等部门加强对会造成次生灾害的危险化学品设施、水库堤坝、油气管线、易燃易爆和有毒物质等设施进行检查、监测，防控环境污染和次生灾害发生。

治安维护。市公安局、武警承德支队协助灾区政府加强社会治安管理和安全保卫工作，严密防范、严厉打击趁机进行盗窃、抢劫、哄抢救灾物资、以赈灾募捐名义诈骗敛财、传播各种谣言制造社会恐慌等违法犯罪活动，维护社会治安和道路交通秩序。加强对党政机关、要害部门、金融单位、储备仓库、监狱等重要场所的警戒。

新闻宣传。市委宣传部、市政府新闻办、市政府应急办、承德市地震局、市民政局、市公安局等部门按职责分工适时召开新闻发布会，向社会通报震情、灾情以及地震应急救援的动态信息。及时掌握社会舆情，平息地震谣传、误传，维护社会稳定。

社会动员。团市委、市红十字会加强志愿服务管理。及时开通志愿服务联系电话，统一接收志愿者组织报名，做好志愿者派遣和相关服务工作。根据灾区需求、交通运输等情况，向社会公布志愿服务需求指南，引导志愿者安全有序参与。

市民政局、市红十字会视情况组织开展为灾区捐款捐物活动，加强救灾捐赠的组织发动和款物接收、统计、分配、使用、公示反馈等工作。

必要时市抗震救灾指挥部组织非灾区的县区政府对灾区群众生活安置、伤员救治、卫生防疫、基础设施抢修和生产恢复等开展对口支援。

损失评估。市民政局、承德市地震局、市国土资源局、市住建局、市环保局等部门协助政府对地震灾害进行调查核实，评估地震灾害损失。

应急结束。在抗震救灾工作结束、灾区生活秩序恢复后，由市抗震救灾指挥部决定应急期结束。

恢复生产。市发改委、市财政局、市住建局、市商务局、市农牧局、市国土资源局等部门按照职责分工组织对受灾地区损毁情况进行调查核实，落实扶持资金，帮助灾区恢复生产经营。

（三）一般地震灾害

1. 县区政府应急处置

县区抗震救灾指挥部负责领导指挥和协调灾区的地震应急工作。迅速了解灾情并向市政府报告，同时报送承德市地震局。根据需要报请市抗震救灾指挥机构组织开展支援工作。派遣公安消防部队、组织抢险救灾队伍开展人员搜救和医疗救护。立即发动当地基层干部群众开展自救互救。开放应急避难场所，及时转移和安置受灾群众。紧急调运救灾帐篷、生活必需品等救灾物资和装备，保障受灾群众的基本生活需要。组织力量抢修通信、电力、交通、供水、供气、广播电视等基础设施。采取措施防范次生灾害。加强重要目标警戒和治安管理，预防和打击各种违法犯罪活动，维护社会治安。做好抗震救灾宣传报道工作，正确引导社会舆论。及时通报灾害和气象监测情况。做好对地质灾害的排查和监测、预警工作，对地震引发的山体滑坡、崩塌、泥石流、地面塌陷等次生地质灾害及地质灾害险情，按照地质灾害防治有关规定采取应急处置措施。加强对会造成次生灾害的危险化学品设施、水库堤坝、油气管线、易燃易爆和有毒物质等设施进行检查、监测，防控环境污染和次生灾害发生。做好社会动员工作，引导志愿者安全有序参与抗震救灾工作。做好抗震救灾捐赠的组织发动和款物接收、统计、分配、使用、公示反馈等工作。进行损失评估。市民政局、承德市地震局、市国土资源局、市住建局、市环保局等部门协助政府对地震灾害进行调查核实，评估地震灾害损失。在抗震救灾工作基本结束、灾区生活秩序恢复后，由县抗震救灾指挥部决定应急期结束。组织好恢复生产各项工作。

2. 市政府应急处置

根据县区抗震救灾指挥部的请求，市政府及时组织进行相应的对口支援，加强对抗震救灾工作的业务指导，协调组织市直单位进行技术支持。

六、恢复重建

（一）恢复重建规划

特别重大地震灾害发生后，按照国务院决策部署，省政府和国务院组织编制灾后恢复重建规划。重大、较大、一般地震灾害发生后，省政府根据实际工作需要组织编制地震灾后恢复重建规划。市、县区政府根据省政府的决策部署，做好灾区恢复重建规划编制有关工作。

（二）恢复重建实施

市、县区政府根据灾后恢复重建规划和当地经济社会发展水平，有计划、分步骤地组织实施本行政区域灾后恢复重建。市直部门对灾区恢复重建规划的实施给予指导。

七、保障措施

（一）队伍保障

市、县区政府及驻承解放军、武警部队加强地震灾害紧急救援、公安消防、陆地搜寻与救护、矿山和危险化学品救护、医疗卫生救援等专业抢险救灾队伍建设，配备必要的物资装备，经常性开展协同演练，提高共同应对地震灾害的能力。

城市供水、供电、供气等生命线工程设施产权单位、管理或生产经营单位加强抢险抢修队伍建设。

乡镇政府、街道办事处组织动员社会各方面力量，建立基层地震抢险救灾队伍，加强日常管理和培训。各县区、各部门发挥共青团和红十字会作用，依托社会团体、企事业单位及社区建立地震应急救援志愿者队伍，形成广泛参与地震应急救援的社会动员机制。

各级地震部门加强地震应急专家队伍建设，为应急指挥辅助决策、地震监测和趋势判断、地震灾害紧急救援、灾害损失评估、地震烈度考察等提供人才保障。各有关研究机构加强地震监测预测、应急处置技术、搜索与营救、建筑物抗震技术等方面的研究，提供科学技术支撑。

应急队伍资源及其组织方案一览表

	先期处置队伍	第一支援梯队	第二支援梯队
人员抢救队伍	社区志愿队伍	地方救援队驻承解放军及武警、消防部队省地震灾害紧急救援队	邻近地区地震救援队伍中国地震灾害紧急救援队
工程抢险队伍	当地抢险队伍	行业专业抢险队伍	邻近地区抢险队伍
次生灾害特种抢险队伍	消防部队	行业特种救援队伍	邻近地区特种救援队伍
医疗救护队伍	当地医疗卫生队伍	省、市医疗卫生救援队伍	国家和军队医疗卫生救援队伍
地震现场应急队伍	当地地震部门现场应急队伍	省、市地震局现场应急队伍	邻近地区地震部门和中国地震局现场应急队伍

（二）指挥平台保障

承德市地震局负责市地震应急指挥中心技术系统的维护、运行与技术更新，保障与省地震局应急指挥中心网络畅通，指导县区地震部门建立地震应急指挥中心，并与当地同级军事机关建立专线链接，形成省、市、县区三级以及军地之间互联互通的地震监测与应急指挥技术平台。建立和完善具备应急指挥辅助决策、地震趋势判定、灾害损失快速评估等功能的地震应急基础数据库和指挥技术系统、地震监测和地震烈度速报技术系统，并实现信息共享与互联互通。

各县区地震部门应大力推进应急指挥技术系统建设，完善群测群防网络和灾情速报网络，并加强维护与管理，确保在紧急情况下，信息畅通，反应迅速，技术系统运行正常。

（三）物资与资金保障

市发改委、市民政局、市商务局、市工信局、市食品药品监管局、市国资委等部门按照国家和省政府有关规定储备抗震救灾物资，建立健全应急物资储备网络和生产、调拨及紧急配送体系，保障地震灾害应急工作所需生活救助物资、医疗器械和药品等的生产供应。各县区政府等根据有关法律法规，做好应急物资储备工作，并通过与有关生产经营企业签订协议等方式，保障应急物资、生活必需品和应急处置装备的生产、供给。

各级政府保障抗震救灾工作所需经费。市财政对达到市级灾害应急响应、受地震灾害影响较大和财政困难的县区给予适当支持。

（四）避难场所保障

各县区政府、各部门利用广场、绿地、公园、学校、体育场馆等公共设施，因地制宜设立地震应急避难场所，统筹安排必需的交通、通信、供水、供电、排污、环保、物资储备等设备设施。制定应急疏散方案，组织疏散演练。

学校、医院、影剧院、商场、酒店、体育场馆等人员密集场所要设置地震应急疏散通道，配备必要的救生避险设施，保证通道、出口的畅通。各部门和单位要定期检测、维护报警装置和应急救援设施，确保正常使用。

（五）基础设施保障

承德无线电管理局、移动承德分公司、联通承德分公司、电信承德分公司等单位建立健全应急通信工作体系，建立有线和无线相结合、基础通信网络与机动通信系统相配套的应急通信保障系统，确保地震应急救援工作的通信畅通。在基础通信网络等基础设施遭到严重损毁且短时间难以修复的极端情况下，立即启动应急卫星、短波等无线通信系统和终端设备，确保至少有一种以上临时通信手段有效、畅通。

承德广播电视台完善广播电视传输覆盖网，确保群众能及时准确地获取政府发布的权威信息。

市发改委、承德供电公司加强电力基础设施、电力调度系统建设，保障地震现场应急装备的临时供电需求和灾区电力供应。

承德军分区、市公安局、市交通运输局、市国土资源局、市水务局、北京铁路局承德车务段等部门和单位协调建立公路、铁路、航空、水运紧急运输保障体系，加强统一指挥调度，采取必要的交通管制措施，建立应急救援“绿色通道”机制。

（六）宣传、培训与演练

宣传、地震、教育、文化、广播电视、新闻、红十字会等部门密切配合，开展防震减灾科学、法律知识普及和宣传教育，动员社会公众参与防震减灾活动，提高全社会防震避险和自救互救能力。学校把防震减灾知识教育纳入教学内容，加强防震减灾专业人才培养，教育、地震等工作主管部门加强指导和监督。

各级政府建立健全地震应急管理培训制度，结合本地区实际，组织应急管理人员、救援人员、志愿者等进行地震应急知识和技能培训。各县区政府、各部门要制定演练计划并定期组织开展地震应急演练。会同当地同级军事机关开展军地联合地震应急演练。机关、学校、医院、企事业单位和居委会、村委会、基层组织等，要结合实际开展地震应急演练。

八、其他地震事件应急

（一）强有感地震事件应急

市内发生3.0级以上、4.0级以下强有感地震，或发生产生较大社会影响的地震事件时，承德市地震局向市委、市政府和省地震局报告震情，并通报市政府防震减灾工作联席会议有关成员单位。同时加强震情趋势研判，提出处置意见报告市政府。

震区所在县区政府启动相应级别地震应急响应，开展地震应急工作。做好新闻及信息发布与宣传工作，维护社会稳定，并将应急工作情况报送市政府应急办和承德市地震局。

承德市地震局派出现场地震应急工作队协助当地政府开展工作。必要时，报请省地震局派出省地震现场应急工作队给予指导。

（二）地震传言事件应急

出现地震传言并对社会正常生产生活秩序造成较严重影响时，各县区政府和地震部门及时将地震谣传、误传事件报告市政府应急办和承德市地震局。市政府应急办督导传言发生地区政府做好信息发布与舆论引导工作，采取措施平息地震传言。承德市地震局、市公安局根据情况派出专家分析传言起因，协助当地政府工作。

（三）特殊时期应急戒备

在重大社会活动期间，承德市地震局应当部署和加强震情值班、地震监测、震情会商、地震应急准备等应急准备工作。

（四）邻省（市）地震应急

与承德市相邻的省（市）发生地震灾害影响承德市，造成建筑物破坏和人员伤亡时，承德市地震局根据震情、灾情的危害和影响程度，建议市政府启动相应级别的应急响应。

九、附　则

（一）奖励与责任

对在抗震救灾工作中作出突出贡献的先进集体和个人，按照有关规定给予表彰和奖励。对在抗震救灾工作中玩忽职守造成损失的，严重虚报、瞒报灾情的，依据有关法律法规追究当事人责任，构成犯罪的，依法追究其刑事责任。

（二）预案管理与更新

承德市地震局制定本预案，报市政府批准

后发布实施。承德市地震局组织预案宣传、培训和演练，并根据实际情况，适时组织修订完善。

各县区政府制定本行政区域地震应急预案，报市政府应急办、承德市地震局备案。各级政府部门结合本部门职能制订地震应急预案或包括抗震救灾内容的应急预案，报同级地震工作主管部门备案。交通运输、铁路、水务、电力、通信、广播电视等基础设施的经营管理单位和学校、医院以及会发生次生灾害的水库、矿山、危险物品等生产经营单位制定地震应急预案或包括抗震救灾内容的应急预案，报所在地县级地震工作主管部门备案。

市政府应急办、承德市地震局，按照《河北省地震应急检查工作制度》和市地震工作有关规定，对各县区政府、市政府部门以及大企业的应急预案和应急准备情况进行监督检查。

（三）以上、以下的含义

本预案所称以上包括本数，以下不包括本数。

（四）预案实施时间

本预案自印发之日起实施。

表 3

1989—2015 年承德市科技计划项目情况表

年份	项目总计（项）	资金投入（万元）	指令性计划（财政资助）（项）	国家级（项）	省级（项）	地、市级（项）	指导计划（自筹经费）（项）	国家级（项）	省级（项）	地、市级（项）
1989	112	113.6	87	1	21	65	25	0	9	16
1990	103	78	62	0	22	40	41	0	18	23
1991	198	172.5	152	0	35	117	46	1	12	33
1992	233	138.35	137	0	14	123	96	1	43	52
1993	261	124.4	112	1	15	96	149	0	39	110
1994	157	123.7	44	0	19	25	113	3	38	72
1995	191	160.1	89	0	30	59	102	0	74	28
1996	155	136	73	5	30	38	82	0	42	40
1997	155	327.4	90	6	44	40	65	0	22	43
1998	545	347.5	98	7	38	53	446	0	34	412
1999	190	418	88	4	28	56	102	0	38	64
2000	63	337	54	6	10	38	9	0	9	0
2001	130	328	55	2	27	26	75	0	15	60
2002	109	308	38	5	13	20	71	0	26	45
2003	146	306	22	11	11	0	124	0	49	75
2004	218	534.1	68	7	16	45	150	0	72	78
2005	245	726.2	66	9	12	45	179	0	23	156
2006	203	1370	56	11	21	24	147	0	56	91
2007	260	1211	42	1	13	28	218	0	60	158
2008	213	1665	61	5	25	31	152	0	0	152
2009	300	3078	65	9	23	33	235	0	0	235
2010	206	1268	47	6	19	22	159	0	8	151
2011	229	3481	51	7	13	31	178	0	0	178
2012	303	1574	36	0	18	18	267	0	18	249
2013	280	3777	58	2	27	29	222	0	11	211
2014	325	3595.5	70	0	24	46	255	0	0	255
2015	336	2693	78	0	28	50	258	0	0	258
合计	5865	28391.35	1899	105	596	1198	3966	5	716	3245

1989—2015年承德市专利申请受理、批准授权情况表

表4

单位：项

类别	申请受理情况										批准授权情况									
年份	合计	按专利类型分			在专利申请中						合计	按专利类型分			在专利申请中					
							其中										其中			
		发明专利	实用新型	外观设计	非职务发明	职务发明	大专院校	科研单位	工矿企业	机关团体		发明专利	实用新型	外观设计	非职务发明	职务发明	大专院校	科研单位	工矿企业	机关团体
1989	61	7	54	0	51	10	0	1	8	1	25	1	24	0	18	7	0	0	3	4
1990	77	11	55	11	60	17	0	1	9	7	35	2	33	0	30	5	0	1	4	0
1991	135	26	84	25	118	17	0	1	14	2	41	3	32	6	27	14	0	1	8	5
1992	107	19	80	8	93	14	1	1	7	5	67	2	56	9	51	16	1	0	12	3
1993	138	16	114	8	119	19	2	2	9	6	95	1	88	6	83	12	0	2	4	6
1994	128	17	105	6	113	15	1	0	5	9	81	5	71	5	65	16	1	0	9	6
1995	147	29	97	19	125	22	1	1	16	4	56	3	50	3	54	2	0	0	1	1
1996	151	18	107	24	119	32	1	1	28	2	62	1	55	6	49	13	2	0	6	5
1997	141	29	95	17	126	15	1	4	10	0	71	1	54	16	48	23	1	0	21	1
1998	164	33	95	36	132	32	0	2	30	0	99	2	77	20	81	18	0	0	17	1
1999	194	34	111	49	138	56	0	1	54	1	135	6	93	36	100	35	0	0	34	1
2000	199	35	122	42	173	26	1	0	25	0	155	7	102	46	111	44	0	2	42	0
2001	169	24	97	48	138	31	0	3	27	1	121	14	78	29	99	22	0	1	20	1
2002	219	41	93	85	156	63	0	1	62	0	117	11	64	42	88	29	0	1	27	1
2003	261	45	134	82	203	58	0	2	55	1	175	12	75	88	93	82	0	0	82	0
2004	183	33	110	40	151	32	0	0	32	0	128	15	82	31	101	27	0	3	23	1
2005	199	54	114	31	177	22	0	0	22	0	112	12	52	48	79	33	0	0	33	0
2006	294	48	112	134	145	149	2	3	144	0	109	9	67	33	80	29	0	1	28	0
2007	255	56	129	70	188	67	0	1	66	0	196	12	105	79	108	88	1	1	86	0
2008	233	57	135	41	173	60	1	0	59	0	150	23	98	29	111	39	0	4	35	0
2009	323	72	159	92	202	121	3	3	115	0	161	13	91	57	106	55	0	1	54	0
2010	270	89	162	19	186	84	0	0	84	0	213	7	138	68	118	95	1	0	94	0
2011	410	99	220	91	202	208	5	1	202	0	242	22	176	44	112	130	3	1	126	0
2012	387	132	216	39	180	207	5	4	196	2	282	46	215	21	144	138	2	1	133	2
2013	415	117	228	70	196	219	13	5	201	0	299	42	206	51	112	187	6	1	180	0
2014	474	127	290	57	191	283	31	2	247	3	300	51	195	54	106	194	10	0	184	0
2015	796	238	448	110	358	438	82	4	348	4	494	58	342	94	192	302	30	2	269	1

说明：1989年至2015年，申请受理专利6530项，其中发明专利1506项，实用新型3766项，外观设计1254项。在专利申请中，非职务发明4213项，职务发明2317项，其中大专院校150项，科研单位44项，工矿企业2075项，机关团体48项

1989年至2015年，批准授权专利4021项，其中发明专利381项，实用新型2719项，外观设计921项。专利申请中，非职务发明2366项，职务发明1655项，其中大专院校58项，科研单位23项，工矿企业1535项，机关团体39项

编后记

按照市地方志编纂委员会的统一安排部署，《承德市志·科学技术志（1989—2015）》，历经五年的时间，在全体编辑同仁的齐心合力下编纂完成，通过了承德市地方志的三审三校和评审出版程序，方志办给予了全方位、全过程的指导、培训、审改和帮助、支持，终于付梓印刷。

《承德市志·科学技术志（1989—2015）》的编纂，是中华人民共和国成立以后承德市科技局的第二次部门修志。半个多世纪的一次历史性相逢，可说是历史使命、时代发展与编写机遇恰逢一处，责任重大、使命光荣。本志上限1989年，下限2015年。在综述和历史沿革上作了适当上溯。整个部门志的编写过程中，始终在局领导的关注、支持之下，各科室参与编辑的人员一边工作，一边搜集资料，查阅档案，选择图片，编写内容。由于年代久远，档案部门的一些手写、油印资料，翻拍、提取时很是不易，因此搜集资料的过程显得细致而烦琐。尽管如此，但编辑人员所到之处，都得到了热心支持，本局的相关科室同仁也给予协力帮助。书稿完成后，相关科室熟悉当年情况的老干部，认真过目、校对，给予肯定帮助。因此本志最终得以编纂成书，可说是凝聚了大家的共同心血。

《承德市志·科学技术志（1989—2015）》在编著体上，遵循国家规定的志书行文规范，采用横排竖写的方式，综合运用了志、述、记、照片、插图、表格、附录等体裁，以章、节、目三个层次构成全书的主体。全书共分6章24节，总字数30多万字。

本志的编纂，客观记述了1989—2015年承德市科技局的事业发展的历程，以简洁而翔实的资料记载了承德市科技界改革、发展的强健步伐，综合展示了27年来承德市科技局的科学研究成果。因此《承德市志·科学技术志（1989—2015）》的成书，力求向社会呈现一部综合性的文献文集，为领导者提供决策参考，为科技工作者开拓研究提供行业借鉴。但因编者能力所限，本书不可避免地存在许多缺点和疏漏，敬请专家学者和广大读者批评指正。

《承德市志·科学技术志（1989—2015）》编辑部

2021年1月13日